A FAMÍLIA DE QUE SE FALA E A FAMÍLIA DE QUE SE SOFRE

CIP-BRASIL. CATALOGAÇÃO NA PUBLICAÇÃO
SINDICATO NACIONAL DOS EDITORES DE LIVROS, RJ

G131f
9. ed.

Gaiarsa, José Ângelo, 1920-2010
A família de que se fala e a família de que se sofre: o livro negro da família, do amor e do sexo / J. A. Gaiarsa. – 9. ed. – São Paulo : Ágora, 2015.
312 p.

ISBN 978-85-7183-151-3
1. Família. 2. Amor. 3. Sexo (Psicologia). I. Título.

14-14018
CDD: 158.24
CDU: 159.9:392.3

Compre em lugar de fotocopiar.
Cada real que você dá por um livro recompensa seus autores
e os convida a produzir mais sobre o tema;
incentiva seus editores a encomendar, traduzir e publicar
outras obras sobre o assunto;
e paga aos livreiros por estocar e levar até você livros
para a sua informação e o seu entretenimento.
Cada real que você dá pela fotocópia não autorizada de um livro
financia o crime e ajuda a matar a produção intelectual de seu país.

J. A. GAIARSA

A FAMÍLIA DE QUE SE FALA E A FAMÍLIA DE QUE SE SOFRE

O livro negro da família, do amor e do sexo

Editora
ÁGORA

A FAMÍLIA DE QUE SE FALA E A FAMÍLIA DE QUE SE SOFRE
O livro negro da família, do amor e do sexo
Copyright © 1986, 2015 by José Angelo Gaiarsa
Direitos desta edição reservados por Summus Editorial

Editora executiva: **Soraia Bini Cury**
Assistente editorial: **Michelle Neris**
Capa: **Marianne Lépine**
Produção editorial: **Crayon Editorial**
Impressão: **Sumago Gráfica Editorial**

Editora Ágora
Departamento editorial
Rua Itapicuru, 613 – 7º andar
05006-000 – São Paulo – SP
Fone: (11) 3872-3322
Fax: (11) 3872-7476
http://www.editoraagora.com.br
e-mail: agora@editoraagora.com.br

Atendimento ao consumidor
Summus Editorial
Fone: (11) 3865-9890

Vendas por atacado
Fone: (11) 3873-8638
Fax: (11) 3872-7476
e-mail: vendas@summus.com.br

Impresso no Brasil

PREFÁCIO À EDIÇÃO AMPLIADA

Relendo três de meus livros – *A família de que se fala e a família de que se sofre*, *Sexo, Reich e eu* e *Poder e prazer* –, notei certas incongruências e, de comum acordo com a Editora Ágora, resolvemos fazer algumas modificações a fim de saná-las.

O terço médio de *A família de que se fala* cabe muito melhor como acréscimo a *Sexo, Reich e eu*, que cuida de temas como amor, transferência, arte erótica e tantra.

Nesse caso, *A família de que se fala* ficaria muito reduzido e, por isso, reunimo-lo ao *Poder e prazer*. Originalmente, aliás, constituíam o mesmo livro, mas, dado seu volume, a editora aconselhou-nos a dividi-lo em dois, ambos subordinados ao título *O livro negro da família, do amor e do sexo*. O volume que você tem em mãos é a soma do que restou de *A família*, mais o texto integral de *Poder e prazer*, recompondo-se, assim, a unidade original do estudo sobre a família.

Portanto, os três títulos anteriores estão reagrupados em: *A família de que se fala e a família de que se sofre* e *Sexo, Reich e eu*, ambos consideravelmente ampliados.

José A. Gaiarsa

SUMÁRIO

Prefácio à edição ampliada. 5
Profecia do passado 9
Os códigos secretos deste livro (e dos teus) 11
Avisos e conselhos ao leitor 15

1 A grande mãe e a criança divina –
e tudo que fazemos contra elas 19
2 Má-mãe 33
3 Falsas expectativas amorosas 59
4 Carta aberta de muitos pais para muitos filhos 65
5 Antítese: a explosão sexual da propaganda 67
6 Conspiração contra a felicidade 69
7 Soluções 73
8 Família e poder 129
9 Poder e prazer (Reich e a antropologia) 143
10 Erotismo infantil 153
11 Desenvolvimento cerebral, sexo e cultura 173
12 Histórias edificantes 183
13 A monopoligamomania da humanidade ou
como a guerra começou 189
14 Ferocidade ou como a guerra continuou ou
origem infantil do delírio jurídico da humanidade 201
15 Briga de casal 219
16 Despedida esperançosa 301
17 Última página 307

PROFECIA DO PASSADO

Leitor,
Se em algum ponto da leitura você se sentir tocado ou perturbado – pode acontecer! –, pense assim – ou venha reler estas linhas:
Creio estar falando, neste livro, o tempo todo, de uma família que certamente não existe mais nas grandes coletividades. Só existe na mente – e no corpo, no jeito e no caráter – das pessoas.

Este livro pretende:
– Inspirar novas leis sobre a família.
– Instrumentar o leitor para que ele se recoloque perante a Família – a de fora e, sobretudo, a de dentro.

A INSPIRAÇÃO ÚLTIMA DESTE LIVRO

A inspiração última deste livro é meu amor pela criança humana – e minha indignação diante de tudo que tem sido feito *contra* ela sob o nome respeitável de educação.

Leitor, compare uma criança com o adulto. De um ser versátil, vivo, alegre, curioso, prazenteiro, "cientista" natural e explorador incansável de seu mundo, fazemos o famoso "normopata", limitado em sua ação, em seus sonhos e realizações, pouco móvel, nada curioso, bastante incoerente no seu pensar, constituído de duas dúzias de preconceitos repetidos automaticamente por todos sem saber muito bem do que estão falando. Vale a pena essa "educação"?

Esta obra é áspera e severa contra a família, mostrando a cada página o que fazemos conosco (marido e mulher) e o que fazemos contra a criança.

A família atual, ao contrário dos preconceitos dominantes nas falas coletivas, *está deveras muito longe de ser o melhor lugar do mundo para o desenvolvimento dos seres humanos*. Muito pelo contrário, ela "fabrica" cidadãos limitados para um sistema social injusto, opressivo e explorador.

Espero que ao ler o pior deste livro você se lembre bem dessas declarações.

OS CÓDIGOS SECRETOS DESTE LIVRO
(E DOS TEUS)

Se me convidassem para avaliar a maior dificuldade quando se pretende conseguir cooperação efetiva entre os homens, eu diria: "O maior erro induzido pela *comunicação verbal* é o de levar as pessoas a crer – todas e tacitamente – que o que é dito é feito e, uma vez falado, está resolvido".

Note-se: esse é um preconceito *lógico*, isto é, situado nas raízes da inteligência. Ele vicia, por isso, *todos* os argumentos.

A negação dialética desse preconceito esclarece mais.

Não fazemos – ninguém faz – quase nada do que dizemos.

Não dizemos – ninguém diz – quase nada do que fazemos.

De vários arraiais das psicoterapias, faz-se cada vez mais claro que:

- a conversa usual é um contínuo desconversar – um modo de *não* estar presente a nada do que importa, a nada do que poderia ser feito, sentido ou percebido aqui e agora;
- a conversa usual é uma forma típica de *encenação social*. A mesa do bar, a roda da esquina ou mesmo um grupo de visita são uma *audiência disponível*. Cada um dos presentes tenta ser protagonista, isto é, tomar e manter a palavra (conseguir e conservar a atenção do grupo).

A conversa, em suma, não é nada do que está sendo falado! É preciso começar daí. Na verdade, na maior parte do tempo ela está muito próxima de ser

O CONTRÁRIO
do que está sendo dito.

O falar usual, de passatempo, tem tudo que ver com um palco onde cada um tenta, continuamente, *representar como ele gostaria de ser*. Portanto, pouco tem a ver com o que ele faz, sente ou é.

Sempre que houver briga entre nós, leitor, tente deixar de *me dizer o que você pensa* e comece a pensar

NO QUE VOCÊ VÊ.

Só isso. Obrigado.

Se o sentido desses meus reparos for obscuro, leitor, leia o seguinte, com o qual se pode começar a ver a distância infinita entre as palavras e as coisas:

O Santo Amor Cristão

"Tantos escravos foram embarcados na Ilha de Moçambique que um trono de mármore foi erguido na praia diante do palácio.

Era ali que o bispo se postava, diante dos *escravos acorrentados, sacudindo as mãos* para convertê-los ao *Cristianismo*.

Assim, se morressem na viagem iriam para o Céu. Era uma *prudente precaução* porque os navios partiam tão atulhados que 30 a 40% dos escravos morriam não muito longe da ilha. Os corpos eram jogados ao mar. Mas todos morriam como bons cristãos."[1]

Graças a Deus!

Um Matrimônio Estável e Feliz

"Roberto e Marta estavam casados há 12 anos e mantinham uma relação feliz e estável, com exceção de um aspecto: Marta tinha ciúme de toda mulher que trabalhava com o marido. *Controlava todos os horários e fazia as maiores cenas* quando Roberto se atrasava alguns

---

1. MICHENER, James A. *Os rebeldes*. Rio de Janeiro: Record, 1979.

minutos na volta do trabalho para casa. Ele tentou adaptar-se ao ciúme da mulher mas não conseguiu. Quando precisava mudar de secretária, sempre tentava contratar mulheres mais velhas, feias ou casadas. Evitava dar carona a elas ou a qualquer colega de trabalho, não convidava nenhuma para almoçar, não fazia qualquer outra delicadeza desse tipo. Em casa, sempre falava desses sacrifícios para a mulher, na esperança de tranquilizá-la e tornar a vida de ambos mais fácil. Mas nada funcionava."

... E MANTINHAM UMA RELAÇÃO FELIZ E ESTÁVEL[2]...

Veja-se a espantosa inconsciência do autor. Ele descreve um inferninho matrimonial crônico e típico. Mas, como as vítimas *continuam juntas*, ele se sente no direito de chamar esse matrimônio de feliz.

Além disso, o autor não percebeu nem de longe as manobras astutas do marido, destinadas a alimentar o ciúme da mulher: "Em casa, sempre falava desses 'sacrifícios' para a mulher, na esperança de tranquilizá-la e de tornar a vida de ambos mais fácil. [...]"

---

2. VÁRIOS AUTORES. *Nova enciclopédia de amor e sexo*. São Paulo: Nova Cultural, fasc. 1, p. 15-16.

AVISOS E CONSELHOS AO LEITOR

Este livro é perigoso. Na verdade, subversivo – contra a ideologia da Família. Contra tudo que se diz da família – lembre-se, leitor. Tento dizer, o tempo todo, o que se vê da Família (também o que se sente) e não o que se diz sobre ela.

Mas nossas ligações – de todos – com essa instituição são por demais profundas e um ataque encarniçado e tenaz contra a ideologia pode causar confusão. Porque tudo que a família tem de bom é falado – demais. A ideologia da Família, ouvida a cada instante em qualquer lugar, arquiteta-a além de toda medida, fazendo que todos creiam que ela seja uma instituição sagrada e perfeita.

O que é contra *tudo que todos experimentam.*

Pais e mães são tão falíveis quanto os filhos – ou como todos. Ver os defeitos da Família faz-se muito difícil *mesmo quando é igualmente claro que nossos maiores sofrimentos e dificuldades têm precisamente essa origem.*

Para que o leitor entenda rapidamente do que estamos falando, lembramos um dado arrasador. Com certeza, *mais da metade dos pais brasileiros é alcoólatra crônica,* e é bem possível que um terço das mães também o seja. Devemos, ante essa calamidade pública, continuar dizendo "Pai é pai", "É preciso respeitar o pai – faça ele o que fizer" e outras frases feitas de mesmo teor?

Será que, pelo fato de dar à luz, qualquer mulher se transforma em Nossa Senhora ao sair da maternidade? Isso é o que reza o preconceito. Mãe faz muito bem *e muito mal ao mesmo tempo* – é como *sentimos* todos desde que nascemos.

O livro é implacável contra essas noções ideais. Chega a ser cruel contra essa pieguice de todo cega.

Freud não fez outra coisa se não a análise da Família e de tudo que ela pode fazer de mal às pessoas.

Se confrontarmos o que se diz *em público* sobre a família com o que as pessoas *se queixam e reclamam dela* em particular, concluiremos que todos têm duas Famílias, a Pública (sempre feliz) e a Particular (sempre bastante problemática). Daí o título deste livro.

Dois terços desta obra *contêm descrições diretas do que as pessoas vivem, sentem e pensam sobre a Família, o Amor e o Sexo*. Por isso, ele pode exercer muita influência sobre todos os que o lerem, pois fala de nós o tempo todo.

A maior parte das declarações feitas aqui será lida, num primeiro movimento, como descoberta do óbvio: afinal, será alguém dizendo tudo o que está diante do nariz, que todos *veem e sentem* mas ninguém fala – nem a si mesmo!

O segundo movimento será de medo, de chão balançando – pois a Família é nossa raiz e nosso chão.

É possível que o terceiro movimento seja contra mim – como bode expiatório. Como tantas vezes na história da desumanidade, quem *denuncia* é tido como *quem fez*... O livro mostra, também, que em nosso mundo existe uma *perseguição sistemática, tenaz e minuciosa* contra o amor; de novo, ao contrário da maior parte *das falas* das pessoas.

Esta obra é, graficamente, uma revista. O leitor poderá abri-lo em qualquer lugar e lê-lo, com a certeza de encontrar dizeres com sentido. Há desde ensaios de dezenas de páginas até "notícias" de poucas linhas, casos, histórias.

∼

Este livro nasceu de muitas fontes.

Primeiro, de Freud, que confirma o que é dito aqui de modo categórico. Gosto de pensar que a obra é apenas uma *generalização* do que Freud disse. O livro precisou de toda a elaboração de vários psicanalistas que continuaram a obra do Mestre – sempre mostrando *os perigos* da Família, e tudo *que ela* faz *de mal* às pessoas.

Em particular, devo muito a Reich, abundantemente citado, e a Jung, meus amigos – velhos amigos. Devo, também, aos mil estudos sobre psicologia dinâmica, todos mostrando a péssima influência que se exerce na Família. Curiosamente, "filhos de pais separados têm muitos problemas", diz o preconceito. Mas nem 1% dos problemas de consultório de psicoterapia têm que ver com a separação dos pais. Diz-se que 99% das pessoas que buscam auxílio por dificuldades pessoais são filhos de famílias inteiras – outra demonstração da força dos preconceitos, impedindo até a percepção dos sentimentos e sofrimentos próprios.

O livro utilizou também muitas estatísticas e vários outros textos de apoio, é claro.

Usou – usei –, além disso, 50 anos de atividade psicoterápica intensa e contínua, ao longo da qual acompanhei, com certeza, várias centenas de famílias, ouvindo e vendo *a verdade* sobre elas. No consultório, as pessoas esforçam-se para dizer a verdade, e boa parte do trabalho consiste em levá-las a perceber a multidão de expectativas falsas que a família despertou nelas.

Utilizei, ainda, a experiência de quatro casamentos pessoais, outros quase 40 anos agora vividos "por dentro", dia a dia, hora a hora... Tudo acompanhado por intensa pesquisa interior e mil conversas comigo mesmo ou com amigos e amigas sobre tantos porquês e tantos como.

E tanto sofrimento.

1
A GRANDE MÃE E A CRIANÇA DIVINA – E TUDO QUE FAZEMOS CONTRA ELAS

É preciso rever a fundo os dois mitos correlatos: a Grande Mãe e a Eterna Criança. Ambos ligam-se ao Velho Patriarca (autoritarismo) do modo mais íntimo que se possa imaginar.

O Mito – como todos os Mitos – é maravilhoso; tanto mais maravilhoso quanto mais obscura e importante a situação representada por ele, mas, sobretudo e principalmente, *tanto maior quanto mais descurada na realidade a função que ele representa.*

O mundo ocidental diz ser cristão. Caridade: amor pessoal de cada um por todos os outros. Mas é fácil ver que esse amor na prática é violentamente negado pela aprovação tácita de todos *a favor* de uma competição sem quartel, de uma admiração altamente patogênica pelos poderosos – cuja glória é proporcional, invariavelmente, ao volume de sangue humano que o Glorioso fez correr e os livros de história consagram como modelos (e apresentam assim às crianças...).

A realidade – a "moralidade" – do homem ocidental (receio que do oriental também) é: "Conquiste poder de qualquer modo". No início há certo risco de ser apanhado, mas depois do sucesso nada mais de mal pode acontecer ao bem-sucedido. Só podemos odiar ou temer ao amor, pois nada compromete mais as pirâmides de poder.

O mundo ocidental é odioso e medroso: não é nada amoroso. Por isso falamos tanto em Cristianismo e amor ao próximo. Como sempre, se esse amor existisse mesmo, não seria preciso fazer tanta demagogia a respeito de sua existência ou de seu valor.

A mensagem central do Cristianismo é o "Ama a teu próximo como a ti mesmo"; amamos tão mal ao próximo quanto amamos mal a nós mesmos.

Uma das lições fundamentais de toda a psicologia: Você só pode tratar o outro do modo como você foi tratado, e você só será tratado pelo outro do modo como ele foi tratado. Não é uma norma nem um ideal. É uma constatação.

Voltemos aos dois mitos correlatos: a Grande Mãe e a Criança Eterna. Sabemos que um mito *se exalta* na mente de uma coletividade na medida exata em que as funções correspondentes *são descuradas*.

Cantando mil louvores à mãe e fazendo mil festinhas para as crianças, a verdade é que depois disso não se faz praticamente mais nada a favor nem de uma nem das outras.

Poucas pessoas são tão mal percebidas como as mães; primeiro, porque suas funções são tidas como obrigatórias "por natureza" ("instinto de mãe"). Segundo porque, conforme Jung, a maior de todas as resistências humanas é a indolência. Então, se alguém faz por nós, é certo que não faremos – e cobraremos do outro que cumpra o "seu dever" (que faça como sempre fez). Depois, porque a maior de todas as defesas – completando Jung – é a irresponsabilidade: as pessoas pouco assumem a si mesmas, pouco aceitam a responsabilidade do que fazem, usam mil desculpas a fim de não fazer nem assumir nada – preferem a Inconsciência Coletiva a uma posição/atitude pessoal. Enfim, porque as mães são as primeiras a defender, com tenacidade e orgulho, a prisão/tortura dos ideais impossíveis a que toda mãe se impõe – de que toda mãe sofre, que todos impõem a ela – e a aceitar tudo isso – até se orgulhar e se sacrificar além de todo o razoável e se azedar e frustrar até o fundo da alma (porque ninguém corresponde nem percebe).

Porque as mães têm (ou sofrem de) uma habilidade extrema de fazer no lugar do outro e, ao mesmo tempo, viver permanentemente no papel de vítima – porque ninguém faz nada com ela, para ela, por ela...

Pobres mães, sempre ávidas em assumir mais obrigações, desde que qualquer um lhes diga que uma boa mãe deve ser desse ou daquele jeito. Pobres mães, de todo inconscientes do processo de que são vítimas – pensando que é a elas que compete todo o trabalho e nenhuma recompensa – nem paga – nem gratidão – nem nada. Só o louvor estereotipado e o gesto de admiração e respeito que todos fazem ao falar da mãe e de como se deve tratá-la (só que ninguém trata).

Pobres mães, que carregam o peso do medo do mundo sobre as costas – e, apesar disso, esperam/pretendem livrar seus rebentos de todos os males.

Pobres mães, sempre a falar, falar e falar, sem perceber que ninguém mais está ouvindo – nem elas mesmas.

Pobres mães, com caras de condenadas – ou de fúria – e, apesar disso, *dizendo* que estão fazendo o que é certo (certo para quem?).

Mães terríveis que, depois de algum tempo de escravidão voluntária (assim lhes parece), vão pouco a pouco se rebelando e azedando e desencantando e desiludindo e ficando amargas com a ingratidão dos filhos e do mundo.

Mães terríveis que, na sua convicção fútil de divindade (da Mãe), passam a infernizar a vida dos filhos com exigências tão impossíveis quanto as que elas julgam estar cumprindo.

Mães terríveis, autoritárias, brutais, gritonas, impacientes, desesperadas, enfurecidas com a imensidão e as dificuldades e a infinita duração da tarefa mais do que árdua que lhes é imposta pelo costume, pela tradição, por todos.

Pobres mães, que não percebem o quanto são exploradas pelos maridos e filhos.

Mães terríveis, que não percebem – ou jamais reconhecem – o quanto exploram e torturam marido e filhos.

Mães que só falam e das quais só se fala – porque fazer algo por elas ninguém faz, muito menos os poderosos, cujo esporte favorito é a matança periódica dos jovens "bem"-educados pelas mães amantíssimas...

Hoje já não fica bem falar bem da autoridade; o autoritarismo está passando por severos testes e críticas.

Mas a Mãe continua tão sagrada como sempre.

Parece que ninguém suspeita disto: a Grande Mãe é a legítima esposa do Velho Patriarca; é ela, muito mais ela do que o pai, que prepara seu querido filhinho para que ele seja bonzinho e obediente – ao Velho Patriarca. Afinal, quem verdadeiramente castra a todos nós são as mães – em nome dos "bons" costumes.

Quem ousa ter pinto diante da mãe? Que mãe permite a qual filho ter pinto? Depois de racharmos a pessoa em "sexo" e "maternidade" – um diabólico e outro divino –, daí para a frente só podemos começar a multiplicar as incoerências, as crueldades, as loucuras da normopatia.

PINTO NÃO EXISTE, SEXO É HORRÍVEL. MAS FILHO É DIVINO!

As mães, passiva e obedientemente, tomam a cruz de nossas contradições sociais e psicológicas e levam-na por mais uma estação desta infinita via-crúcis que tem sido a História da Humanidade: as mães são, verdadeiramente, o centro da História, mas fazem todo o possível – e o impossível – para não saber disso.

Na sua fúria santa de preservar e continuar a vida, não pensam um minuto sequer sobre a qualidade da vida que estão garantindo a seus filhos.

> Reconhecer que são importantes seria reconhecer que elas são responsáveis por esse mundo que mata seus filhos – matam os sentimentos, a inteligência e, sobretudo, matam a coragem, soterrada pelos medos milenares e monstruosos que habitam a alma da mãe.

De sexo, nem se fala, verdadeiramente. Nunca se fala. Mãe não tem sexo, mas tem filho.

É como Freud, cujo homem não tem tórax nem respiração, mas fala.

Se a ciência tolera essas impossibilidades, por que as mães iriam se incomodar?

O principal de nossa educação, até hoje, em casa, na escola, no bar e no papo-furado, tem sido, invariavelmente, separar, separar, separar. Estranho que um animal, tão agarrado a tanta coisa, viva, por outro lado, em contradições clamorosas sem se dar conta de nada. Como podem os agarrados separar tanto?
Ninguém junta nada com nada; juntar coisas é criar complicações. Estabelecer "relações" é perigoso – até entre conceitos!

Como nosso sexo só PODE ser desligado, nossa função DE RELAÇÃO faz-se função de separação.

Sexo sempre separado – do corpo, da consciência, dos outros, escondido, negado, fingido, omitido...
Nossas relações são separadas (!)

AS SEXUAIS
AS INTELECTUAIS (negação, omissão ou não percepção de relações)

Como perceber – depois – que eu estou me relacionando tão pouco com o que quer que seja?

As pessoas comportam-se – quase todas – como se o que fazem e o que pensam tivessem pouca ou nenhuma relação. Dizer que meu fígado tem que ver com meu time e com meu chefe já é afirmação muito complicada para a maioria. Dizer que minha doença depende de minha ligação com meu filho do meio, ou com minha sogra, continua a ser surpreendente para muitos; dizer que a guerra depende das mães e do sexo reprimido é de todo incompreensível para quase todos.

É espantoso como mesmo os grandes iluminados deixam de ver o que está continuamente embaixo do nariz, se os costumes e as falas de seus mundos estiverem dizendo que aquela relação não existe.

A Inquisição, perante Galileu, não é bem nem é só a Igreja diante da Ciência; é a multidão e a Inconsciência Coletiva ante a percepção. Da Inquisição para o nazismo – *data venia* – há apenas um passo.

As mães, pois, são as principais responsáveis pelo mundo em que vivemos, sobretudo o mundo das relações humanas.

As mães poderiam mudar a história, mais do que qualquer outro grupo humano – inclusive o dos poderosos –, se fizessem uma greve com o seguinte *slogan*:

> ENQUANTO HOUVER UMA GUERRA
> NO MUNDO, NÓS NOS NEGAMOS A PROCRIAR.
> OU:
> NÃO VAMOS MAIS FABRICAR CARNE PARA
> CANHÃO. PARA NENHUM CANHÃO!

Bastaria isso e a Humanidade daria seu maior salto qualitativo desde que surgiu no planeta.

Depois das mães, vêm os filhos – essas crianças lindinhas, bobinhas, gracinhas –, que desde os primórdios da Civilização têm sido sistematicamente deformados além de qualquer limite.

A historinha graciosa e crudelíssima dos pezinhos das chinesas é um exemplo tão bom quanto qualquer outro dos 10 mil que foram e são usados diuturnamente para entupir, bloquear, impedir o surto da vida que reaparece – interminável – em cada criança que nasce e precisa ser detida o mais depressa possível – a fim de que o sistema não seja prejudicado.

A inconsciência pedagógica das mães só encontra paralelo na inconsciência reprodutora do homem.

As crianças precisam ser bobinhas, desamparadas, carentes e dependentes, assim poderemos fazer delas como nos apraz – como apraz aos poderes sombrios do mundo.

Então exageramos absurdamente a dependência infantil e não percebemos nada da competência que as crianças demonstram – basta deixar que apareça!

O que as crianças podem nos dar e dão em abundância e incondicionalmente não é valorizado – ou nem sequer é percebido: alegria de viver, prazer, versatilidade emocional, curiosidade, ingenuidade, astúcia.

Todas as mães do mundo – e os pais também – acham que os filhos precisam delas para tudo e não têm nada a oferecer de volta. A educação familiar começa e já de princípio diz que o processo vai inteiro de cima para baixo – do poderoso para o povo, do opressor para o oprimido.

Note-se: como a criança precisa de tudo e nada tem a dar, é de todo justo, legítimo, decente e honesto que ela faça como a gente quer – e se ela não entender isso, que é tão óbvio, poderemos usar com ela os meios necessários. Ela tem, pelo menos, de se fazer bem-educada, não dar trabalho, ficar boazinha e, sobretudo, aprender a obedecer – de preferência sem discutir. E assim fica pronto, ao sair da família, o cidadão passivo, desinteressado e entediado, que é o padrão de personalidade estatisticamente predominante: o normopata.

Mas as crianças – tão engraçadinhas e mimosas – têm mais a nos ensinar. Como se comportam quatro de cada cinco adultos – homem e mulher – que se aproximam de uma criança?

Sorriso aberto – estereotipado "Que gracinha!" –, afago na cabeça, beijinhos nas bochechas – "Que criança linda!" – e, após um ou dois minutos, a gracinha fica inteiramente esquecida e, se ela se fizer notar, começa a ficar irritante – essa pestinha!

Hoje, muitas vezes, o quadro é o inverso: a criança fica no centro de tudo, todos os adultos esperando ordens do principezinho. A falta de iniciativa e de responsabilidade de quase todos entrega à criança o poder de reger o acontecer. Muitas mães moderninhas acham que fica muito bem seguir o pimpolho em todas as suas andanças sem fazer nem propor nada que não o mais evidente (comer, dormir, limpar).

Logo depois do encontro festivo, quatro entre cinco cidadãos não sabem o que fazer com a criança e, com sorrisos constrangidos, devolvem-na à mãe; se a criança for meio serelepe, então o desespero e os esforços da maior parte dos adultos alcançam níveis de comédia – a fim de apaziguar e controlar o monstrinho. Todas as promessas são feitas; todos os sorrisos, tentados – e o monstrinho maldosamente negando-se a cooperar... E logo que possível a criança é passada para a mãe até os 2 ou 3 anos de idade. Depois disso – e ainda bem –, é convidada a conviver com seus pares – outras crianças que, por sorte, estejam por perto: "Vá brincar com seus amiguinhos..."

Ao lado da graça, a desgraça: se alguém precisa ficar muito tempo com uma criança, aí as consequências vão do mais cômico ao mais dramático.

Porque esse anjinho inocente é um animalzinho absolutamente sem remorsos nem culpa, que tenta fazer de fato o que lhe dá na veneta (é o mais autêntico existencialista que existe – o melhor modelo de que dispomos), controlar todos os que se deixarem controlar. É vivo, astuto, rápido, sem princípios nem moral, sem expectativas que envolvam mais de cinco minutos de tempo. Ele está bem armado para sobreviver – apesar de sua aparente fragilidade. Ele percebe muito bem o que lhe importa perceber e, de regra, hesita muito pouco em matéria de decisão e não titubeia em usar qualquer recurso – desde que dê certo. E repete o pedido, e repete e repete...

A criança é inocente, sim – em matéria de costumes e ideias de adultos; mas é sabidíssima em outros assuntos que os adultos fazem questão de ignorar (reprimem).

Muito da educação consiste em *aprender a negar* tudo que a maioria diz que não existe (ou comportar-se como se não existisse). Sexo, por exemplo, ou agressão em família, inveja, despeito, ressentimento, injustiça, frustração afetiva, opressão, exploração, intimidação... Não se deve... O adulto é levado contínua e preferencialmente pelas palavras; a criança é levada principalmente pelo não verbal, pelas caras, pelos tons de voz, pelos olhares. Daí ocorre demasiadas vezes, entre mãe e filho, um diálogo entre dois que não falam a mesma língua.

Por isso, desde muito cedo, as crianças são levadas, forçadas, compelidas a falar. E aí fica tudo mais claro – afinal, nos entendemos...

Mas com as palavras surgem outros dramas, porque o que mamãe diz ela raramente faz, e o que mamãe faz ela raramente reconhece que faz. Todas as mães acham que fazem seu dever – e todos cobram delas que o façam. Só que elas não fazem – nem é possível fazer, como vimos há pouco; isso não as impede de acreditar que fazem.

Qual funcionário, de fato, reconhece sua incompetência? Se uma criança fosse convidada a opinar sobre as falas da mamãe com uma amiga – fala que a criança presenciou –, ela diria: um terço do que ela disse de nós (mãe e filho) é verdade, um terço *ela pensa* que é verdade (ela gostaria que fosse assim) e outro terço ela não disse – porque é feio e uma mãe não deve ter raiva do filho (não deve reconhecer que tem – seria o fim da sua imagem idealizada). E se o pimpolho tivesse a menor veia psicanalítica ele acrescentaria: sempre que ela perde a paciência e "me ensina" – com força – algum comportamento, ela jamais reconhece que está me odiando; ela diz invariavelmente que a culpa é minha, que eu estou errado e que ela vai me ensinar o que é certo.

Ela nunca tem raiva de mim; eu é que estou errado...

De novo, e como sempre, ninguém parece se dar conta (ninguém percebe a relação) de que o mito da mãe desnatura completamente os sentimentos das pessoas. Na verdade, esse mito despersonaliza os sentimentos. Uma mãe não sente o que sente; ela sente o que ela deve sentir. Só isso ela pode passar para seu filho – sua despersonalização.

Em certa ocasião, eu me fiz uma pergunta bem inteligente (as tais relações): será que as mães veem os filhos? Veem os filhos, mas não *a pessoa* dos filhos. Quero dizer que, em nove de dez casos, uma mãe, ao olhar para seu garoto, está a se perguntar se seu filho está fazendo o que deve e se ela está sendo a mãe que todos esperam que ela seja. Mas, a rigor, ela não está vendo o Zeca – nem há dona Maria em ação. Só há *mãe* e filho – dois papéis, dois conjuntos de parâmetros sociais imaginários, aos quais ambos devem se adaptar. *Ela* verifica a cada olhada – e em suma – se a instituição está funcionando como deve, ou não. Não há, na transação, nem Zeca nem Maria; só sobraram – sossobraram! – Mãe – a Divina – e Filho – o Gracinha. Amém, Jesus!

Tem mais. Tem o papel da criança na vida dos adultos. O *peso* da criança. Uma criança é uma bola de ferro presa ao tornozelo da mãe e presa, na outra extremidade, ao pescoço da criança (pescoço porque é dele que nasce o sufoco e o choro – um dos elos da corrente, ou um dos pesos da bola de ferro).

A criança limita consideravelmente a liberdade de movimento da mãe – além de vários quilos a ser concretamente carregados do nascimento até os 3 anos, no mínimo.

A jaula matrimonial, de si já estreita, estreita-se mais, e a boa mãe que encontre paciência e tolerância onde puder – porque ninguém vai lhe dar nada. Quanta frustração nessas circunstâncias! Quanta gratificação ao mesmo tempo, não só em nível de bons sentimentos de Martírio Santo, mas, sim, e muito, do *alívio de não ter de responder* por si mesmo. "É meu filho", "Mas eu sou Mãe", e "Meu filho precisa" são justificativas cósmicas para apoiar qualquer tolice, desgraça ou ignorância. Todos fazem de conta que aceitam a "explicação" (a justificativa) – e fazem cara grave e dizem "Sim" com a cabeça sem perceber, aprovando a mais santa das razões para os maiores desatinos e abusos. Somos todos nós os responsáveis por essas coisas ruins, ao aprovarmos – sem a menor discriminação – tudo que as mães fazem com os filhos.

Apoio de massa – último e, na certa, o mais poderoso trunfo das mães. E, na certa, sua pior desgraça: como será possível para a mãe reconhecer seus erros se todos aprovam tudo o que ela faz simplesmente porque é mãe?

Não há criminoso solitário nem isolado; participamos de todos os crimes da Humanidade – os crimes da Família acima de tudo. Ai da mãe que tentar ser diferente! Pior do que se ela resolvesse ser prostituta: porque, afinal, prostituta também é uma profissão, apesar de tudo.

Mãe "imoral" é o pior que se pode dizer da mais sagrada das funções – uma espécie de sacrilégio. Mas realmente feio é mãe que tem prazer, que procura prazer, que gosta de ser feliz e faz o que pode para ser.

Nossa tradição é implacável: as mães têm de ser vítimas, têm de se sacrificar, têm de negar, têm de renunciar a qualquer felicidade amorosa (sobretudo, isso).

Ai da mãe que permite ao filho perceber que ela tem um namorado. Tremo só de pensar nisso! A Santa Mãe entregue, assim, ao mais nefando dos crimes, ao mais vergonhoso dos pecados. Ele é um filho da puta! Não pode. Foram precisos cinco milênios de lei para que os homens (são eles que fazem as leis) começassem a reconhecer que uma mãe que dá pode, apesar disso, ser boa mãe.

Nem sei agora se o legislador foi tocado pela luz divina, ou se, mais uma vez, ele também acabou reconhecendo que para aguentar crianças só mãe mesmo – ainda que prostituta (horror! Horror! Horror!).

(Hoje a lei permite que a criança fique com a mãe – mesmo que ela tenha prevaricado –, dependendo das demais circunstâncias.)

Em relação ao Pai, a questão também tem seus lados difíceis. Como pai de quatro garotos, numerosas vezes senti o peso das responsabilidades econômicas e psicológicas de sustentar e educar os filhos. Muitas vezes me disse amargurado: se não tivesse filhos, eu teria vida de gente rica – poderia trabalhar menos da metade do que trabalho.

Quando me pediam dinheiro para seus gastos, por vezes me azedava bastante por dentro. Eu me matando para ganhar o necessário e eles sempre dispostos a gastar – a gastar o meu trabalho. Não sou altruísta a ponto de tê-los achado uma bênção – apenas. Custaram-me muito, e muito caro, em trabalho, dinheiro e esforço, para me conter, para mostrar paciência, mesmo quando não tinha nenhuma, para mostrar a eles um interesse que, *de forma estável*, eu positivamente não tinha.

Claro que havia muitas coisas boas ao mesmo tempo; mas dessas todos falam – demais; quero falar das dificuldades e não dos paraísos. Por eles – assim eu achava –, eu não podia me separar. Nem morrer eu podia, por causa deles.

A eterna criança pesa dez toneladas – e não tem nada de anjo (em matéria de leveza).

Nessas condições, pergunto-me se todos os homens são santos – como João de Deus acredita – ou se essas restrições e pesos não levam os pais e as mães a exigências muito descabidas com eles mesmos – *e com as crianças*. O que me custa tanto sacrifício – posso carregar sorrindo e orgulhoso pela vida afora? Ou facilmente me indisporei e me irritarei com eles, passando facilmente a exigir absurdos, a cobrar severamente que cumpram "seus deveres"?

E o pior de tudo: como a noção coletiva é a de que toda criança humana (até os 20 anos!) é um irresponsável pelo qual tenho de fazer tudo; como se ouve 10 mil vezes por dia que "os pais existem para os filhos", os filhos cobram o que impensadamente repetimos, fazem tudo para não fazer nada e comportam-se – nós é que os ensinamos – *como se* não tivessem nenhum dever de reciprocidade. Abusam. Exploram.

E todos aprovam esse comportamento, desde que a família exista mesmo para os filhos...

Logo eu, explorado ao máximo e pedindo para que me explorem, fico de outro lado esmagado pelo peso das responsabilidades e sem o menor direito a protestar; antes, em meu foro íntimo, sinto-me diminuído, humilhado, pequenino – só eu não consigo ser pai como se deve, só eu tenho esses sentimentos mesquinhos que os outros dizem não ter. Só eu sou imperfeito!

Claro que tudo isso faz um bem enorme às crianças e aos pais. Mas alguns, de sentimentos nem tão delicados, passam a cobrar, com gritos, ordens e surras, tudo que fazem – quando fazem. Lembremos sempre: 50% dos pais brasileiros são alcoólatras crônicos.

É o lado mais sombrio de toda essa imensa tragédia: a brutalização da criança, fato cósmico de tal dimensão que dois homens bons – Leboyer, autor de *Nascer sorrindo*; e Raskowisky, decano da psicanálise argentina de há muito – fundaram a

Sociedade Internacional de Defesa da Criança contra as Agressões dos Pais.

Na Alemanha "desenvolvida", em 1983, morreram cerca de mil crianças brutalizadas pelos pais e mais de 10 mil foram hospitalizadas com ferimentos sérios.

A FAMÍLIA DE QUE SE FALA E A FAMÍLIA DE QUE SE SOFRE

Dos demais países – desenvolvidos ou não – faltam-me dados, mas o que vejo na rua, na TV e no cinema me diz que as coisas não devem ser nada diferentes.

Sem contar os 10 milhões de crianças brasileiras abandonadas e os 500 milhões famintas do mundo, que jamais serão gente – nem mesmo "nativas"...

Amém, Satanás. O mundo é teu.

E os sermões incansáveis e monótonos de João de Deus contra os anticoncepcionais e o aborto...

De que lado ele estaria?

2
MÁ-MÃE

Vamos considerar a Grande Mãe e sua contrária, a Má-Mãe, Megera, a Bruxa, a que *envenena* tudo e só faz sortilégios malignos. Vamos discutir e contestar O Mito da Grande Mãe, denunciando sua sombra – seu lado escuro –, que é terrível.

A boa mãe e a mãe má, sabeis – deveis saber! –, são uma só. E não é só dialética e psicologia, é

FÁCIL (E DIFÍCIL) DE VER.

Fácil porque está aí. Uma câmera oportuna mostraria a mãe má com toda a clareza, estampada na face e no gesto nos momentos em que a boa mãe se enfurece, ou quando medita sobre sua tarefa por demais pesada.

Difícil de ver porque, de regra, ela aparece mas desaparece *depressa* – a cara de fúria, pior porque justa. "Te dou o que não tenho e você faz *assim* comigo." Ou: "Já fiz tudo o que eu sabia e o que eu inventei para ver se mudava, mas ele continua com aquelas crises de birra durante horas". Difícil de ver, também, porque o preconceito da mãe boa – sempre boa e somente boa – nos garante (!) que mãe má não existe...

Sempre que um filho não faz o que se espera, os pais ficam perturbados, com a sensação de ter sido roubados: "Então, faço tudo por você e você vai querer tomar o teu caminho (ao invés do meu...)!"

As mães alternam, quase todas, em um balanço (ou desequilíbrio) de certo modo inevitável; ele faz parte do aprendizado vital de se tornar mãe. Primeiro, um tempo de tolerância demais, com gradual acúmulo de raiva, que depois explode com violência assustadora e "justiceira" – represa que se rompe.

Primeiro é o esforço penoso e cego de "ser boa mãe" de qualquer jeito, custe o que custar – um peso intolerável. Primeiro aguenta e aguenta, mesmo sentindo náuseas; um dia não dá mais para segurar e então despeja de volta tudo que engoliu.

O pior dessa história triste e ruim é que a raiva materna é negada – se não na sua presença, então, em sua intensidade ou na sua motivação. Na hora da raiva a mãe não vê a cara que faz. Se visse, é certo que levaria no mínimo um bom susto.

A própria bruxa. Foi da mãe que nasceu a Bruxa Noturna – a dos pesadelos aterradores, tão típica de tantas histórias infantis. É a bruxa, a que não tem vez no dia a dia do lar cor-de-rosa, pueril e inconsistente.

Mas logo a fúria se apaga. Por vezes, atenua-se o mais carregado na face, na postura, na voz – mas a ameaça continua pairando. Os casos extremos de controle de crianças por intimidação acentuada mostram o que faz essa bruxa – e mostram como nasceu sua imagem. Ela vem e vai, faz seu malefício e desaparece de um jeito que ninguém percebe qual foi. Depois o veneno da situação se espalha e fica como névoa asfixiante pairando no ar. A "boa" mãe mostrou as garras por um instante e logo, logo as recolheu. Quem conseguirá vê-la? Mas, ao mesmo tempo, como será possível negá-la se a ferida está aí – doendo, doendo?

A opressão e o sufoco não são analogias *literárias*, são sensações – emoções – e *ao mesmo tempo* uma dificuldade respiratória, uma vontade de se apagar, de não fazer barulho, de não chamar a atenção. Enfim, são opressões *mecânicas*: a *postura* ou o jeito do oprimido – perseguido. Essa é uma das mil más posturas que existem; más porque a pessoa sente *demais* seu peso – ao carregá-la indevidamente.

No clima da bruxa, os sortilégios são mais sutis porque ninguém fala nada do que está acontecendo: mãe nunca tem raiva de filho. Na convenção jurídica da Humanidade, se não falou, não fez (o que se faz sem que ninguém fale a seu respeito todo mundo faz de conta que não está percebendo!).

Pesando os fatos, porém, seria cruel e desastroso mostrar à mãe sua pior cara. Não é assim que se chega lá. Tampouco basta denunciar. É preciso tentar fazer de outro jeito.

Pense-se em uma proposta de educação dos sentimentos e emoções, proposta destinada a melhorar o entendimento entre os membros de uma família, também nas horas de raiva e nas de medo ou tristeza.

Uma das mil lendas preconceituosas do nosso mundo, das mais difíceis de desmistificar, é a de que o amor é só bonito – só sentimentos de prazer, alegria, felicidade e leveza. Tudo que daí a pouco começa a acontecer, quando a gente faz como mamãe fazia – engolir demais e depois vomitar de volta –, é uma guerra e você é o culpado, você devia – hora de dar adeus ao amor e de oposição teimosa, guerra de poder no seu degrau número um; quem vai se submeter?

Mães e casais se darão melhor, creio, pensando assim: o amor emoção – o melhor, certamente, romântico e sensual –, quando consegue ir abrindo caminho dentro de nós, solta no mesmo ato as demais emoções e torna-se fácil experimentá-las. Essa abertura das emoções é assustadora para quase todos. Somos – é um de nossos condicionamentos mais fundamentais – "enquadrados". Caso contrário, não nos identificamos! Se não sou "sempre o mesmo", então não sei quem sou.

Só pode dar em loucura cósmica esse querer enquadrar a vida em circuitos constantes. A vida é criação contínua, como nosso corpo, que a cada instante e a todos os instantes está se renovando – mesmo quando envelhecendo. A cada instante somos outro – bioquimicamente; falo da fenomenologia química, dos processos *em curso*. Por isso mesmo precisamos tanto de fixação. Por sermos um fenômeno, um acontecimento – não uma coisa.

Mas voltemos à Má-Mãe – e ao que ela pode fazer para melhorar. Ela precisa permitir-se perder a paciência *mais vezes, mais na hora e mais de leve*. O ideal *em matéria de emoções* que ocorre entre mãe e filho é não guardar nada e dividir tudo – com o filho. Em matéria de emoções, tão vivas nas crianças, bem podem elas nos ensinar, se soubermos aceitá-las e nos dispusermos a aprender com elas. Nós não sabemos *viver com emoções*. Levamos a vida toda tentando contê-las e elas escapando periodicamente, "desarrumando" tudo... Que bom se já fôssemos múmias!

Agora, mãe, veja o outro lado do mesmo problema: *limites*, tão difíceis de traçar porque muito poucos são fixos – já que as crianças mudam bastante. No entanto, vivemos tentando organizá-los em esquemas muito pobres, e a vida, que é dócil, a fim de sobreviver, adapta-se. Muitos se adaptam, mas temos boas razões para crer que o preço dessa adaptação, demasiadas vezes, é alto demais.

Pôr limites *constantes* a sentimentos ou comportamentos é a própria definição de repressão emocional. Há limites para o emocional, mas, quando a repressão se faz necessária (por vezes ela se faz), então será importante dispor de outros meios de equilíbrio emocional. De pouco valem, sabemos, os apelos à racionalidade, aos "bons conselhos".

Vimos que a mãe paciente está amontoando pólvora. Jeito melhor é ir fazendo um pequeno fogo de artifício com cada porção de pólvora que se acumula.

> A raiva da mãe é um dos melhores limites que a criança pode ter nos primeiros anos de vida. A raiva bem mostrada faz a criança ficar boazinha. Por vezes será um olhar, vezes outras um tom cortante ou odiento da voz.

Falamos sempre bem de crianças, mas, de regra, nos damos meio mal com elas. Depois do "Que gracinha!" que dura cinco minutos, oito entre dez pessoas não saberão o que fazer ante o menor problema que surja. Diante de um problema infantil, não raro, as pessoas próximas vão pondo os pés pelas mãos e intimidando-as com sua agitação e suas caras de preocupação, com o "Não aconteceu nada, fique boazinha, espere..." Quando uma criança cria um problema para um adulto, um dos cursos típicos da relação é, primeiro, tentar arrazoar, "explicar" – mesmo a uma criança de 2 anos! O segundo é impacientar-se, mas, de início, lutando contra a impaciência – porém, até certo momento.

A FAMÍLIA DE QUE SE FALA E A FAMÍLIA DE QUE SE SOFRE

Dependendo do temperamento e do nível de dificuldade entre os dois, o fato é que com demasiada frequência o adulto assume um ar duro, meio de senhor, de escravo, olha bem para baixo, com desprezo e desencanto ("Está aí o que saiu de toda a força que eu fiz e de toda a preocupação que eu tive"). É uma cobrança instantânea, de regra amarga e rancorosa. A criança desempenha, então, o papel psicológico do escravo – aquele com o qual se pode fazer qualquer coisa, pois ele não consegue reagir.

A criança é o bode expiatório da Humanidade.

Melhor seria tratar a criança como visita e como estranho, assim teríamos mais cuidado com o que fazemos com ela. Com os filhos facilmente assumimos atitudes odiosas – estão sempre ali e não podem estar em nenhum outro lugar. Azar o deles – e nosso.

Mas me entendam bem: não vou concluir que os pais devem ter mais paciência, pois paciência não há em farmácia. Estou dizendo para eles que sejam

MENOS pacientes e MENOS tolerantes.

O melhor discurso para limpar relações pessoais é dizer o que eu estou sentindo com a clara noção de que foi ele – o outro – que ativou esse estado em mim. Reconhecendo, no mesmo ato, *que ele tem esse poder sobre mim*.

Sabemos que, em casos extremos, até mesmo um recém-nascido tem capacidade para perturbar seriamente uma família inteira. Dos maiorzinhos, então, nem se fala. Eles têm bons olhos e muita astúcia. Não é raro ver um sadicozinho de 2 anos martirizando uma mãe de 25, enquanto ela pede, explica, suplica, se desespera.

Eles têm todo o tempo do mundo e nada para fazer. Os adultos são os seres mais importantes do seu mundo e os mais interessantes também. Eles nos conhecem melhor que nós porque estão sempre vendo nosso jeito. Acho difícil enganar uma criança. Ela faz de conta que aceita, mas seus olhos registraram minha cara e seu computador mais primitivo (visual) tenta avaliar a situação. As caras feias que os adultos fazem *são* os fantasmas, as caveiras e outros perigos sem nome que ela teme e *ninguém* lhe diz que são reais. O medo da criança é o que ela sente diante dos adultos quando estes – sem reconhecer – estão mostrando caras (sentimentos) *muito ruins de ver*, pesadas, duras, ameaçadoras – ou cadavéricas, resignadas, pastosas.

Os limites entre criança e adulto são, no plano emocional e idealmente, abertos: o adulto mostra que está encantado e ela se expande, ou mostra estar enfurecido e ela se encolhe. Se eu deixar meu sentir – no caso, a raiva – aparecer de todo, a criança tem condicionamentos biológicos para ficar mais mansa – pelo menos por um tempo.

Basta um olhar forte ou uma palavra áspera e ela para. O problema crítico, quando se condiciona uma criança a um sinal de "pare", é não abusar dele em horas impróprias, tentando controlar a criança *continuamente* com sinais de raiva. Nesse caso, ou ela vive apavorada ou perde o medo!

É bom ter armas para se defender bem da criança, senão a gente as machuca e se machuca demais. Bem no fundo, é para ser respeitado por elas ao mesmo tempo que se lhes oferece um primeiro modelo de "defenda-se" – às vezes é preciso.

Nossa educação nos ensina a morrer de medo o tempo todo, por esta ser ministrada por mães e professoras primárias, provavelmente as duas categorias sociais mais sujeitas a mil pequenos medos. Ao mesmo tempo, elas sofrem de uma ampla inconsciência em relação aos perigos reais envolvidos pelo viver, perigos da Natureza ou da Sociedade.

Acrescem-se outros fatos de verificação não muito difícil, mas de aceitação dificílima – sempre devido aos preconceitos "positivos" da família. O número de mulheres de fato interessadas e capazes de criar filhos é, na minha estimativa, modesto. Depois temos a larga faixa dos mais ou menos, em que acontecem as coisas feias porque ninguém tem preparo nem experiência – nem diversidade de soluções.

Na margem inferior – nem tão estreita quanto gostaríamos de acreditar – começa o horror da miséria espiritual – mesmo aonde a miséria material não chega.

Cada mulher parece ter mais prazer e mais facilidade de lidar com certa idade da criança. Há as que gostam muito de bebês (até 2 anos); há quem se dê bem com adolescentes e com outras faixas; mas antes e depois da faixa favorita, a mãe começa a falhar e aí endurece – ou se desespera.

É preciso, como tarefa individual, que cada mulher preste atenção a si mesma quando em contato com crianças a fim de ver que espécie de mãe ela poderá ser – se crianças a interessam de verdade, se são brinquedos momentâneos ou "amor" preconceituoso (toda mulher ama qualquer filho...).

Só experimentando para saber, mas seria ótimo – tivessem as pessoas *experiência de convívio* (meses, no mínimo) com crianças antes de se decidir por um filho. E se o filho já está aí e o entendimento é difícil é melhor reconhecer a incompetência na relação, em vez de forçá-la de tantos e tão maus jeitos – todos para, de algum modo, disfarçar a verdade feia que está aí: "Não gosto tanto assim do meu filho" e "Não nasci para ser mãe".

Quanto menos competente a mãe, maior a atividade da bruxa, que não é apenas reação ao difícil comportamento infantil e ao nó de relações torcidas que se estabeleceram entre ela e o filho. Depende também, e muito, das obrigações a que a mãe se sente sujeita – como mãe. Se as pessoas não esperassem tanto da mãe – como pressão social e preconceito –, até *mesmo as mães precárias seriam melhores*. É como, mal comparando, o débil mental. Se o deixarmos em paz com suas limitações, ele se fará até boa companhia; mas, se insistirmos em obter dele rendimento maior, ele se irritará e enfurecerá.

Enfim, se consigo descrever a bruxa, é por se tratar de um arquétipo – algo comum a todos ou a quase todos, uma forma *típica* de comportamento, na certa equilibradora ante as alturas estratosféricas a que se eleva a *Grande Mãe*.

A Bruxa é o gemido de ódio de quem se sente esmagada por obrigações impossíveis – *que ela aceita*. Como ninguém pode ser tão bom quanto Nossa Senhora Mãe de

Deus, mas como tantas gostam de pensar que podem – ou conseguem –, então surge o antiarquétipo para equilibrar tanta loucura de bondade impossível.

De novo, a solução é a humanização – a declaração e a consciência de incapacidade de um lado, e uma apreciação mais sensata dessa tolice catastrófica que se chama Bondade Infinita das Mães de outro.

Há, depois, as histórias das mães ostensivamente terríveis – são tantas! – que envenenam e aniquilam todos os membros da família pelas exigências insaciáveis, pelo autoritarismo implacável, pelas arbitrariedades sem conta, sem que ninguém se atreva a se opor – porque são mães! "Mãe não erra!" A imbecilidade humana chega a ser hilariante.

Há as mães cardíacas, ou pseudocardíacas, que matam os filhos ao cobrar deles, decênios a fio, que fiquem ali, que sejam bonzinhos e não façam absolutamente nada!

Digo assim nesses casos: será que alguém tem o direito de exigir que eu não viva para que ela não morra?

Em todas essas histórias, tem-se como indiscutível que a mãe é absolutamente superior aos filhos – mais valiosa que eles.

Eu não sei por quê. Nos casos – nada raros – de pais-problema, acha-se sempre, publicamente, que os filhos têm de ficar bonzinhos pois se trata de papai e mamãe.

Enfim, e mais comumente, o que fazem as mães – invariavelmente – *contra* as filhas moças que querem namorar? Constituem a mais implacável Polícia de Bons Costumes que eu conheço! Realmente, elas *não têm* coração. Amor só na novela!

E as contradições clamorosas que a criança tem de engolir – seja lá como for? Quero dizer que, com uma frequência deveras desesperadora, vejo ao meu redor a mãe passar uma descompostura na filha porque ela faz exatamente como a mãe. "Desordeira", "Você não faz nada direito", "Deixa tudo sujo" – mas esses, na verdade, são os modos de a mãe levar a vida, desleixada, indolente, meio suja... Ao dizer essas coisas, elas são tão ridículas que se fazem cômicas. Mas para a criança que leva na pele a acusação e vê com os olhos a injustiça deveras clamorosa é bem diferente. Depois, a tolerância absurda ante defeitos maternos ou paternos. O pai alcoólatra – frequentíssimo – é o terror da família durante 20 anos, mas sabeis: "Pai é pai – não se pode criticar nem sair de casa. Coitado, como é que *ele* vai se sentir?"

Ai de quem tenha pais ostensivamente ruins; terá pouca chance de desabafar e, se insistir nas críticas, terá de se acostumar com caras estranhas – que são as de todos quando ouvem alguém falar mal de Pai ou Mãe.

Só entre amigos – pelo amor de Deus! Senão, todos saberão que minha família é um horror. A minha, infelizmente, é assim; mas a Família é ótima. Eu é que tive azar – mas família é bom.

São tantas as nossas perversões familiares que o Mito da Infância Feliz, apenas agora nas mãos de alguns ímpios, começa a ser contestado[3].

Voltemos à criança como bode expiatório.

Como quase ninguém tem coragem de fazer o que mais lhe importa, o que o faria mais feliz, mais vivo, mais presente, *a criança é o melhor pretexto do mundo* para que as pessoas *mantenham* ligações pessoais – maritais – da pior espécie que se possa imaginar, e eis sua "explicação" invariável: "É por causa dos filhos".

Essa irresponsabilidade *do adulto* dá náuseas. Nada pior para quem quer que seja do que a lição universal que se dá à criança de que é Vontade Divina ficar casado para sempre. Essa noção, linda nos poemas matrimoniais, é, na verdade, condenação à prisão perpétua – *independentemente de toda e qualquer circunstância* ou ação (o que não é verdade nem nas piores Penitenciárias do mundo!).

É a continuação da aceitação incondicional – que seria "o certo" para os pais. Aceitação incondicional é tão ruim quanto condenação incondicional. As duas são sobre-humanas e totalmente irrealistas.

Uma coisa é a aceitação (do filho, do casamento), outra é a pseudo-obrigação de *ficar aí*; pseudo porque não é preciso ficar aí, assim, a qualquer preço.

---

3. ABRAMOVICH, Fanny. *O mito da infância feliz*. São Paulo: Summus Editorial, 1983.

Mas atenção para outras arapucas – os preconceitos sociais tidos geralmente como ridículos ou tolos (os preconceitos *dos outros*, é claro) –, a rede dos preconceitos antissexuais é muito hábil – e muito forte.

De momento quero comentar os preconceitos de hoje acerca do "Ora, se o casamento não dá certo – se acaba o amor, se fica ruim –, então a gente se separa".

A frase é dita sempre com ar de superioridade e valentia, insinuando que a pessoa de fato fará assim; ela é decidida e não tolera muitos desaforos... Pura pose. Não conheço nada mais difícil – no plano das relações pessoais – do que a separação conjugal. Anos de tortura pensando – antes – e anos de tortura sofrendo – depois. Esse é o resumo de 90% das separações que eu acompanhei (algumas dezenas). O clima é espantosamente ruim; suspeitas, perseguições, falas que machucam, as desconfianças, a ciumeira, a guerra pelos filhos – um horror.

Vivo fazendo uma afirmação que poucos parecem compreender. É um dado de fato e não uma teoria.

Entre *a conversa* social (com os outros *ou com a gente mesmo*) e os *fatos* a que ela se refere, vai quase incomensurabilidade completa. Sumariamente, ninguém faz o que diz e ninguém diz o que faz. A situação "conversa social" tem suas regras – muito independentes do que é efetivamente feito. Hoje, nos meios ditos modernos, "fica bem" defender o amor livre, o encontro, a homossexualidade, as atitudes afetivas decididas, as falas de sucesso; mas sei de muitos "libertos" que entram em pânico quando a mulher, de fato, vem a simpatizar com alguém. É deveras estranha e acentuada a "esquizofrenia" entre a conversa e os fatos.

O que é pior, essa esquizofrenia – dissociação – é requerida, exigida e cobrada. Há quem quer que faça como eu, que sou meio ingênuo socialmente, que diz um pouco do que realmente acha, e eis que se levantam ondas e ondas de estranheza. *Cobra-se* rigorosamente das pessoas que não digam o que fazem – e não façam o que dizem.

É preciso insistir. A dissociação compulsória entre a fala social e o comportamento individual torna mais do que incertos todos os questionários verbais – psicológicos, sociológicos ou mercadológicos. Explica até quase toda a psicanálise prática. Ela consiste em mostrar às pessoas que tudo quanto dizem não é nada do que parece; as emoções e atitudes reais têm pouquíssimo que ver com a discussão verbal.

Por isso as perguntas de consulta à opinião pública são de uma pobreza franciscana. Exigem que você diga apenas sim ou não – compro ou não compro, vejo ou não vejo. E mais nada.

Na área amorosa, as atitudes heroicas são sempre faladas – em público. Na conversa eu faço, resolvo e aconteço, mas na presença de minha mulher ou engulo ou estouro – mas isso não digo!

Isso todos sabem – assim, meio subconscientemente; mas não dizemos com clareza, muito menos dizemos ao outro. Mas sabemos o suficiente – conosco é parecido – para não acreditar muito no que o outro está falando...

É infinita a soma de mentirinhas e mentironas sociais "obrigatórias" – frases de efeito que muitos usam na conversa. Mas, diante do personagem de fato importante, rabo entre as pernas; ou impropérios – mulher chata, vagabunda e outras amenidades do sacrossanto amor conjugal...

"Meu casamento? Sou um homem feliz..."

~

As "defesas" psicológicas tão estudadas pelos analistas são obrigações sociais, e isso eu não sei se eles veem. A censura nunca é apenas individual.

Ela se decalca, se origina e, ao mesmo tempo, reforça todas as inibições preconceituosas.

De pequeno me impressionava demais com dois modos de ser de minha mãe: ela contava certas histórias muitas e muitas vezes, a muita gente, sempre com o mesmo calor! Depois havia os sermões típicos da mãe, repetidos, repetidos, repetidos – mas sempre como se meu erro ou defeito estivesse acontecendo pela primeira vez. Sei que fui impressionado, mas só agora avalio o que isso significa: Tenho (ou sofro?) alta sensibilidade ao tédio, à repetição monótona. Fico muito inquieto e só tolero a situação se não houver de fato nenhuma outra solução.

Minha fuga típica – muito usada porque é muito minha e muito ativada por muito medo – era a criatividade eruptiva. Em situação tediosa, surgiam ideias, pensamentos, engenhocas, planos milionários, fantasias heroicas e eróticas...

Sempre (palavrinha!) "fugi" do real insuportável pela invenção imaginária.

Isso que eu fiz está em linha com o que pensam alguns biólogos evolucionistas a respeito do devaneio – do "sonho acordado". Trata-se de um estado cerebral bem definido eletricamente (no registro eletroencefalográfico) e, por isso, conclui o evolucionista, "deve" ter uma função adaptativa. Eu também acho.

Dizem os mais ousados que a fantasia foi uma defesa dos animais, que ficavam muitas horas parados, nas tocas, ou de noite, e com risco de queda nas funções vitais – vegetativas. Então surgiu o devaneio para que o animal "se movesse" mesmo dormindo.

Hoje sabemos que toda imaginação de movimento (como nos sonhos) é acompanhada de movimentos reais subliminares.

Experiências muito precisas, com traçadores radioativos para estudo da circulação cerebral, mostram: fazer um movimento solicitado (fechar a mão) ativa a circulação da circunvolução motora instantaneamente! "Pensar" o mesmo movimento também. Além disso, o estado de devaneio é mais "desperto" do que o sono e, portanto, favorecia a reação dos animais quando surpreendidos por um predador, bem mais do que se eles estivessem em sono profundo.

Imaginar, pois, para vencer o tédio é, na certa, uma função saudável – põe-nos em movimento quando a tendência seria dormir. E se quase tudo que eu faço é assim – tedioso-monótono?

Nas guerras domésticas, é certo que o clima oscila entre o tédio e a dramatização, esta tentando combater ou equilibrar aquele. Se não há drama, inventa-se, ressuscita-se um cadáver podre e aguente-se o cheiro! O mal é que muitas brigas conjugais são puro desafio – quando não há nada o que fazer nem o que sentir.

A dramatização é um despertar, uma revitalização.
O tédio é um rebaixamento vital, um começo de morte.
O que está sempre aí é muito difícil de ver. Ou, se vi muitas vezes do mesmo jeito, é difícil começar a ver de outro. Há seriíssimas razões de equilíbrio do corpo envolvidas nessa história. Imagine-se andando em espaço suficiente tendo diante de si um espelho, digamos, de 6 × 3 metros, de maior dimensão horizontal. Você está a 4 ou 5 metros dele. O espelho oscila às vezes, inesperadamente, segundo seu eixo vertical mediano...

É assim quando alguém, a família ou meu mundo muda de jeito diante de mim.

Então parecemos bêbados: qual das duas imagens é a verdadeira? A qual responder? (Note-se: a clara *visualização* de um conflito deixa-nos imediatamente orientados. Se ele fosse *apenas falado*, é pouco provável que isso acontecesse.)

Havia, pois, no começo, a repetição interminável do sermão materno, descritivamente apelidado pela Análise Transacional de "gravação interna" – de tão monótona-mecânica-automática-repetitiva.

A dialética do tédio e da automação ocorre quando as crianças, após generosas centenas de vezes, se dão conta do inevitável e então desligam a atenção quando mamãe começa a falar – e aí se perdem. O discurso materno tantas vezes primário, mentiroso, cheio de medos e mal informado – esse sermão desarticulado entra no cérebro como sugestão hipnótica e fica.

Não se faz quase nada que as mamães dizem; mas as mães nos acompanham até o fim de nossos dias como vozinha íntima, sempre achando ruim. Nunca é, nunca foi nem será como ela disse, mas o dito atua – como se a Globo começasse a emitir o mesmo anúncio em todos os intervalos comerciais durante cinco anos...

Elas que me perdoem, mas são elas – as mães – as principais responsáveis, ou os principais veículos da coação social; as responsáveis pela infelicidade das pessoas – talvez pela incapacidade de tantos de poder sentir felicidade. Mamãe se sacrificou tanto – como posso gozar a vida agora? "Viver é sacrifício" – eis a lição que as mães dão.

De outras vezes, os azedumes maternos mostram-se um excelente pretexto para não se arriscar; "Sabe, mamãe, como ela é..." E para não despertar o sermão materno, não fazemos o que importa, o que desejamos – o que é necessário.

A IRREALIZAÇÃO MATERNA REPRODUZ-SE TAL E QUAL NA IRREALIZAÇÃO DOS FILHOS:

"Viver é renunciar".

Por que essa repetição insana, cega, estúpida? Uma vez me veio assim: nem uma minhoca é tão estúpida quanto a mãe na repetição de palavras inúteis – e ruins! Com empregado conversa-se uma primeira vez, depois uma segunda e depois chega. Com Família discute-se a vida toda, amarga-se e azeda-se milhares de vezes – mas não se sai dali.

Creio que a Família preencha função bioenergética fundamental no metabolismo emocional da comunidade.

Ela absorve em choques e atritos internos intermináveis uma parte importantíssima do descontentamento, da infelicidade, da irritação e da frustração das pessoas – o que envenena o lar, evidentemente. Mas a sociedade (o trabalho) fica preservada...

A sobrevivência vem primeiro!

Velha história. Paz indigna. Vergonhosa.

Uma das melhores soluções para as desinteligências conjugais é esta: são dois oprimidos por obrigações impossíveis e cobranças sem propósito. Os dois são vítimas e se conseguirem fraternizar-se na infelicidade comum talvez encontrem forças para brigar contra a estrutura legal, tradicional e opressiva da Família.

O que sucede – é mais do que doloroso assistir e pode-se assistir a qualquer momento – são dois que se estraçalham com uma malevolência deveras satânica – totalmente desumana.

"A culpa é sua", "Seu cafajeste", "Sua louca" – e matam-se. Devagar. Dia a dia, a vida toda...

"Família é assim. Aguente..." – diz mamãe com toda a autoridade da vida não vivida.

"Família é o melhor lugar do mundo..."
"Minha infância foi tão bonita!"
O ruim é esquecido. Fica só a imagem *socialmente aprovada* da infância feliz. Pouquíssimas vezes crianças foram deveras bem-aceitas e bem tratadas neste mundo. Se mais houvessem sido, nosso mundo não estaria em rota de aniquilação. Os jogadores dos altos poderes políticos, econômicos e militares não devem ter nenhum prazer de viver – é o mínimo que se pode deduzir. Quem tem alguns bons prazeres de vida – principalmente da vida amorosa/sexual – não pode odiar a vida, os outros e o próprio mundo como se fossem todos inimigos e, pois, merecedores de assassinato coletivo sem culpa – sem responsabilidade, sem vergonha.

Para a fúria de poder dos homens – está enraizada no genoma! –, a destruição cataclísmica é o máximo do poder.

"Posso destruir o mundo!"
É o poder máximo.
Algum satanás desiste dessa posição?

O casamento monogâmico compulsivo impõe duas condições absolutamente sobre-humanas – na verdade sobreanimais: nenhum animal – nem o homem – pode fazer assim e ficar bem.

É a prisão perpétua em relativo isolamento. Só posso, só devo, só fica bem eu ficar com minha família.

Solitária.

Ponha-se um bicho qualquer em uma jaula e vamos ver quem entra; se o bicho estivesse à solta, seria muito provavelmente inofensivo.

É preciso insistir: a pressão matrimonial é perigosa, pois desperta revolta funda do bicho em nós. Não se trata de capricho ou modernismo. Ai do animal preso e de todos – absolutamente todos – os que sabem disso. Ou, ao contrário: perder a liberdade está por demais próximo de perder a vida. Imaginemos um quadrúpede que se enleia em um cipó! Portanto, não é nada de caprichosa ou superficial a acusação contra a Prisão Conjugal.

É UMA SITUAÇÃO PERIGOSA – durante certo tempo. Depois, em condições reais, ela se faz rotineira e tendente ao tédio/fantasia, à baixa vitalidade dos envolvidos. Ou exalta afetos desmedidos.

Se prendermos animais acostumados à liberdade, sabemos que ou eles se debatem até morrer ou entram em um marasmo, já começo da morte. Nós não somos diferentes.

Para o caçador errante que fomos, a liberdade era absolutamente vital. E continua sendo. Falo de uma liberdade concreta de escolher a companhia que me convém e de nenhuma liberdade metafísica "geral" ou abstrata.

Lyall Watson, o autor (biólogo – e que biólogo!) de *Life tide*, assinala um fato importante implícito em toda educação (de crianças), que convém formular com todos os pormenores.

Os autores medievais falariam de *pietas* – uma disposição ao mesmo tempo de amor, dependência e reverência diante de Deus e, por extensão, dos superiores, da gente grande, inclusive, e – principalmente – dos pais.

Essa *pietas* – Jung também fala dela – pode ser reinterpretada à luz de vários fatos. Tem a *pietas* seu fundamento natural na "fixação" – *imprinting* – ou "impressão" (como impressão gráfica – uma marca indelével).

Muitos animais – os mais famosos são os gansos de Lorenz –, logo após o nascimento, por umas poucas *horas*, "adotam" como pai e mãe a primeira criatura que estiver por perto, podendo ser até um objeto inanimado. E depois de adotados, ficarão "fiéis" à mãe por acaso como se esta se tratasse da própria. Lorenz foi pai e mãe amantíssimo de vários gansos que o seguiam aonde quer que fosse e tinham com ele todos os comportamentos que teriam ante gansos de verdade.

O fato – creio – existe com força variável praticamente para todos os filhotes: a predisposição deveras profunda de acreditar, confiar no(s) adulto(s) próximo(s) e segui-lo(s).

Quanto menor o animal, quanto mais jovem, mais apegado e obediente.

A relação guru-discípulo, conforme concebida e praticada no Oriente e nos conventos ocidentais, segue de perto esse modelo biológico. Primeiro o discípulo tem de conviver com o guru e servir a ele, sem crítica, sem maus sentimentos, com ampla anulação de sua individualidade. Creio que, nessas circunstâncias, a imagem do guru se imprime; quanto menor a disposição crítica do discípulo, mais pura e mais inteira a identificação com o mestre.

Este é o termo esclarecedor: identificação.

Ao tempo de Freud, e ainda hoje lida desprevenidamente, a psicanálise vivia dizendo que a patologia neurótica é essencialmente fruto de identificações impróprias. Ela até separa as identificações "normais" e as patogênicas: mas para ela a diferença é quantitativa. A criança "deve" se identificar "um pouco" com o pai, mas não "muito".

Basta a menor reflexão sobre o assunto e logo se vê que o problema nada tem que ver com quantidade, mas com qualidade.

Se nasci poeta, sensível e afetivo, e se meu pai é comerciante duro, prático e lógico, tira-se a seguinte conclusão: *qualquer* identificação com ele, mesmo que rendosa, me fará mal. Digo rendosa em sentido amplo. É bom que o poeta tenha algo de prático, mas o poeta sofre no contato usual com pessoas. Ele pode estar "defendido" pela identificação com o pai, mas está ao mesmo tempo desnaturado. Na situação descrita: mesmo sua dureza – alguma é necessária – não pode ser parecida com a do pai, cujo *conjunto* de traços de personalidade é tão diferente do filho.

Em suma, a psicanálise achou um processo fundamental de desenvolvimento da personalidade, mas, presa de seu medo social e de uma tipologia essencialmente patológica, ela arrepiou caminho, chegando a concluir que família é ótimo... Que é "natural" identificar o filho com o pai (principalmente por força da agressão reprimida!). É o medo do agressor que faz o menino imitar o pai. Deve ser ótimo isso, deveras uma bela ligação Pai/filho! É "normal", como tudo no normopata. A psicanálise reforça essa normopatia a mais não poder, confundindo invariável e enfaticamente a realidade convencional – verbal – com a realidade sensomotora ("natural"), única que os animais conhecem.

Tanto para a psicanálise como para o examinador de exames orais, sair-se bem (na vida) consiste em sair-se bem nas explicações (em compreender).

É fácil ver o quanto de verdade e o quanto de sofisma – pela confusão dos dois sentidos, tão diferentes, da palavra "realidade" – há nisso.

Mais: o psicanalista diz estar trabalhando para libertar o paciente de suas ilusões e uma das expressões mais usadas é "fora da realidade" – critério básico. Na saída da realidade o primeiro passo é a fantasia neurótica e o segundo, a fantasia psicótica. "Psicose" como "fora da realidade" é o prato forte e o maior medo do psicanalista.

Mas a realidade tem sempre para ele aquele sentido equívoco que dissemos – é real nas palavras ou é real para os olhos?

Em meu tempo de jovem – 50 anos atrás –, nos meios intelectuais, era de suprema vergonha ser acusado de plágio. Era macaquice, tendo-se a imitação como o forte dos macacos.

Patogênica para a psicanálise, vergonhosa para a intelectualidade, a imitação – custou-me demais dizer isso:

É O PROCESSO NATURAL DE APRENDIZADO
DE COMPORTAMENTOS COMPLEXOS.

Os animais aprendem tudo que têm de aprender por imitação. Os seres *humanos* também.

Há muito se sabe e se diz, mas quase nunca se age de acordo: que educar é dar ou ser exemplo. Ou: falar adianta pouco e nada – sobretudo, adianta pouco a eterna repetição de "conselhos", que de tão repetitivos ninguém mais ouve...

O que acontece é a imitação e, ao considerar o que sucede com nossos filhos, podemos ir em linha reta para o espelho: *eles estão fazendo como nós fazemos e muito pouco do que nós lhes dizemos.*

Na verdade, creio que seja o próprio amor uma escolha de modelo a imitar, a fim de aprender – ou absorver.

Escolho a pessoa com qualidades (ou defeitos!) das quais necessito. Necessito desenvolver ou necessito perceber melhor (para melhor uso). A velha e tradicional comparação com as duas metades da laranja tem cabimento *como ponto de partida*. Se os dois tiverem juízo e habilidade, aprenderão um com o outro e aos poucos se farão independentes – e mais ricos do que antes. Se não souberem aproveitar a situação, aí se ligam não de forma simbiótica (elo de vida), mas sintaticamente (elo de morte): um impede o desenvolvimento do outro ao "fazer tudo" por ele – que continuará a não fazer nada por si.

Há depois a credulidade cósmica, uma evidente "infantilidade" presente e atuante em quase todos. Há mil declarações mais do que incertas a servir de "princípio" para o comportamento das pessoas.

Graças a Deus nossos princípios têm pouca força em relação aos nossos costumes – e aos dos que nos cercam. Felizmente, ninguém decide, de fato, baseado em princípios, mas levado sabe Deus pelo quê.

O casamento é um ótimo exemplo. A impressão meio ingênua, meio maldosa, é de que as pessoas se casam invariavelmente com o pior par que poderiam ter achado. De regra – Freud tinha razão –, com pessoas que exibem os piores aspectos do pai ou da mãe.

Mas os terapeutas familiares – os mais positivos – já estão dizendo com clareza que a gente se casa mesmo com a mãe – mas com chance de melhorar a relação.

Jurídica e popularmente, mulher da gente não é mãe e não há o dever de tratá-la como se fosse. Com minha mulher posso brigar contra tudo que minha mãe fazia de parecido contra mim – com ela, eu tinha de me calar, e até dizer que era ótimo...

A imitação é, pois, fundamental para a vida.

Baseado em inúmeras maratonas, realizadas sob a orientação de terapeutas famosos – nacionais e estrangeiros –, digo: *no dia seguinte* ao da maratona eu já me pilhava assimilando (imitando) todos aqueles comportamentos terapêuticos vistos no terapeuta que "encaixavam" em mim e em meu estilo.

Não imitava *tudo* – só alguns modos do companheiro, modos que na hora da maratona eu havia admirado: naquele ponto ele fazia melhor do que eu. Seu jeito nessa ou naquela circunstância era uma solução melhor das que eu havia encontrado.

De meus amores, enfim. De cada um deles aprendi coisas fundamentais, que consegui perceber com clareza. Sempre trocas baseadas em identificações.

Para mim, não vejo diferença entre imitação, identificação, introjeção e incorporação.

Procurei mostrar em outro livro[4] que nosso cérebro é, em dois terços de sua substância, uma poderosa e engenhosíssima máquina de imitação; sua melhor capacidade consiste em, dado uma pessoa ou um objeto, como fazer para "compreendê-lo", *imitando-o*.

A imitação é o começo da inteligência prática, efetiva, "natural".

Freud dizia coisas parecidas ao declarar que nos identificamos com o agressor. Se sou parecido com meu pai – se faço como ele –, não vou temê-lo; se faço como ele, posso *antecipá-lo*, tenho chance de conhecê-lo "por dentro" – origem talvez da frase de Cristo a seus discípulos: "Se alguém quiser abrir um processo para tomar a tua túnica, dá-lhe também o manto!" Se ele quiser que o acompanhe por duas quadras, acompanhe-o por quatro (assim você poderá descobrir melhor como ele funciona – além de desarmá-lo com sua inesperada obediência).

Gosto de dizer que somos muitos; somos a resultante de um número indeterminado, mas grande, de identificações com todos os que tiveram influência em nossas vidas, pessoas reais e tipos ideais – de ficção.

Último passo: há muito por saber e que não sabemos, há muitos perigos no mundo e muitos nos são desconhecidos. Verdadeiro para nós, mais verdadeiro para os animais, motivo pelo qual se desenvolveu no elo mãe/filho a *pietas* – a fé e a confiança no "superior" –, simplificando enormemente o aprendizado da vida. O que mamãe deixa pode, está certo, não tem perigo; o que mamãe não deixa é perigoso, não se deve, é errado.

Mas é preciso dizer com força – com muita força: a *pietas* e o *imprinting* têm tudo que ver com o sensomotor e, em princípio, pouco que ver com o verbal. Dissemos: crianças imitam os pais – não sei se os ouvem ou se obedecem às suas ordens e aos seus pedidos.

---

4. GAIARSA, J. A. *Organização das posições e movimentos corporais (Futebol 2001)*. São Paulo: Summus Editorial, 1984.

Aqui se multiplicam as confusões entre a realidade convencional (das palavras) e a realidade dos sentidos e das respostas efetivas.

De qualquer modo, o ponto fundamental é este – ele também é muito bem sabido por todos, mas a toda hora esquecido: as crianças têm uma dependência psicológica natural e profunda com relação aos adultos próximos – principalmente a mãe, é claro. O que nós fazemos – TODOS – é passar por cima, desprezar ou ignorar essa disposição da criança – deixando-a por demais à nossa mercê.

É aí que a irresponsabilidade e a presunção dos adultos alcançam as nuvens.

Ante a fé infantil, um grande número de pais sofre uma inflação do ego – sente-se muito maior do que é –, "banca" o professor o tempo inteiro, passando para o petiz toda sorte de tolices como se fossem verdades sagradas (assim a criança as recebe), conselhos cheios de contradições, falas que nada têm que ver com o procedimento real, descrições de mundo ignorantes, inconsequentes, contrárias à percepção mais simples. Lembremos as "explicações" dadas às crianças na idade dos "porquês"!

Seria muito bom se os pais falassem menos, se dessem menos lições e, sobretudo, se falassem a sério e simplesmente com a criança – para certificar-se de que estão sendo aceitos. A "gravação" da análise transacional é um bom resumo *de tudo quanto foi dito à criança e que nada tinha que ver com ela nem com a realidade.*

Aos poucos me convenço: o melhor a fazer em matéria de educação é reduzir o tempo de exclusivismo familiar ao mínimo; escola ou grupo de convívio logo que possível. A imensa maioria das pessoas é estreita e contraditória por ter sido "impressa" na infância com rosários de tolices sem fim.

A pior traição que se pode praticar com uma criança é fazer mau uso dessa disposição afetiva com a qual ela nasce, disposição que poderia simplificar enormemente a educação familiar se fosse respeitada e bem aproveitada.

Creio, enfim, que nossas piores feridas de alma vêm do uso inadequado que foi feito de nossa piedade filial. Amargura permanente, ressentimento difícil de desfazer, incompreensão dolorosa.

Note-se: o que estamos dizendo nada tem que ver com a Teoria Traumática da Neurose. Freud deixou-se levar por certo senso novelesco ao achar que os grandes episódios são os que marcam a vida (foi sua primeira teoria). O que marca a vida é o cotidiano. Reich, ao passar para a análise do caráter (e não do sintoma), entrou pelo caminho acertado. É o cotidiano que marca, forma e deforma o caráter. É sobre essa estrutura do cotidiano que incide o trauma: crianças bem levadas no cotidiano, mesmo que expostas a certa medida de medo e de experiências difíceis, toleram melhor os balanços súbitos dados pela vida.

O SÉTIMO CÍRCULO – DO INFERNO (E QUE NÃO PARECE...)

O efeito final de muitos abusos de confiança cometidos contra a criança – inclusive por mães "boas" – é a dificuldade vitalícia de confiar e crer nas pessoas.

É a destruição do sentimento primário de solidariedade e comunhão – algo por demais difícil de refazer. A busca da Iluminação é o caminho para voltar ao mundo das pessoas. "Se não vos fizerdes como crianças, de modo algum entrareis no Reino de DEUS" (Jesus Cristo).

Destruição do espírito religioso natural das pessoas – destruição da fé e da esperança.

E nem sempre essa destruição é dramática. Basta certo excesso de ansiedade no trato com a criança e a mãe já está em condições de compreendê-la – ou de deixar que ela se exprima livremente (para *depois* fazer alguma coisa – se for preciso).

A mãe ansiosa – e qual não é? – mistura seus medos com os da criança. Enquanto absorve os medos do filho e os transforma em medos *acerca* dele, a criança talvez absorva os medos reais – quase sempre grandes – da mãe.

Mas mesmo troca de medos não é, por si, destrutiva da fé. Se a mãe tiver certa clareza e aceitação de seus medos, pode-se continuar. A criança pode ensinar até o SENTIMENTO de segurança – que independe assaz das noções usuais sobre segurança "objetiva".
Voltemos à destruição do sentimento – da atitude? – religiosa da criança. Estou entendendo religião, aqui, de acordo com o mestre Jung. Quero saber o que se pode sobre o estado ou as funções desse senso religioso da Humanidade; quero saber em geral e quero saber para mim. É vital. Falo como cientista da Personalidade e falo como eu mesmo.
Religiosa, disse magistralmente Jung, é a função transcendente, a que nos reúne a tudo que ignoramos (mas está aí). Ignorado no mundo e ignorado em mim mesmo.
É claro hoje, para todos – espero –, que o eu é *uma parte* de mim e não eu inteiro.

> Não sei nem de longe tudo que meu corpo sabe (por que faz), não controlo nem de longe tudo que eu posso fazer; na certa não fui eu que "se" (!) fez – nem ao mundo. Logo, são demonstráveis a ignorância e as limitações do "eu".

O ego é uma parte. Mas é claro que ele está integrado ao todo e interage com ele. Era preciso ser Jung para colocar essa distância deveras oriental em sua sutileza, mas ocidental na sua importância: TENHO de me relacionar com o *desconhecido que me cerca de todos os lados*.
Mistério, certamente. Basta descrevê-lo para saber que jamais terá solução clara ou definitiva.
Religião é, pois, a aceitação de um desconhecido que a qualquer momento pode aparecer ou influir – sem que eu saiba de onde nem para quê. Mas, à medida que vou aceitando que me mova o espírito (o sopro, o capricho, a fé), começo a perceber minha fraternidade com todas as coisas que, como eu, evoluem incessantemente. E ao começar a me deixar acontecer com o mundo alcanço o estado de graça, de beatitude ou de delícia (Ananda em hindu). Meu medo do desconhe-

cido, adequadamente elaborado, fez-se o motor de minhas transformações. Boa religião essa, que começa com medo e acaba com amor. As que pretendem começar com o amor são muito suspeitas.

É preciso aceitar o medo como força primária em nosso desenvolvimento.

A infância humana poderia ser o prefácio natural de uma história bonita de ligação dos membros da família entre si, com os demais e com o mundo.

Isso será vivido sempre que uma mãe contemplar seu filho – apenas contemplar.

Note-se: não precisa dizer nada, nem mudar, nem ensinar. Mas pode – e deve – *manifestar seu sentir diante do que está vendo*, qualquer que seja esse sentir. Tanto pode ser encantamento como pode ser raiva, mágoa ou o que seja. Mostrar na cara, na voz e no jeito.

Não é preciso encenar nada nem assumir nenhum dos mil deveres impossíveis que as pessoas propõem e aceitam, muito pelo contrário.

Para esclarecer. Um dia me perguntei – pensando na importância do olhar nas comunicações humanas – se as mães *viam* seus filhos.

Bastou a boa pergunta e logo vi a boa resposta.

A maior parte das mães não vê nem a Antônio nem a Margarida; vê O FILHO OU A FILHA.

As mães olham para os filhos, na certa, a maior parte das vezes, *para ver se tudo está como devia* – se o Antônio "não está fazendo nada *errado*" *ou* se a Margarida está se comportando *"como se deve"* (e, portanto, se ela é uma boa mãe). Em algum lugar da mãe mora a sua mãe, que a vigia e julga o tempo todo, diretamente ou na pessoa da vizinha, da empregada ou de algumas amigas (as que escolhemos para ser nossos superegos).

As mães VEEM POUCO os filhos. Em grande parte porque não saberiam o que fazer com o que veem. Por isso, em cima de uma observação ligeira, logo disparam a explicar, a normalizar, a dizer o que é e como se faz...

Se houvesse um conselho geral para as mães, seria assim: tente fazer parar sua maquininha de pensar/falar sem pensar (!) (resposta automática encadeada – com o outro ou consigo mesmo). Nada passa mais por cima do modo de ser da criança do que o papo-padrão da imensa maioria das mães. Sentindo-se observadas (até maldosamente), vigiadas, criticadas, elas se desvelam em demasia no sentido de fazer da criança "um filho bem-educado". A criança é seu documento social – sua carteira profissional. Sabemos: mães (e pais) muitas vezes sentem na pele o que acontece aos filhos. Como se fossem simbiontes ou animais de laboratório com circulação comum.

E como sempre – esse é o Drama Humano – fazemos com nossos filhos, no mínimo, 80% do que nossos pais fizeram conosco. Passamos para eles a fé perdida e a falta de esperança – e depois tudo fica muito sem sentido, sem graça e sem objetivo.

Não é assim que vivem quase todos? Meio autômatos. Indiferentes. Insensíveis. Parados.

Encerremos reformulando Freud.

Ele disse que as pessoas passam a vida toda esperando reencontrar a mãe – e a infância.

Nós vivemos – verifique, leitor – a vida toda buscando a mãe que NÃO tivemos (que nos faltou) e a infância que NÃO vivemos.

OS PAIS AUTORITÁRIOS E EXIGENTES

Mas é bom ver o avesso dessa maravilha, os Pais e Mães exigentes, autoritários, agressivos, cobradores – escravocratas (escravos replicando a escravidão – é só o que conhecem).

São muitos. Hoje estão meio fora de moda *no papo* coletivo. "Não fica bem" falar a favor de qualquer espécie de autoritarismo.

Isso não significa que não exista mais autoritarismo ou que ele não se tenha feito ainda pior.

No Brasil, NÓS TODOS – com nossa Sagrada Tradição escravagista – temos jeito de senhores de escravos em frente das crianças. Alguns o tempo todo, outros de vez em quando; uns bem ostensivamente, outros mais controladamente.

É sempre importante dizer – e repetir:

Para a imensa maioria anônima do mundo, o palco, a audiência e os subordinados únicos de que dispõe estão na Família. A criança é invariavelmente o objeto favorito – muitas vezes único –, o bode expiatório de toda a amargura, do ressentimento e do rancor de que sofrem os pais. É muito difícil ser criança e viver com *esses* adultos, sugadores ferozes e insaciáveis de toda a alegria, de toda a espontaneidade e de todo o brilho com que ela vê ao mundo.

Reciprocidade – às avessas. Dizemos: só os pais têm o que dar à criança – e tudo que dão é ótimo!

Os pais dão muitas coisas ruins também.

Você concordará comigo, pensando: "É fato. Conheço alguns pais terríveis". Somos TODOS pais terríveis, muitas vezes. Não há pais bons e pais ruins. Há pais predominantemente aceitáveis e pais predominantemente condenáveis. Mas se esmiuçarmos o comportamento de uns e outros veremos muita maldade *em ambos*. Quase digo que alguns disfarçam melhor sua maldade, e outros a exibem mais despudoradamente.

3
FALSAS EXPECTATIVAS AMOROSAS

AMOR É TUDO QUE MOVE (GIL)
DEUS É ATO PURO (TOMÁS DE AQUINO)

Quando duas pessoas vivem um encontro amoroso, sentem-se ambas obrigadas – quem obriga? – a mostrar-se interessadas, atentas e desmanchadas *o tempo todo*. Querer ficar sozinho, algumas horas, durante um fim de semana será tido pelo outro, na grande maioria dos casos, como sinal de desinteresse, se não como francamente ofensivo.

Esquecemos que *estamos muito mais acostumados a estar sozinhos do que acompanhados*. Mesmo em família – ainda é nela que vivemos a maior parte do tempo e é com seus membros nosso maior convívio –, onde o convívio é muito estreito, o contato e a intimidade real são raros, ficando cada um muito mais sozinho do que costumamos falar. Mesmo entre membros da família a intimidade verdadeira é rara, havendo numerosas paredes, sentimentos e pensamentos secretos perturbadores, os eternos e desesperadores ciclos das brigas familiares, sempre as mesmas. As distâncias em família, ainda que invisíveis, operam tanto quanto as paredes de uma solitária. Na verdade, é na Família que *aprendemos* a estabelecer contatos precários, falsos, tortuosos.

Temos pouco contato real e profundo com gente.

Daí que, ao conviver com uma pessoa querida, surgem problemas em série, pois com ela o que se deseja é intimidade, isto é, a possibilidade de estar diante do outro muito solto, quase sem reservas, confiante.

É bem o desejo – presente em todos – de encontrar a família IDEAL – aquela com que sempre se sonha (e pouco existe). A tal mãe da qual,

Freud dizia, estamos todos sempre em busca. O que nós desejamos é poder nos sentir crianças perante alguém, a criança saudável que não sei se fomos alguma vez, mas desejamos persistentemente ser – ou experimentar. Estamos muito mais em busca de fé na Humanidade do que envolvidos em aventuras sexuais.

Diz-se que aos 18 anos a lei faz que as pessoas adquiram responsabilidades (!); no meu tempo, esperava-se que os dois recém-casados, supostos virgens até então, encontrassem, desde a primeira e maravilhosa noite, todas as delícias do sexo. A lei e os bons costumes funcionam dada a autorização legal e pública, e eis que tudo começa a acontecer como no melhor dos mundos possíveis. Como sempre, é preciso ter as virtudes. Antes de viver, é preciso acertar sempre, porque errar não se deve...

Achamos ridículas essas coisas, mas não achamos ridículo que possam se entender bem duas pessoas que mal se conhecem: não são amantes ou namorados? Então, amantes e namorados amam-se perdidamente 24 horas por dia, desejam se fazer irmãos siameses por toda a eternidade, entendem-se maravilhosamente o tempo todo...

Todos os adultos que me leem devem a esta altura estar sorrindo de leve, ante as infantilidades – dramáticas, porém – que estão sendo descritas; mas tenho certeza de que todos vocês já se viram nessa situação e reagiram exatamente desse modo ridículo. Que envolve, aliás, profundo desrespeito pelo outro, pela pessoa amada.

Gosto de pensar que uma característica marcante do amor é a clara percepção do outro, e o cuidado em não frustrá-lo nem coagi-lo gratuita ou inadvertidamente.

Mas, se o outro der claras mostras de querer estar sozinho, lá se vão todas as declarações de compreensão, maturidade, responsabilidade...

Estar junto é uma arte difícil em nosso mundo, com nossa grosseria psicológica e total falta de apoio cultural para as atitudes de convívio e interação.

De outra parte, venho, há tempos, pensando que o elemento mais difícil de estabelecer dentro de uma ligação amorosa é a *quan-*

tidade de presença: quanto tempo permanecer junto e quando interromper o convívio, quando seria bom chegar e qual a hora precisa de ir – de distanciar-se.

É a dança entre Comunhão e Individualidade (ou afirmação de *nós* e de si – ou de *mim*). Na medida em que erramos o passo, em vez de formar nosso amor – e nossa personalidade – nós o deformamos. Quanto pior vivemos o nós, pior se fará, no passo seguinte, a construção de si.

O homem não pode ser concebido sem o outro, que é a mais frequente e complexa realidade que nos cerca, desde o nascimento até a morte.

Dizer que se pode ser bem formado sem amor é falso; dizer que se sabe amar, mas com percepção muito falha de si mesmo, é outro erro. Ou nos formamos bem em amor, ou nos deformamos bem em nosso mau amor. A pessoa amada é, entre outras coisas, um símbolo do outro – de todos os outros –, inicialmente dos mais significativos; quem está amando, sabidamente, trata bem os demais; quem está mal amando envenena todos os ambientes para onde vai...

Logo, a personalidade – a crescer, como todas as plantas, o tempo todo – precisa de coisas variadas conforme o momento, algumas durante muito tempo e outras apenas em instantes. Mas, se ela não tiver aquilo de que precisa, naquele lugar ficará uma falha eterna – para sempre. Como os dois meninos-lobos da Índia, com 8 e 12 anos, que jamais se puseram de pé, permanecendo de quatro a vida toda...

O amor, afinal, é o sentimento concreto da solidariedade humana; se ele não sair do âmbito da Família (onde existe muito menos do que se diz), nos deixará como estamos – na iminência de destruição cósmica.

Claro que TODOS os preconceitos relativos a ligações amorosas estão fortemente contaminados com a noção de Família. Como a Família DEVE durar para sempre, então É PRECISO que as pessoas se amem o tempo todo e eternamente, senão... o casamento se desfaz.

Há outros preconceitos assaz finos nessa área.

Os homens estão sempre em guarda para que a mulher não os agarrem (não se ligue a eles em função familiar, em função de necessidade econômica, de *status*, de exibição às amigas...); as mulheres, por sua vez, vivem cronicamente receosas de ser usadas e descartadas. Esses dois preconceitos subjazem a um grande número de desentendimentos de namoro e a muito constrangimento nas relações mais eventuais, passageiras.

Nessas condições de desconfiança recíproca, um dos grandes medos do homem é o de que a mulher prolongue indefinidamente o encontro, não vá mais embora. Com isso, ele se faz impaciente e, querendo ou sem querer – percebendo ou não –, empurra-a para fora, o que a põe em pânico de amor-próprio – e a faz agarrar-se mais!

O final, de regra, é ruim de ver; os maus-tratos recíprocos vão se fazendo cada vez mais grosseiros, desrespeitosos, maldosos...

A incapacidade de se afastar na hora certa gera os piores momentos das relações amorosas.

Separar-se aqui e agora adquire o sentido de separação conjugal – de catástrofe vital –, e a pessoa não é capaz de dizer "Boa noite – e até amanhã, quem sabe". CADA momento de separação faz-se uma tortura e uma agonia.

A separação (elaboração da perda, neurose do abandono...) é a tragédia do nosso mundo: em torno dela elaborou-se espontaneamente um mito colossal, reencenado, grandioso e dramático, toda vez que duas pessoas se afastam após ter vivido alguma intimidade.

"Fazer drama" em qualquer separação é uma obrigação social, e é muito difícil saber se, então, existem, mesmo, sentimentos pessoais! Claríssimo, portanto, que o drama de qualquer separação tem TUDO que ver com a

SEPARAÇÃO FAMILIAR.

É como se a cada adeus nossa família se desfizesse ou nossa mãe morresse... Parece luto.

É tão *obrigatório* quanto era o luto no meu tempo...

É *preciso* vestir-se de preto, não sair de casa, não fazer festa, só olhar para o chão e chorar, chorar, chorar...
De novo, drama ou comédia?
Separar-se é morrer – e não sabemos morrer. Por isso, não vivemos. Cristo já dizia essas coisas.

A outra... Sempre que uma mulher ouve falar de outra, percebendo no relato que o homem tem uma inclinação real por ela, embandeira-se inteira contra a desconhecida. Não sei se isso é uma reação instintiva ou se é outra obrigação social. A de indignar-se, protestar, achar que a outra é sempre uma lambisgoia, gorda, baixinha, feia, muito menos interessante que a própria...
Conhecer a outra? Nunca. Seria perigoso concluir que a outra, afinal, é gente – como a própria. Essa simples prova poria por terra TUDO o que a pessoa aprendeu, desde que nasceu, sobre a legitimidade da legítima, e sobre todos os ardis e astúcias da outra, sempre e necessariamente uma vagabunda...

Relações: ouço dizer que em psicanálise o Complexo de Édipo vem ganhando cada vez mais importância.
Quase ninguém faz a seguinte associação – de outra parte óbvia: Complexo de Édipo é igual a relações familiares, igual a

FAMÍLIA – e mais nada.

Ninguém "se fixa" na família. Estar, viver e existir fixado a ela *são as mais cobradas das sagradas obrigações sociais.*
Freud é bem-aceito, entre outras coisas, por tornar nossos males sempre muito remotos, seja em teorias vagas e exóticas, seja no atribuir tudo à não menos remota infância que tudo explica. Será que essas explicações têm alguma utilidade real? Ou servem apenas para a gente se conformar com as coisas – desde que se faz tão difícil modificá-las?
As críticas psicanalíticas seriam ótimas se servissem para reformular a família (e a sociedade) – em vez de ser tidas como destino apenas

individual, azar de uns poucos que tiveram famílias ruins, ou como doença de alguns. A Família é uma doença coletiva, evidentemente. Como sempre, os crimes inconscientes do sistema são atribuídos a poucos culpados – os bodes expiatórios da Moral e dos Bons Costumes. —, "o" neurótico, entre tantos outros.

4
CARTA ABERTA DE MUITOS PAIS PARA MUITOS FILHOS

Ouvi muitas histórias como a que vou contar, dentro e fora do consultório de Psicoterapia.

O personagem é um homem entre 40 e 50 anos, de classe média, casado há 20 anos ou mais, com alguns filhos "já criados", mas ainda "não encaminhados na vida". Talvez eu comunique melhor o drama na forma de um monólogo, ou um diálogo com os outros em mim.

Eu falando com vocês todos – os de fora de mim e os de dentro de mim.

"O que é que há – eu com meus filhos? Como é ruim! Como é que esse negócio acabou assim? O que foi que eu fiz – o que é que eles fazem –, o que é que nós fazemos para o estabelecimento lento, sutil e tenaz dessa distância entre nós – tão intransponível? Não foi nada como eu esperava, não foi por nada disso que, por boas ou por más, empenhei tanto de mim – tanto tempo, tanta preocupação, tanto trabalho.

Eles parecem – ou se mostram – donos do mundo – seguros de si, cheios de opiniões abalizadas e definitivas sobre quase tudo.

E o jeito deles! E o que não fazem. E o que esquecem. Não ligam para nada. Parece que não sabem o que estão fazendo, vagueando pelo mundo.

Eles não me percebem!

O que fiz para não me perceberem?

Eu mostrava não ter problemas, nem hesitações, muito menos medo *diante deles*.

Super-homem.

Super-homem não precisa de nada. De ninguém.
Hoje não me percebem.
Usam-me como se eu fosse o Super-homem que eu fiz que acreditassem que eu era.
O Super-homem é meu pai – o que mais posso querer da vida?
Por isso não quero mais nada.
É tão lógico, não é?
E como querem coisas tão fúteis, tão tolas.
Tão diferentes do que eu gosto. Nem sequer boa cara fazem para mim.
Ou interessados e exigentes ou enfadados.
O que fiz para que meu sonho não se realizasse?
Para que tudo o que eu dei fosse tão mal pago?"

O que diriam as mães eu não sei dizer, mas seria semelhante – e muito mais amargo – ou desiludido.
Falta de reciprocidade – adianta o diagnóstico?

5
ANTÍTESE: A EXPLOSÃO SEXUAL DA PROPAGANDA

Já cansei de usar a expressão "espantoso" neste livro. Tudo o que se declara aqui sobre nossos costumes sexuais é espantoso.

Vamos ao próximo: a Antítese (dialética) de nosso total segredo público em relação à sexualidade é a inundação de sexo presente em praticamente qualquer anúncio que se veja. Nudez, mulheres, trajes menores, em perfumes, cosméticos, roupas, carros, cigarros, lanchas, aviões e sei lá mais o quê, tudo estourando de insinuações sexuais.

PROVA MONUMENTAL DA REPRESSÃO COLETIVA.

Se o apelo sexual funciona, é porque vivem quase todos insatisfeitos e desejosos.

Convém colocar os fatos assim: tudo que é VISUALMENTE sexual pode – até deve (palco social), tudo que é *sensorialmente* sexual é proibido (em público).

Em suma, é preciso esporear o cavalo e,

AO MESMO TEMPO,

segurá-lo firme no freio.

Vivemos como alguém agarrado firmemente a um mastro de barco, morrendo de sede e navegando eternamente num lago azul de água doce...

Esta página é uma das mais fundamentais deste livro – e eu ficaria feliz se o leitor a entendesse assim.

É a dialética entre a

> OMISSÃO E A EXIBIÇÃO

sexual.

Uma garantindo a outra.
Uma exigindo a outra.

6
CONSPIRAÇÃO CONTRA A FELICIDADE

As pessoas não sabem – NÃO QUEREM SABER –

QUANTO CUSTA

todo o prazer QUE NÃO TÊM e está aí – ao alcance da mão e do corpo – o tempo todo.
Contato, carícia, abraço, prazer, intimidade – quem não quer? Mas já se fez claro para quem queira ver (depois de Freud ter mostrado) todo o penoso e ridículo contorcionismo psicológico que desenvolvemos a fim de conseguir

FAZER DE CONTA

que o outro só nos interessa pela sua aparência e pelas suas palavras. E nada mais!

O diabo – é o próprio! – é que muitos – quase todos – fazem assim. Então, é

NORMAL, NATURAL, "CERTO", É "COMO SE DEVE".

E aí? Ai de quem faz diferente.
No mínimo é um desajeitado; no pior, um perverso – se não for um subversivo! Alienação compulsória!

As pessoas parecem – mostram-se – estranhamente satisfeitas com o horror em que vivem. Estão "acostumadas" – insensíveis –, entediadas – é sempre igual: as guerras, a miséria, a fome, as doenças, a tortura, a degradação.

INSTINTO DE MORTE – de novo Freud. Nesses termos eu aceito e tremo. Receio demais – este livro faz parte do meu medo – que o instinto de morte não se distinga do instinto de poder – natural, ele também, mas podendo degenerar como qualquer outro instinto. Desregular, diria melhor.

Quando me vejo obrigado na infância a me controlar demais, a fim de sobreviver, então passo a viver como se o mundo fosse basicamente meu inimigo – poderoso inimigo, ainda que meio cego e meio lento, como todo monstro pré-histórico.

É o começo da perseguição cósmica. Resumo assim:

TODOS VIGIAM TODOS.
TODOS CONTROLAM TODOS.

Essa é a rede de espionagem jamais montada por agitador nenhum. Nenhum teve tanto poder de costumes (que não pode mudar!).

INTIMIDADE

É o que se quer.
Ficar com alguém sem defesas, aberto, sem couraça.
Criança – outra vez!
É o Batismo – o renascimento
       – a renovação
       – o Natal!

~

"Quero você só para mim."
"Quero você para sempre."

Significam: quero você disponível para mim *sempre e somente quando eu estiver querendo sua companhia ou seu contato.* Assim tem sentido. E só assim.

RITUAL DO AMOR CIVILIZADO
Sexo? Só DEPOIS do jantar
           do teatro
           da boate
           do trabalho
           da casa
           dos filhos...

E as estatísticas confirmam:
o melhor foi o pior...

7
SOLUÇÕES

É preciso, pois, FAZER algo pela Família – em vez de continuar procurando quem deveria – ou quem é o culpado.

PRIMEIRA PROPOSTA: A tão decantada liberdade de Reprodução – ferrenhamente defendida pela Igreja Católica e por muitos partidos liberais e/ou populares – é apenas a oficialização de um estado de coisas que sempre existiu.

A MAIS COMPLETA IRRESPONSABILIDADE REPRODUTORA
E
A MAIS COMPLETA INDIFERENÇA PELA CRIANÇA HUMANA
(apesar das mil declarações mentirosas em contrário).

A lei só cogita – em relação à Família – de quem é o dono disso ou daquilo – e quem manda em quem.

Leis favoráveis à família só aconteceram nas duas ditaduras de 1930 (Itália e Alemanha). Os psicopatas queriam mais jovens para lhes garantir o poder e ter com quem brincar de matar periodicamente.

O comportamento dos gloriosos – como não se lê em nenhum livro de história – é essencialmente predatório e explorador – à custa do terror. Deter o poder é praticamente sinônimo de coragem – é coragem? – de matar o próximo – ou de mandar matar.

O mundo divide-se entre certa minoria capaz de matar intencionalmente (e de muitos modos) e uma maioria que só mata sem perceber. De si mesmos, pensam ter só coragem de morrer.

O primeiro de todos os poderes é estar vivo.
A Matança dos Inocentes. Inocentes são também as legiões das "classes desfavorecidas" – aproximadamente dois terços da população da aldeia global. A matança, pois, grassa – desde que começou a civilização.

Até hoje o homem – ou a Natureza – não foi capaz de inventar um modo *de manter as pessoas despertas* que não fosse com o conflito e a caçada. Quero dizer que a vida civilizada (grandes cidades, agricultura e domesticação de animais – 10 mil anos) trouxe segurança em relação a tantas ameaças naturais de que o homem "se desarmou".

As atividades rotineiras que chamamos de profissões e artesanatos repetitivos por anos e anos são a própria negação de nossa inquietude irremediável, de nossa animalidade própria – a de um animal marchador muito bem-feito para se mexer e muito malfeito para ficar parado. Falo de parábola, falo de biomecânica e de evolução do animal homem.

Paramos e começamos a fazer maravilhas, e a matar, matar, matar. Um nojo de monotonia – *que na vida cotidiana e no papo nosso de todos os minutos não aparece nunca*: a crueldade da Natureza em todas as infinitas caçadas que a compõe, toda a maldade dos homens com os homens, Kali – a deusa da destruição.

Os iluminados orientais eram tão bons quanto os ocidentais; seus seguidores são tão medíocres lá quanto aqui. Quero dizer que nossa onda orientalista vem de todo expurgada em relação a Kali – par dialético de Brahma, o Criador.

Não falamos nunca de nossa maldade sem tamanho; nós a fazemos desde sempre, em geral e em particular, mas não gostamos – positivamente – de falar dela.

Negar o mal leva ao mundo em que vivemos.
Aceitá-lo plenamente é *também* uma revolução – e que revolução!

E o que tem a maldade dos homens que ver com a Família? E com o Sexo? E o amor?

A família que doma a criança tem sido desde muito prezada pelos poderosos – o que já deveria nos fazer bem desconfiados. Se serve a eles – à "ordem estabelecida" – e se essa ordem é o que é, então vamos pensar duas vezes antes de dizer que Família é bom mesmo.
Em Família aprendemos, de saída, a maior de todas as mentiras:

AQUI – NA SAGRADA FAMÍLIA –
NINGUÉM SE ODEIA – JAMAIS!

Negação da agressão, negação de nossas diferenças – que são nossa individualidade; negação de que entre todos haverá lugar para conflitos – por causa das diferenças, precisamente. Seria desejável aprender em família que a raiva existe e tem funções primaríssimas na vida. É a força natural que alimenta o esforço de nos defender de tudo que é percebido/sentido como inimigo, como prejudicial, como mau. Depois, é a agressão ("ir na direção de" – "ir em frente" – andar, simplesmente) que vai abrindo espaço para nossos movimentos (se não forem os movimentos que vão descobrindo/gerando o espaço).

No limite da fé teórica, quem não tem raiva não sai do lugar. Nem da forma – nem da fôrma.

Mas o problema que o teórico não declara é que a energia agressiva existe SEMPRE. Não há quem não brigue, não exija, não tente impor, controlar. Estamos todos fazendo isso o tempo todo; o que há é *a diferença nas armas e táticas*. O que a Família consegue, em matéria de agressão, é entortá-la e enrolá-la, criando uma rede intrafamiliar de chantagens emocionais, encenações, jogadas, cobranças, mágoas e explicações intermináveis para provar que eu tenho razão, estou certo – ou que a culpa NÃO foi minha...

Dentro dessa rede complexa torna-se muito difícil saber o que é de cada um.

Torna-se difícil, na verdade, para cada um, *sentir* o que sente, *dizer o* que quer – ou não quer –, do que gosta – ou não gosta – e do que precisa; e se dizer não adianta, uma, dez e cem vezes (não mais – pelo amor de Deus!), então vou em busca do que preciso, seja com quem for, esteja onde estiver.

É o cônjuge que "vai buscar fora de casa" o que em casa não tinha. A frase é dita, quase sempre, com conotação sexual – fórmula por demais limitada; as pessoas buscam fora de casa muito mais coisas "psicológicas" (ou espirituais) do que se admite. Como sempre, o Sexo é o melhor pretexto do mundo para se proibir e denegrir – seja lá o que for. No nosso mundo de covardia civil, o tradicional "Aqui existem leões" foi substituído por um histérico "Aqui tem sexo – cuidado".

É na família que se desaprende a brigar – brigar pelo que interessa, brigar bem, isto é, conseguir o que me parece importante.

Uma boa briga é tão boa quanto um bom amor. Quem não sabe brigar não sabe amar – só sabe depender, precisar, estar à mercê do outro, sentir-se vítima, perseguido, "obrigado a"...

Convidamos todas as pessoas de boa vontade a começar a ser um pouco mais sinceras quanto aos maus sentimentos que sentem relativos aos demais membros da mesma família. Não se trata de fazer confissões de raiva secreta ou contida; não se trata de confessar – nem de acusar! –, mas de declarar, constatar e, quando for o caso, agir de acordo. Em Família são feitas milhares de ameaças antes que aconteça um fato, uma decisão necessária, uma renúncia inevitável ou uma mudança de comportamento. O problema é não brigar "a mesma briga" mais do que, digamos, 30 vezes; a essa altura já será claro para os interessados que é uma repetição. Regra de ouro das desavenças familiares: casal que briga sempre a mesma briga está parado – é claro; casal que briga sempre diferente está andando.

É preciso que se comece a reconhecer EM PÚBLICO, e, inclusive, quando me refiro à MINHA família, que entre nós há diferenças incômodas que geram atritos e produzem mal-estar em todos...

Isto é, a Família não é perfeita. Só isso.

A família puxa demais para o "bonzinho" e com isso desarma muito as crianças; desde o começo, as mães definem muito mal a SUA

posição. Tendem sempre a conceder – ou a proibir – demais. O mal não está em errar a dose. O mal está em nunca aprender.
Ou desistir. É a terra do nunca: lugar nenhum!
A primeira proposta de mudança da Família, pois, visa às conversas que se têm a respeito dela.
Vamos começar a falar em PÚBLICO:

- que nem a nossa família nem a de ninguém é perfeita. Na verdade, a Família Perfeita é, no melhor dos casos, uma direção a seguir, mas não a cobrança inútil e dolorosa que todos fazem com todos;
- que há entre nós – na MINHA família – muita raiva azedando em rancor, muito ressentimento, competição, inveja e outras coisas tidas como maus sentimentos;
- que o lar é doce às vezes, vezes outras é amargo ou azedo (mas aí ninguém fala nada a esse respeito);
- que em casa muitas vezes ninguém sabe o que fazer;
- que seria uma Graça Divina e uma Revolução Social se em uma família fossem deixadas de usar as seguintes palavras: natural, Pai, Mãe, Filho, a culpa é tua, você devia, o certo é assim, a obrigação é tua. Essas palavras, todas confusas, relativas à instituição, à ideologia e ao mito, só servem para as pessoas se machucarem entre si. Elas "resolvem" todos os problemas de Família – aquela resolução que não vai além das palavras.

SEGUNDA PROPOSTA: Conviver muitos anos com alguém e educar crianças são duas das mais difíceis tarefas humanas – creio que ninguém contestará. No entanto, até hoje se admite implicitamente, na LEGISLAÇÃO de todos os países do mundo, *que* QUALQUER *pessoa é capaz de fazer bem-feitas essas duas tarefas.*

Qualquer um pode, a qualquer momento, casar-se com quem quiser e ter quantos filhos der na bola.

Mais: essa é tida como uma *das mais sagradas liberdades do homem!* Já comentamos bastante sobre a irresponsabilidade reprodutora do homem. Ela é o fruto podre dessa liberdade que, a meu ver, NÃO EXISTE.

Ninguém tem o DIREITO de fazer isso.

As consequências dessa tolice/crime COLETIVO são as que viemos descrevendo ao longo de todo o livro.

Logo, proposta óbvia: ESCOLA DE PAI E MÃE, com 70% de prática de convívio, entre si e com crianças, tecnicamente assistidas, e 30% de noções sobre as relações da Família com a comunidade, com a economia, com a política e com a tecnologia.

Mas na ordem jurídica essa proposta deve *suceder* à seguinte.

TERCEIRA PROPOSTA: Margaret Mead é uma das maiores autoridades mundiais em matéria de Família. Propunha ela – no fim da vida – que fossem mudadas as leis vigentes sobre casamento.

Haveria, por lei, DOIS casamentos, bem diferentes – embora um pudesse suceder ao outro. O primeiro, segundo antiga e malfadada expressão, poderia ser chamado de Casamento de Experiência, legalmente fácil de fazer e de desfazer, mas em sua vigência seria PROIBIDO juntar legalmente bens de fortuna e seria PROIBIDO TER FILHOS.

Para o Casamento de Experiência, não se exige capacitação nenhuma, mas seria importante dispor de Técnicos em Convívio (desculpem o horror do nome; a coisa pode ser boa...) para as ocasiões em que os dois se desentendessem. Muitos problemas de convívio podem ser melhorados e sem muita dificuldade. Sempre que se trata de resolver atritos, todos procuram conselho nas mesmas pessoas e ouvem sempre o mesmo: "Família é assim", "Homem é assim", "Mãe é assim...", "AGUENTE" – é assim que são "resolvidos" nove entre dez problemas familiares...

Por isso, pela inocuidade dos conselhos tradicionais, há nas pessoas muito ceticismo diante de "conselhos" sobre Família. Mas há hoje muitas técnicas simples e eficazes de TENTAR fazer que duas pessoas se entendam. Seria bom que todos aprendessem essas técnicas. Ajudam bastante.

O SEGUNDO Casamento seria mais complicado. Na sua vigência, aos interessados é permitido juntar bens e TER FILHOS. Mas, para entrar nessa categoria sociojurídica, será necessário:

- ter vivido pelo menos DOIS ANOS de um Casamento de Experiência;
- ter Diploma da Escola de Pais. Essa será muito exigente nos plantões. Ambos convivendo muitas horas, frequente e demoradamente, com crianças de várias idades. Não vejo outro modo de proteger as crianças da insensatez de nossos preconceitos ignorantes e de nossos mitos de perfeição (familiar). Estou horrorizado de tanto ouvir "Meu maravilhoso filhinho – o que eu vou ter agora que nos amamos"... Dito assim, com a mais completa inconsciência dos 20 anos de sacrifício, limitações, atritos, angústias e preocupações que um filho é. O modo de evitar o drama só pode ser a *experiência prévia* com crianças concretas, de dia e de noite – e também "fora de hora"... durante seis meses, no mínimo. Mãe e pai.

QUARTA PROPOSTA: É PROIBIDO por LEI casar-se sem ter ANTES vivido pelo menos TRÊS ANOS fora de qualquer estrutura familiar. Um "fora" efetivo, com poucas visitas e poucos telefonemas. E SEM auxílio econômico.

Se não houver essa quebra de convívio familiar, é certo que a "nova geração" fará muito, deveras MUITO parecido com a velha geração, e nada será mudado socialmente. Digo do sonho da Humanidade, do dia em que CADA geração descobre e estabelece as regras do seu convívio. Até hoje – vimos em vários textos – tem valido sempre a Lei do Passado, da Tradição – a Lei do Velho. Hoje, quando a sociedade muda de forma irreconhecível a cada dez anos, esse apego ao passado pode ser a raiz de nossa autodestruição. Afinal, os responsáveis pelas bombas, de cá ou de lá, têm TODOS mais de 60 anos...

Freud poderia ser dito assim: como nove entre dez pessoas passam da família ancestral para a própria, sem nenhum período de transição, trazem ambos para a família que começa tudo o que aprenderam e apenas o que aprenderam na família que estão deixando (transferência). E de que outro modo poderia ser se a "sociedade", digamos assim, não dá a ninguém outra alternativa?

Desse modo, limita-se demais a diversidade de relacionamentos, o que, de novo, faz que todo mundo se case, em maior ou pior parte, com Pai e/ou Mãe.

Incesto coletivo obrigatório...

E o drama continua, quase sem variações. Os problemas de Família são extremamente semelhantes para quase todos – prova adicional de que são estruturais e não individuais.

Convém assinalar mais um modo de "disfarçar" os defeitos da Família. O maior medo entre famílias é de que um bando descubra as fraquezas do outro. Posam todos de bons demais; escondem todas as coisas feias. Acabam todos isolados pelos próprios segredos (segredos iguais para todos...); crentes todos de que é a família do lado de lá a culpada pelas desgraças do lado de cá. É a família dela que não presta – não é, então? A minha é sempre ótima.

Em público e nas escolas de psicologia assinala-se com muita ênfase a importância de preservar os segredos da vida pessoal e familiar de cada um, de impedir que os outros venham a saber do que acontece comigo e com os meus. A cara das pessoas, no caso, é de muita seriedade, de desconfiança e de indignação.

"Roupa suja se lava em casa." (com muito orgulho!)

Como todos esses segredos são mais ou menos iguais para todos, é difícil descobrir o porquê de tanto segredo. A menos que essa discrição esteja a serviço da ideologia: ela se destina a impedir que se descubram os "meus" problemas – "tão pessoais" –, muito, mas muito semelhantes aos de todos os demais. Se esses segredos se desfizessem, então todos começariam a ver que todas as famílias têm deficiências sérias, sendo, portanto, o erro maior da Instituição e não dos indivíduos.

QUINTA PROPOSTA: A cada quatro meses, cada família será visitada por psicólogos (dois) treinados em relações familiares. Eles viverão um dia inteiro com a família e à noite, todos reunidos, comentarão quanto viram, sentiram e perceberam.

O observador externo detecta com muita facilidade distorções no relacionamento e na comunicação intrafamiliar. Como os costumes de convívio se desenvolvem lentamente, as pessoas na verdade não percebem o que está acontecendo – a não ser pelo mal-estar ou pelas brigas que não terminam.

Não é um problema de ensinar a viver, ainda que ensinar também tenha cabimento; é uma questão de mostrar, apontar, fazer ver o que está acontecendo.

Se o leitor quiser saber concretamente o que temos em mente, que se lembre das muitas visitas a casais amigos e do que pensou depois; dos comentários com um parceiro que o acompanhou na visita. Surgem então muitas fofocas caracterizando o que viram, os modos tão "esquisitos" do marido e/ou da mulher, as crianças "educadas daquele jeito", as relações tão precárias entre os dois. Se essas fofocas e críticas fossem gravadas e devolvidas à família visitada, ajudariam demais a melhorar as relações do casal – mesmo que, num primeiro momento, chocassem ou revoltassem os interessados. Em se tratando de "amigos profissionais" – como se diz na proposta –, ficaria atenuado o choque e aumentaria a chance de um bom aproveitamento das dicas apontadas pelos psicólogos. E sem o risco de romper com a amizade. Não perdoamos quem nos vê como somos.

Sexta proposta: Ser dona de casa garante *salário* e ter filho *também*. São trabalhos fundamentais prestados à comunidade na formação de mais um cidadão.

É bem provável: se as mães recebessem um salário, deixariam de cobrar pela vida toda um direito que efetivamente têm, mas ninguém reconhece legalmente.

Seria preciso regular com cuidado a lei a fim de não provocar uma multiplicação de filhos, usados como ganha-pão. Evitar aumento de população é, para mim, o primeiro dever de quem ama crianças.

As mães estariam para sempre redimidas de todos os seus pecados no dia em que, reunidas as mães do mundo todo, o fato fosse anunciado pelo seu comitê mundial:

ENQUANTO HOUVER GUERRA NO PLANETA,
NÓS NOS NEGAMOS À REPRODUÇÃO

Amém.

SOLUÇÕES PESSOAIS
A FAMÍLIA SENSUAL E O TRIÂNGULO DIVINO

Essas não se referem mais à legislação; são escolha e realização de algumas famílias – as que tiverem coragem. Acho que existem já muitas famílias a fazer assim. Basta ler a descrição seguinte para saber por que as que são assim dificilmente se declararão como tal. Também as boas famílias – do ponto de vista da sexualidade – guardam para si seu segredo – como esposa ou marido que prevarica...
Essa proposta, a nosso ver,

É A ÚNICA QUE RESOLVE O PROBLEMA DA EDUCAÇÃO SEXUAL.

Essa educação, nos moldes como é discutida, quatro vezes em cinco, é RIDÍCULA.

Ela parte de dois pressupostos que a fazem ridícula (ou preconceituosa, tanto faz). Primeiro, de que o sexo *começa* na adolescência – tese que Freud se encarregou de FAZER VER que é ridícula. No caso do menino a questão se resolve de vez, desde o momento em que SE VÊ a ereção no bebê; depois, no evidente gosto em manipular o pinto – já nos moleques maiores. Nas meninas não se vê ereção, mas dentro das semelhanças anatômicas e fisiológicas entre homem e mulher podemos presumir que seja semelhante com a garota. Sem contar as vezes – muitas – em que a menina, de um, de 3, de 5 ou mais anos mexe na xoxota. Como sempre, a mulher é reprimida mais cedo e com mais força – mas basta olhar para ver. *Espantosa é a cegueira de todos ante fatos tão evidentes.*

É de fato espantoso que se negue à criança aquilo que ela tem de mais típico: *a sensorialidade*. A criança, como os animais, está sempre no aqui e agora, sempre ligada SENSORIALMENTE ao ambiente próximo. As sensações são sua linguagem própria. A mais, como todo animal jovem, a criança MOSTRA uma vitalidade cujas duas expressões mais típicas são a alegria e o prazer ante o menor contato ou atenção que lhe é dado. A criança AINDA existe com o corpo todo – corpo que logo mais irá perder.

Creio mesmo que nossa nostalgia da infância – tão falada pela psicanálise e pelo mito – tem pouco que ver com nossa infância real; tem que ver com a inteireza sensorial, prazenteira e feliz – herança normal de *qualquer* criança.

Entre os adultos só se veem essas coisas em uns poucos bem-aventurados, os que conseguiram proteger seu fogo sagrado – sua vida – de todos os vendavais do preconceito e da repressão.

O mais evidente efeito de nossa educação é fazer as crianças perderem o brilho e a liberdade de movimento. A criança idealmente "bem-educada" é anestésica e paralítica. Quanto mais próxima disso, maior a tranquilidade da mamãe, da família – e das autoridades.

Em vez de anestésica, pode-se dizer sem interesse, sem iniciativa, sem gosto forte por nada (todo desejo forte é perturbador da ordem estabelecida – a de fora e a de dentro).

Outra forma do mesmo mito – lindinho e imbecilzinho – é a de que a criança é Inocente. Ela ignora, na verdade, o universo convencional dos adultos; mas em relação a suas sensações corporais – inclusive genitais – ela ASSENTE MUITO BEM, provavelmente melhor do que nós. O que a criança não é é pornográfica, porque ainda não sujaram sua cabeça de todo com o sexo – e suas sensações. Ela sente o que sente, sem interpretar nem julgar – sem reagir àquilo em função do que lhe disseram (que sexo é feio).

O segundo pressuposto ridículo de todas as conversas sobre sexo é este: a gente (grande) precisa DIZER à criança que o pinto e a xoxota existem (!), que esses órgãos sentem o contato e despertam emoções de um modo peculiar, que eles têm função reprodutora. (Isso talvez a criança não saiba mesmo; a Humanidade custou a perceber a relação entre sexo e concepção.) Na verdade, quando se começa a cogitar nas conversas "sérias" de adultos sobre *o que* dizer ou *como dizer* sobre sexo, ignora-se sistematicamente o óbvio: a imensa maioria das crianças já aprendeu muito – demais! – sobre as repressões sexuais, pelas caras e pelos modos dos adultos. Falar desse tema, com *aparência* de naturalidade, deixa-a de fato muito perplexa. Ela se cansou de ver o medo e a reserva dos adultos, e de repente alguém vem lhe dizer (quando vem) que tudo aquilo é natural e até bonitinho – como o Manual de Instruções para adultos declara que é bom DIZER.

Outro lado do mesmo preconceito ingênuo e inocente de adultos/crianças é que sexo vem de fora. Se ninguém me ensinar, eu não saberei nunca. O que torna de todo incompreensível a reprodução no reino animal inteiro.

Sexo nem está nem vem de fora; está na nossa anatomia, nos hormônios, na sensibilidade prazenteira de todo o corpo, mais concentrada nos órgãos genitais – desde o começo. A criança já sabe de tudo – se não a atrapalharmos com as noções do adulto (da mãe), sempre simplórias, mentirosas, moralistas e cheias de insinuações confusas, como as que estão na cabeça do adulto que se propõe "ensinar" a criança...

Enfim, o fim – da picada: a família esconde-se de tudo o tempo todo. Roupas sempre ali – calcinhas e cuecas, SOBRETUDO! –, banheiro sempre trancado, nudez nunca vista, contato apenas formal ou carinhoso (no melhor dos casos). "Respeitou tanto as filhas que NUNCA entrou no quarto delas!"

No mundo em que tudo de sexual se esconde – do corpo ao prazer e à reprodução –, como é que,

DEPOIS DESSA PERSISTENTE E COMPLETA OMISSÃO (E AMEAÇA), vou falar para ele que é bom, é NATURAL (!), foi feito por Deus e está certo?

A criança só pode ficar espantada – ou mais assustada ainda!
É preciso – diz o Manual – falar *com naturalidade* sobre essas coisas. Quero saber QUEM tem essa naturalidade.

É preciso – continua o Manual – mostrar que é bonito, lei natural, abençoada por Deus – depois de tudo o que a criança viu e sentiu AO CONTRÁRIO de bom e bonito. Tudo escondido, cochichos, olhares de condenação, olhares fugidios, palavras de medo, de condenação, de malícia...

COMO falar depois que é natural e bonito?

Sempre e sempre a noção da criança como uma retardada que vai acreditar em todas as lorotas insensatas e hipócritas dos adultos.

Eu "digo" que a sensualidade é bonita e boa quando abraço minha mulher com calor e desejo, quando abraço a criança sentindo seu corpinho vivo e vibrante, quando olho para ela nuazinha com prazer e encantamento – "ensinando" a ela, no mesmo ato, a me olhar, também nu, com curiosidade, interesse e gosto.

Somos bonitos e gostosos. Basta dizer assim para levantar indignação em milhões de castrados que se apavoram com o fato de terem corpo, pinto e xoxota. Com o fato de serem bonitos e gostosos!

Em certa ocasião fui convidado por um grupo de pedagogas a conversar com elas sobre educação sexual da criança. Em seu zelo, elas literalmente ENCHERAM as paredes da sala com recortes de revistas, TODAS POPULARES, tratando do assunto sexual que se quisesse: masturbação, relações sexuais, aborto, homossexualidade, amor livre, estatísticas sobre comportamento sexual e quanto mais.

Tudo o que se pretendia explicar às crianças já está mais do que explicado em *qualquer revista popular* que pode ser encontrada em *qualquer banca de jornal*. O que, então, será preciso "explicar" a mais à criança, se ela tem a informação que quiser a qualquer momento?

Creio que esteja claro a esta altura: Educação Sexual tem pouco que ver com explicações. Tem tudo que ver com emoções, sentimentos, sensações, visão de nudez, sensação de contato, curiosidade e gosto em ver e pegar o corpo e os genitais.

Essa educação sexual DE FATO só se obtém no que passarei a chamar de

A FAMÍLIA SENSUAL

– na qual todos estão interessados em aprender *a sentir*. Se não há o gosto do corpo, a enrolação na cama de manhã, a visão da nudez no banho, o enxugar-se recíproco – com prazer; em suma, se os adultos não têm gosto nos contatos, se escondem tudo que fazem e desejam, se mentem descaradamente em matéria de sexo, se mentem de palavras e mentem de ATITUDES e CARAS e OPINIÕES, então a educação sexual da criança será IMPOSSÍVEL.

Melhor calar. É o que fazem quase todos – até que com certa sabedoria.

Bem no fundo a maioria dos adultos sabe muito bem quão pouco tem a dizer – ou a mostrar à criança – que valha a pena, que seja deveras bom.

As mães, em especial, com suas fundas repressões sexuais – que diante do filho se intensificam porque, apesar de sempre negado, o pinto está sempre aí –, são evidentemente as educadoras mais incompetentes que se possam desejar sobre esse assunto.

Se a mãe é evoluída, ou até teve amantes, aí é pior ainda. Repito: uma das piores situações de uma mãe em nosso mundo é aquela em que seu "caso" de amor veio a ser sabido pelo filho.

Logo, quanto mais libertas, mais amarradas...

Todas as dúvidas e discussões sobre educação sexual da criança refletem apenas – e como sempre – as dúvidas, as confusões e os medos dos adultos.

Os pais (homens), por sua vez, têm uma noção de sexo péssima para ser "ensinada" a uma criança. Três ou quatro homens falando de sexo são um nojo e uma grosseria sem tamanho. Puro lixo!

Esse sexo – o do adulto – de fato "suja" a criança, não por ser sexo, mas por ser... sujo! Ou adulto!

Mais uma vez a criança pode salvar o adulto – se ele tiver juízo e percepção. O envolvimento corporal em família – o contato frequente e prazenteiro de corpos, carícias de mãos, estar junto, tomar banho junto e mais coisas assim – só será legítimo – e benéfico para ambos os participantes – se *incluir* OLHARES diretos, bons, gostosos, amorosos. O adulto desaprendeu a olhar bem em situação de contato e sexo. A tendência é a de desviar os olhos ou olhar com avidez ou vergonha, "desejo desenfreado", ansiedade, até raiva. É muito difícil e importante aprender a se olhar quando se está em contato com o outro corpo – mesmo o contato simples.

Assim poderemos *nós* aprender um pouco da inocência da criança – que tanta falta nos faz. Não somos inocentes sexualmente, somos envenenados, mal-intencionados, omissos, pornográficos. Por isso não sabemos o que fazer com as crianças e, de novo, com carradas de razão.

O fantasma nessas propostas é sempre o mesmo da vida adulta: mas crianças acostumadas com essa liberdade de contato não quererão chegar a ter relações sexuais entre si – ou com os adultos que permitem tanto (que se permitem tanto)?

O risco é bem menor do que o medo sexual de todos faz crer. A verdade – a triste verdade – é que as crianças com 3 ou 4 anos JÁ SABEM MUITO BEM QUE O CORPO E OS GENITAIS SÃO PERIGOSOS e, por isso, avançam – quando avançam – com muito cuidado, sentindo bem o terreno. Além disso, as sensações prazenteiras, pela sua intensidade e pelo colorido, são inerentemente assustadoras quando acontecem nas primeiras vezes, e mais ainda se os gestos que as determinam são bruscos, fortes, inesperados. Por isso, o progresso só pode ser lento se pretendemos uma verdadeira educação dos sentidos, das sensações, das emoções. Isso É educação. *O resto é sermão vazio, feito muito mais para tranquilizar o adulto do que para educar a criança.* O maior perigo da educação sexual prática é a má percepção do adulto, muito mais preso ao que sofreu e vive (ou não vive) do que à criança.

É bem e sempre Freud, às avessas: a disponibilidade sensual da criança NÃO a leva a desejar a mãe – A NÃO SER QUE a mãe a seduza, percebendo ou não o que está fazendo.

No casamento-padrão, é muito difícil evitar a superveniência de certa monotonia sexual e emocional. A carência afetiva e sensual que então se estabelece *na mãe* volta-se diretamente para a criança, pois esse amor é o mais permitido, o mais reforçado e o mais apreciado de todos. Nada mais... PURO!

Com crianças e cães as pessoas fazem o que não têm coragem de fazer entre si. Porque ambos, cães e crianças, estão à nossa disposição, sempre ali; ambos aceitam prazerosamente qualquer atenção que lhes seja dada; gostam de contato, não têm orgulho; sobretudo, *porque não falam*. (Infante quer dizer, etimologicamente, "que não fala".)

O Complexo de Édipo envolve, pois, filho e MÃE. Só Freud e seu solipsismo poderiam concluir que o problema é só da criança (só do paciente...). Nada em nós é apenas nosso; tudo que somos aprendemos EM RELAÇÃO. Logo, o temor de que a criança queira ter relações sexuais pode ser bem mais fruto do medo que o adulto tem de SEU próprio desejo pela criança – com certeza MUITO diferente de qualquer desejo que a criança possa sentir por ele. Na verdade, a solução da situação é simples: se um dia a criança mostrar algo como desejo de relação sexual, o adulto, já *com uma excelente ponte de confiança com ela*, lhe dirá simplesmente, com graça e firmeza, que ele não teve a sorte dela, que ele não consegue fazer a ação.

A situação é tão inusitada que as pessoas ao lerem essas coisas se imaginam enfrentando-a DE REPENTE. Nada disso se faz de repente, assim como não se aprende nada de repente. Estou supondo, em todas estas reflexões, adultos bem responsáveis e conscientes, vivendo próximos da criança ou vendo-a frequentemente, desenvolvendo aos poucos uma autêntica educação dos sentidos, das sensações e das emoções. Sem esse contexto, tudo que se diz neste capítulo se fará "sedução de menores", como reza o Código Penal.

Enfim, tanto na criança como na mulher, a sensualidade é muito mais difusa e, se posso dizê-lo, muito mais lúdica e "gostosa" do que no adulto mal-educado – no macho peniscentrado e pornográfico. As crianças sentem muito prazer com QUALQUER contato corporal, assim como com QUALQUER movimento. Tudo que elas fazem pode ser prazenteiro para elas – e muito. Basta ver. Porque, como Deus, fazem tudo que fazem cantando e dançando... Será deveras difícil combiná-las com os normopatas paralíticos e quadrados que fazem tudo "a sério"...

Volto agora para uma fórmula que usei em outro livro[5]: o maior de todos os prazeres SEXUAIS (erótico seria melhor) é o da *criação*.

Tudo que é novo em minhas sensações, toda nova consciência sensorial ou emocional, todo novo brinquedo de corpo produz prazer de COLORIDO ORGÁSTICO, sim, mas no corpo todo e/ou em QUALQUER uma de suas partes.

Não esquecer (o que é sempre esquecido): sensações novas de corpo são FORMATIVAS da famosa imagem corporal que temos no cérebro. Se meu corpo, conforme sinto "no íntimo", é rico de sensações de contato quente, macio e gostoso, estarei disposto a me sentir muito bem comigo mesmo.

Se tenho meu corpo rico de recordações de contato vivo e prazenteiro, tenho minha mãe em mim – concreta, sensorialmente. Sinto meu corpo como se ele fosse, na sua acolhida, a "mãe boa" que me aceita e ama (e tranquiliza). Se minha vida (meu corpo) for muito vazia de contato humano, me sentirei frio, árido, vazio-solitário.

SOLIDÃO quer dizer FALTA DE CONTATO no presente E NO PASSADO.

Quero sublinhar que as crianças sabem muito bem e desde muito cedo que pipi e xoxota não são de mexer nem de brincar, e que "sexo" é perigoso – MUITO. Nesse ponto, elas "perdem" a ingenuidade muito cedo.

Isso dá a toda educação sensorial concreta um freio realista – *desde que o adulto não atropele a criança com seus desejos e temores*.

Mas poucos adultos conseguem esse jeito, que envolve muita experiência de contato e muito, mas muito trabalho pessoal de reeducação sexual. Essa reeducação pretende, precisamente, fazer-se tão boa e bela que – aí e então, e só aí e então – pode ser comunicada à criança.

---

5. GAIARSA, J. A. *Sexo, Reich e eu*. São Paulo: Ágora, 1985.

Dizem os livros reacionários que a criança não pode – não deve – presenciar a relação sexual entre adultos – porque ela se assusta, ela "não está pronta para lidar com essa quantidade de excitação"...

Creio, antes, que a sexualidade predominante está fortemente contaminada de ansiedade (medo) e agressão – o que torna o ato sexual algo muito, mas muito mais parecido com uma briga desesperada do que com um momento de amor.

Atos sexuais "normais" são péssimos para a criança ver – como sempre – porque são péssimos de ver. Compreendo muito bem que diante deles a criança fique assustada – e que seja de fato ruim para ela.

O argumento de que a criança não sabe lidar com grandes quantidades de excitação também tem algo a seu favor, mas se virado do avesso ele continua verídico.

O ADULTO TAMPOUCO SABE LIDAR COM GRANDES QUANTIDADES DE EXCITAÇÃO PRAZENTEIRA. Ele se perde, se agita, se contrai, dando, ao final, aquela sensação ruim de angústia e desespero.

Quem não faz ideia clara do que estou dizendo que assista a uma ou mais sessões de filmes de sexo explícito. O padrão é muito constante, muito parecido com o que dizem Masters e Johnson; são ações frenéticas, agitadas, não raro fortemente agressivas nos gestos (não falo de cenas intencionalmente sádicas). É excitante e deprimente ao mesmo tempo.

Quero insistir na regulação social da criança em relação a sexo, no fato de ela saber, desde os 2 ou 3 anos, que "aquilo" é proibido e perigoso. Tenho chocado saudavelmente muitos auditórios ao declarar que uma conversa honesta sobre sexo, com crianças, deve incluir um discurso curto, incisivo e assustador sobre a reação dos adultos ante a sexualidade. A conversa seria mais ou menos assim: "Veja, meu bem, essas coisas podem ser bonitas – de verdade. Mas MUITO cuidado *com quem* você fala a esse respeito ou *na frente de quem* você faz. Os adultos em sua maior parte – o discurso continuaria – são GRAVEMENTE DOENTES em relação a essas coisas". Suas reações diante de duas crianças que se examinam e se tocam podem ser muito loucas e perigosas. Eu tentaria substituir o temor moralista da criança por um saudável temor social – medo da reação dos adultos, que, de regra, é DOENTIA.

Hoje, em São Paulo (grande metrópole), sei de gente que teve de mudar de prédio, de apartamentos – inclusive de alto nível –, porque a menina da casa, com 4 anos, foi vista no corredor sendo examinada por aquele tarado de 5 anos que mora no andar de cima.

Não sei, deveras não sei de doença mais grave do que essa, e morro de desespero quando vejo na TV e/ou em conversas a sexualidade tratada como um problema simples, que basta ser "explicado" para que as pessoas resolvam todos os seus desejos e temores.

Para mim, o pior que pode acontecer com a sexualidade é sua

BANALIZAÇÃO.

É como tratar um leão como se ele fosse um simples cachorrinho. A banalização da sexualidade é a maior defesa que usamos – coletivamente – contra ela.

É sexo – ora! E admitem todos que não é preciso dizer mais nada. Que é o que se pretende desde o começo. Não mais maldito. Apenas insignificante.

Uma coisa simples e fácil que a gente faz e esquece – como comer, respirar, andar, dormir...

Enquanto não se aceitar que o sexo é – na Evolução da Humanidade – a raiz do amor e da salvação – da RELAÇÃO entre as pessoas –, estaremos continuamente ameaçados pela Bomba.

Sexo e Violência – os atrativos eternos. Antes: Sexo ou Violência! Quando a "pedagogia" coletiva consegue o embotamento emocional, chega-se a tal insensibilidade corporal e sentimental que só as mais violentas situações conseguem fazer que o normopata ainda sinta alguma coisa. E nascem a opressão, o abuso de poder e o desejo coletivo de morte – no poderoso, para exaltar sua glória (!!!); no povo, porque ele não tem pelo que viver.

Tenho para mim que o maior perigo de nosso mundo NÃO está na bomba nem mesmo nos poderosos. Está na falta de alegria de viver das pessoas, no seu tédio, na sua frustração e na sua indiferença – o que as faz desejar a morte por não ter o que fazer com a própria vida.

Impedido em sua aspiração mais funda, o homem "superficializa-se" (aliena-se) e depois, pouco a pouco, vai crescendo nele o desejo de que esse mundo infeliz, árido e ameaçador termine de vez. A mais profunda felicidade do normopata é livrar-se de sua vida infeliz – desejo de morte dos que nunca viveram. Só conhecem o morrer. Só podem desejar a morte. A Família Sensual NÃO PODE deixar de fazer preparação para o parto, acolhida Leboyer para o pimpolho, parto com prazer, lactação erótica, manipulação erótica da criança o tempo todo (erótico: amoroso, mas com consciência de contato – e das sensações correspondentes).

Sobre o parto com prazer, alguns dados.

Em uma revista de Wilhelm Reich da qual não me lembro o nome, li com muita atenção um artigo de um *velho* obstetra (o grupo mais reacionário da Medicina – reacionária desde sempre). Ele se dizia *velho* obstetra. Estudou e experimentou um pouco de Reich em si mesmo; aprendeu sobre tensões, como vê-las, como fazer para dissolvê-las.

Com essa experiência, escolheu uma paciente jovem que lhe parecia muito saudável e propôs a ela tentar trabalhar tensões que surgissem *durante o* parto. O trabalho começou – o de parto. A paciente resistia pouco, opunha-se pouco à onda que é uterina e emocional a um tempo só. O pouco que havia por fazer o médico fez, e daí para a frente cada contração uterina era acompanhada por sinais inequívocos de orgasmo que a paciente confirmava – muito feliz!

Pessoalmente assisti a esposas de colegas na hora do parto – ao lado do ginecologista, é claro! Não posso registrar resultados tão bonitos, mas sei que as coisas se fizeram bem mais fáceis para todas elas – tanto vistas por mim, nas reações, como declaradas por elas depois, muito gratas.

Minha mulher, Rose, disse-me em velhos tempos – quando ainda minha cliente – que seus partos não lhe traziam "dores horríveis". Tudo lhe pareceu muito prazenteiro, mas guardou para si essas sensações,

Depois me pus a refletir e arranjei dois mecanismos fisiológicos que permitem compreender o parto como uma experiência orgástica – Magna!

No orgasmo feminino intervêm (segundo Masters e Johnson), como fatores fundamentais: congestão pélvica (que jamais será maior do que na hora do parto) e dilatação do vestíbulo vaginal – QUANTO MAIS DISTENDIDO, MAIS PRAZENTEIRO. Supondo-se uma cabeça fetal não muito volumosa, bacia ampla, tecidos bem elásticos, pode-se conceber parto orgástico como uma possibilidade fisiológica. Rose tinha 16 anos quando deu à luz sua primeira filha! Tinha 17 na segunda e 18 no terceiro! Essa pouca idade deve ter sido um fator básico no parto orgástico.

Tarefas de mãe são bem pesadas mesmo para as fêmeas dos animais. Pesadas e arriscadas. É bem mais fácil responder por si, na hora do aperto, do que por dois (ou mais). Em toda a Natureza nenhuma *ferocidade* é maior que a da mãe – principalmente porque, de cada cinco vítimas de predadores, quatro são filhotes. Sem o suporte erótico – de prazer corporal frequente e gostoso –, dificilmente alguém se fará boa mãe.

SÓ MÃES FELIZES PODEM SER BOAS MÃES

As mártires geram mártires – ou tiranos.
As sacrificadas geram exploradores – ou masoquistas.
As resignadas geram resignação – ou rebeldia!

Nada mais próximo da alegria e da felicidade que o prazer erótico, difuso, envolvendo TODAS as relações de olhar, de tom de voz, de atenção, de contato, de presença. Mesmo quando se está com raiva – ou magoado.

Sabeis – sabeis, sim! O único amor existente é o que aparece – o *que se vê* (além de sentir). O sentir é somente de quem sente, ao passo que o modo de olhar (o brilho do olhar), o tom da voz – nunca áspero –, o gesto – sempre sugerindo contato/carícia –, tudo isso pode ser percebido nos dois. Mesmo na briga essas coisas continuam, pois os dois querem se aproximar e lutam por isso – e é bom. Todos os ritmos ficam mais tensos durante a briga. Na verdade, ficamos muito alertas – alerta que é o BARATO da Natureza.

A briga pode ir se fazendo, aos poucos (se estivermos interessados em aprender), tão viva – e nesse sentido tão prazenteira – quanto nas horas de sintonia. Também o medo, que pode existir entre mãe e filho, aparece, é sentido e declarado – seria o ideal se fosse.

A tristeza das distâncias – que periodicamente se estabelece – é vivida e aceita pelos dois.

Quantos chegam lá? É um ideal? É. Dos mais altos.

Se for obrigação, será um fardo intolerável.

Só pode, pois, ser uma busca permanente. Somos animais marchadores e só quando estamos andando nos sentimos verdadeiramente humanos. Não é preciso "chegar lá" (na verdade, o "lá" não existe); basta estar andando.

Se não chegar a ser assim, nem a caminhar nessa direção, então é o desespero entre mãe e filho (ou entre marido e mulher).

O ácido faz-se cada vez mais ácido; as agressões, cada vez mais maldosas; geram-se hábitos de "debicamento" recíproco, ruim de ver – e pior de sentir. Ou vai se instalando uma indiferença calosa, uma incompreensão total – e definitiva (estou falando de caras e de atitudes, de TONS de voz e de modos de olhar, e não de abstrações psicológicas). Todas essas relações malcheirosas são VISÍVEIS e AUDÍVEIS – O TEMPO TODO.

É a briga de casal ou é a briga entre mãe e filho ou pai e filhos ou irmão e irmão.

Um dia fui tomado pela maior blasfêmia de todas as intuições: o Triângulo divino é o Adultério (nos palavrões usuais; dito de outro modo pode ficar muito melhor). No matrimônio, o terceiro aparece, de regra, quando um, outro ou ambos os cônjuges atravessam períodos de indiferença, de agressão e maus sentimentos – explícitos (nas palavras da briga) ou implícitos, isto é, PRESENTES nas caras, nos olhares e nos tons de voz.

O tédio é um inimigo deveras mortal – é um começo e um caminho de desvitalização, ou de morte. Vontade de inexistir. Todos temos não só pontos de vista distintos e hábitos diferentes, como também NUMEROSAS cismas, manias, superstições e hábitos irracionais que muito mais nos têm do que nós a eles!

O pior do casamento é, talvez (para mim com certeza), a perda do entusiasmo de um pelo outro, entusiasmo muito parecido com o pasmo e desvanecimento de gente grande diante de uma criança viva e luminosa.

Alguém que se interesse, que nos admire, que nos ouça com atenção é alguma coisa de *vital*.

VITAL – dá vida – quando eu já estava fenecendo. É divino.

Mas por que três? Porque dois, se suficientemente isolados dos demais, terminam de muitos modos por esgotar seu potencial de surpresa e descoberta. É preciso ser um gênio psicológico para conseguir esse tipo de relação pessoal sempre renovada. Exigir que todo casamento seja assim é não saber o que se está dizendo. Seria o mesmo que cobrar de todos heroísmo e criatividade inesgotável. Outra vez o peso intolerável dos ideais impossíveis que só podem ser marcos de direção e *jamais obrigações*.

Voltemos ao três.

O terceiro é muito importante para alimentar permanentemente a vida e o desenvolvimento de todos nós – os casados.

Existe – diz a *Playboy* – o sexo recreacional ou recreativo, por todos os títulos distinto do sexo familiar/respeitável/reprodutor.

O sexo recreativo, para quem tenha compreendido o essencial de Reich, é o sexo RECRIADOR – da nossa vida. O terceiro vivifica a relação, nem que seja para pôr tudo em polvorosa – melhor do que na santa inconsciência e irresponsabilidade nossa de todo dia.

A presença do terceiro, acima de tudo, DESPERTA – OS TRÊS (os quatro, se o terceiro for casado).

O Triângulo Divino é Divino – também e principalmente – porque só ele tem força e jeito de dissolver o superego, de destruir o Triângulo da Desigualdade eterna, presente na família tradicional reprodutora: Pai, Mãe e Filho – desigualdade essencial, desnível impossível de transpor, definição primeira de todas as Pirâmides de Poder: há dois "em cima" e um "embaixo" – superiores e inferiores, opressores e oprimidos.

Só quando TRÊS "IGUAIS" se unem amorosamente é que se destrói definitivamente a família – a de dentro, quando menos. Aí não há mais Autoridade, nem permissão, nem proibição, nem transgressão.

Espero que não me tenha o leitor mais na conta de um idealista cego, mais poeta a descrever mundos bonitos dos sentimentos, do que cientista a descrever fatos. Já me explico, gosto demais dessas ideias porque são bonitas e porque

SÃO A ÚNICA SOLUÇÃO QUE EU VEJO PARA O TRISTE AMOR DEGRA-
DADO E DEGRADANTE QUE É O NOSSO AMOR INSTITUCIONAL.

Havendo propriedade, haverá guerra. Brahma e Kali são dinamicamente uma coisa só. Só quando nossa capacidade de "congelar a imagem" (como na TV) nos permite dizer quais e quantas são as "partes" aparecem DUAS coisas: Brahma e Kali. Mas elas não são "coisas" senão na nossa capacidade – estranhíssima – de poder "parar" o acontecer, de tirá-las do tempo ao pensá-las em palavras.

> A dialética entre estrutura e fluência é tão infinita em seus caminhos como a criação de todas as coisas – pois assim é que elas foram feitas. Como se diz num evangelho apócrifo já lembrado:
> "Quem não dança nem canta não compreende nada, porque o Criador fez todas as coisas cantando e dançando".

O Universo é um ATO – não uma coisa. Hoje o sabemos, de ciência certa – quando antes era intuição filosófica ou poética.

Avancemos: creio demais nessas ideias do triângulo, mas, em sã consciência, diante de todos os que discordam, devo dizer que

A FAMÍLIA DE QUE SE FALA E A FAMÍLIA DE QUE SE SOFRE

O "Matrimônio Aberto" é uma das situações sociopessoais mais difíceis de ser vividas. Estão supostos franqueza e olhos nos olhos.

Conheci centenas de famílias em condições ideais para saber a verdade da "roupa suja". Quero assinalar com força: tenho não só a experiência estatisticamente significativa (centenas de casos), como também o conhecimento em profundidade e veracidade – muitas horas de relato e discussão para cada caso[6]. Aliás, intuitivamente o leitor já deve saber disso. Meu tom de descrever problemas familiares é, evidentemente, o de quem conhece o assunto por todos os seus lados – e por experiência própria –, além da extensa experiência por participação e simpatia. Casei-me quatro vezes, vários anos de cada vez. Minhas três últimas mulheres foram clientes: a primeira por vários anos, a segunda por poucas entrevistas e a terceira, de novo, por vários anos – com uma aproximação excepcionalmente cuidadosa de parte a parte.

Quando se ouvem com atenção as "razões" pelas quais as pessoas DIZEM se desentender, começa-se a duvidar – demais – de praticamente TODAS as razões que as pessoas trazem. Fica no fundo um travo ruim: parece que os homens PRECISAM brigar e se caçar o tempo todo. Nosso motor biológico primário – luta, caça, agressão – foi dessaibrado pela civilização; esta, ao trazer segurança em relação aos perigos da selva e da savana, gerou riscos muito mais poderosos, sutis e "pervasivos". Não há mais leões, mas estamos cercados de mil perigos COMPLICADOS a cada passo que damos.

Nosso medo precisa se reeducar.

---

6. Cinquenta anos de Psicoterapia, com poucas férias e demasiado empenho – oito a nove horas por dia. Estimativa: 170 mil horas de relacionamento humano atento, interessado e envolvido. Conheci relativamente bem centenas de famílias por meio de relatos que procuravam dizer a verdade e comigo controlando tanto os dados como os tons de voz – que sempre mostram se quem fala está acreditando no que está dizendo ou não.

Duvidais? Então, durante uma semana, ligai vossas TVs nos filmes – nos enlatados americanos. Muito pouco sexo, e de péssima qualidade; violência, violência, violência, espião, bandido, lutador de caratê, kung--fu, jiu-jítsu, ken-do, tiros, torturas, brigas, torturas, brigas, torturas, brigas, bar que se desmonta, quadrilhas que assaltam e exércitos que marcham, exércitos que marcham, exércitos que marcham e se chacinam à faca, a pau, à lança, à flecha, a tiro, numa carnificina de bradar aos céus. ISSO pode. Violência em QUALQUER DE SUAS FORMAS.

PORNOVIOLÊNCIA – quanto mais brutal, melhor.

Viva o Circo Romano – para sempre modelo e ideal de LAZER para a Humanidade. Aquilo é que era distração.

Depois que SE aprisionaram uns aos outros, sentindo-se todos na cadeia invisível, esperando interminavelmente pela execução, os homens, ameaçados, ameaçam, e a tragédia se eterniza. A cadeia invisível constitui os preconceitos, as exigências sociais e as condições de vida intoleráveis em que vivemos. Não é só miséria e fome; é muito pior. Tudo indica que mesmo os afortunados estão muito longe de se sentir – e se declarar – satisfeitos. São as relações humanas a passar por um teste deveras crítico: se não aprendermos algo um pouco melhor, vamo-nos destruir efetiva e coletivamente.

Vamos enfrentar o bicho ou vamos nos deixar ser comidos por ele?

De quantos modos – e com que insistência e constância – a Família tem que ver com as convulsões atuais da Humanidade? E o sexo? E nossa incapacidade de amar ou simplesmente aceitar o que é evidente desde o começo? Um pouco mais de amor entre as pessoas simplificaria, além de toda a medida, as infinitas medidas de segurança de que nos cercamos, no eterno medo do outro – o que NÃO é da MINHA família e portanto... O que custa o pavor/desejo de segurança da Humanidade bastaria para pagar toda a construção de um mundo novo, na certa melhor – porque pior do que este é difícil imaginar...

Todo mundo sabe disso. Pare-se a guerra e começará a Idade de Ouro para TODOS. Mas alguém faz? Não somos, deveras, animais estúpidos e inconscientes? O destino que nos ameaça – meio mundo contra meio mundo – é deveras destino ou culpa? Culpa: eu posso fazer diferente, mas não faço. Eu devia mesmo. Para mim mesmo. Para os outros. Para o nosso bem.

Voltemos ao triângulo. Quanto casamento empoeirado e bolorento de repente ganhou vida nova ao surgir "aquela vagabunda"...

Por que – ou como – o Triângulo Divino tem poder – e só ele – de inativar o Superego? Antes disso: por que será preciso "destruir" a autoridade? Porque ela limita indevidamente.

Creio que seja legítimo dizer: toda autoridade *existente* é AUTORITÁRIA (exagerada). Lembremos o óbvio: sabemos que NÃO HÁ e NÃO PODE HAVER uma autoridade

> PERMANENTE E ÚNICA, APTA PARA ORGANIZAR TODAS AS SITUAÇÕES E RESOLVER TODOS OS PROBLEMAS (até parece marido e mulher, cada um tendo de ser TUDO para o outro...).

Como toda autoridade existente tendeu, até hoje, para essa impossibilidade, é contra ESSA autoridade que batalhamos. A guerra não é contra a autoridade. A guerra é contra a Mania de Grandeza de todos nós – até dos mais humildes.

Seguimos em nossa reivindicação o modelo do corpo, onde NÃO HÁ autoridade nem absoluta, nem para sempre, nem para tudo.

Se estou com sede, posso ficar obcecado pela necessidade – em não havendo água. Mas, uma vez saciada, a sede desaparece de todo da regência da iniciativa. O mesmo acontece se eu estiver premido pela necessidade de micção – nem Einstein conseguiria pensar coisas inteligentes nesse estado. Sua inteligência era sua autoridade ÀS VEZES – não sempre nem para tudo.

É preciso, pois, mobilizar e – salvo seja o novo termo – agilizar os processos *de substituição de autoridade*, conforme o momento o exigir. De nada adianta ser um físico nuclear na hora em que o barco vira; nesse momento, o que importa é flutuar e nadar – só.

Se, filosoficamente, quisermos, apesar de tudo, achar uma autoridade interior fixa, sempre a mesma, presente e regendo tudo que fazemos e pensamos, podemos; mas basta dizê-la assim para ver que ela não pode ser eu (ser o EU). Creio, a mais, que com místicos do Oriente e Ocidente exista esse "Deus interior" (centro, *self*, Brahma ou Cristo) em cada um: é a função BIOLÓGICA mais alta de todas – sim, certamente. É aquilo que *mantém* a homeostase. É ela que determina, também, qual função será "chefe" aqui e agora. Como se percebe, esse poder não tem face e seus desígnios são inescrutáveis – como se dizia de Deus. Ele responde SEMPRE ao *aqui e agora*, mesmo quando não parece – por isso varia interminavelmente. Que alguma autoridade humana arrogue a si mesmo poder semelhante, assim poderemos internar o... arrogante!

Seria fundamental desenvolver nos GRUPOS HUMANOS – todos – a sensibilidade e a percepção para aceitar em cada momento o "chefe" mais competente àquela situação ou tarefa. Suscitar e destruir autoridades é a função mais delicada – e a mais vital – dos GRUPOS HUMANOS.

Mas, para isso, é NECESSÁRIO acabar com
QUALQUER
autoridade única ou permanente. (Ninguém sabe A verdade.)

Vedes, pois, céticos e descrentes, quão essencial é a tarefa – e, pois, tão importante é a Fé.

Se nada conseguirmos nessa direção, receio que continuaremos naquela que estamos – e que não parece boa.

Dizia de minhas 50 mil horas de voo familiar e de centenas de famílias que conheci. Confesso agora, perplexo: os dedos de minhas duas mãos bastam – e sobram – se eu contar o número de casais *que se abriram sem se destruir.*

É a tarefa mais difícil do mundo no mundo das relações sociopessoais.

Por isso, talvez, DIVINA – a própria Salvação. Afinal, o que dizia Cristo:

Amai-vos UNS AOS OUTROS como vos tenho amado.

Ele não disse AMAI A FAMÍLIA, mas a meu próximo no AQUI/ AGORA, certamente; não meu próximo familiar – meu parente. Ele também, é claro, *quando estiver ao meu lado* – só aí e só então será meu próximo.

Aliás, já vimos: Cristo não se casou e sua família de origem não tinha nada de uma Família. NÃO tinha PAI – precisamente! Não tinha A AUTORIDADE. Tinha só a Mãe – a sensibilidade, a sensualidade e a intuição... Quantas Marias a seu lado... Como poderiam as mulheres fugir ao fascínio desse homem que falava tanto de amor?

A Abertura, pois, é necessária.

Também com os filhos. Digo que, de três mães, duas, ao notar que o filho começa a se interessar pela mãe do andar de cima (que tem um filhinho também), logo manobrará para restringir as visitas, achando para isso mil pretextos razoáveis – que TODOS mostrariam "entender" – para esses pequenos assassinatos cotidianos – o cotidiano assassinato dos pequenos.

Quanto mais afetiva e entusiasmada a reação do garoto pela mãe da casa vizinha, mais veneno no sangue da Santa Mãe Única, e ela defenderia seu laço com a mesma insensibilidade com que seu Senhor Marido – O Homem – assassina friamente, se "necessário", qualquer amor nascente na sua digníssima. E o mal não está no assassinato – muitas vezes inevitável; está na *negação* de que seja assassinato; pior, está no apresentar o assassinato afetivo como se ele fosse obra de caridade – um dever sagrado.

Cada vez entendo melhor o "Pecado contra o Espírito Santo", de si tão obscuro: "negação da evidência reconhecida como tal".

Deus que me perdoe, mas o Concílio não sabia o que estava falando (falava de heresias, certamente – que nada têm que ver conosco nem com o Espírito Santo); não obstante, estava declarando uma das mais profundas verdades a respeito do contrato social.

É PRECISO – estamos vendo – NEGAR A EVIDÊNCIA a todo momento a fim de permanecer próximo do próximo... Evidência significa, precisamente, "o que se vê"... Matamos as crianças dizendo que estamos garantindo e ampliando suas vidas... Recordemos: o Pecado contra o Espírito Santo é o único que nem Deus, em sua Infinita Compaixão, pode perdoar.

Para quem nega a evidência, fazer-lhe bem é fazer-lhe mal... Mesmo que Deus lhe desse o Paraíso, ele iria sentir-se no Inferno.

É melhor acreditar no demônio do que acreditar que o mal não existe.

Se é, ninguém mais do que o demônio – diz a Igreja – é contra o amor.

O demônio é o antiamor.

É o nosso Deus.

Pecamos permanentemente contra o Espírito Santo (contra a verdade da percepção) e seguimos o demônio (todos querem "quanto mais, melhor" – é "natural" e "lógico").

O que gera a guerra de todos contra todos.

A abertura, pois, é necessária – e difícil.

No plano marido/mulher algo pior acontece; se o marido frequenta periodicamente uma sauna ou uma *massage for man*, tudo bem: "Os homens são assim", que ele se divirta – "e até me dá um pouco de sossego". Mas, se ele começar a se envolver (a reconhecer, em atos, que uma relação "puramente sexual" não tem sentido, que é preciso ampliá-la e aprofundá-la), aí as coisas se complicam demais e, quanto mais significativo o novo amor, pior a perseguição que se move contra ele.

Amar mal pode.

Amar bem não pode.

Só se permite amor que não presta.

Quando a relação começa a dar mostras de vida própria – alterando o comportamento do marido (o que a esposa percebe muito bem) –, então começa a caçada implacável e, depois, a degradação sistemática e inteiramente preconcebida contra "aquela vagabunda" (que o marido ama e a esposa não sabe quem é).

E como ele desiste depressa! Muitas vezes ajuda a denegrir a pessoa amada a fim de abrandar as fúrias da megera – fúrias horríveis porque não se pode ir embora; e ela está sempre lá, esperando pela gente, com um reparo mortífero a cada momento, ou um cuidado de ambos, como se a casa estivesse eletrificada. Claro: no caso da mulher que prevarica (palavrinha idiota), as coisas são iguais – ou piores. Há plena e total justiça nessas coisas sujas.

Há mais. Na vida de casado deve-se deixar passar muita coisa, muita irritação, muita incompreensão, muitos pequenos e grandes atritos e divergências. Como se diz popularmente, "Vamos engolindo e aceitando" – bem mais mal do que bem. Aí surge o pretexto da outra e, então, como agora a esposa "tem razão", agora ela cobra os atrasados – e como cobra!

Repito: não conheço sentimento pior do que o rancor conjugal – no momento da denúncia do adultério, a pessoa sente-se autorizada a fazer o que quiser contra aquele cafajeste.

"Nunca pensei." (Imaginem!) "E EU, aqui..."

(Você querendo recomeçar a viver e eu aqui, morrendo no cumprimento do dever de me suicidar.) É terrível.

O triângulo, porém, não é um fim; na verdade, é um começo. De três passa-se mais facilmente para quatro, cinco e mais, até chegar – se Deus quiser – a amar o próximo.

Mas sem romper o triângulo da opressão não se chega ao Triângulo da Comunhão.

O problema é romper com o exclusivismo familiar, expressão também de autoritarismo: "nós" (os bons) e "eles" (os outros, o "resto" da Humanidade)... Claro que essa abertura ocorrerá mais facilmente entre pessoas amigas a caminho, de algum modo, da comunidade com quatro ou cinco duplas e oito ou mais crianças, cada um com o filho que quiser naquele momento e cada filho com o pai ou a mãe que lhe parecer melhor.

Rompimento da compulsão familiar.

De novo ingenuidade de Freud – o Complexo de Édipo.

Pergunta: alguém – alguma mãe – deixa o filho *amar outra pessoa*? E esse egoísmo afetivo encontra ou não o mais incondicional apoio coletivo?

Então, e de novo, o Complexo de Édipo é natural ou é fabricação da Família fechada, possessiva e policial?

É bem assim: a criança PODE amar outra pessoa? E o adolescente? Pode *mesmo*?

Aqui voltamos às relações mais do que superficiais entre adultos e crianças. Não falo de amor "que gracinha" e tchau; falo de convívio, amizade, amor, gosto (e briga!) entre adultos e crianças – percebidas, recebidas e tratadas como seres responsáveis, de muitos modos *iguais* a nós no que diz respeito ao RESPEITO devido a *qualquer* um.

Skinner demonstrou – bendito seja ele –, dentro de cânones científicos rigorosos, que é muito melhor premiar do que castigar. Os condicionamentos por gratificação mostram-se muito mais estáveis do que os por castigo. Estes precisam ser reforçados frequentemente – ou desaparecem.

Aos poucos fala-se, cada vez mais, num centro de recompensa interna – reforço inerente a toda função bem desempenhada – prazer na realização de nossa fisiologia. Esses centros estão localizados experimentalmente no cérebro e podem, hoje, receber eletrodos e fazer as pessoas experimentar muito prazer.

Os tóxicos de todos os tempos sempre foram tomados, em grande parte, pela sua capacidade de, em alguma medida, *nos retirar da anestesia do cotidiano.*

A essa luz, é preciso declarar o óbvio – que escandalizará a muitos educastradores:

PRATICAMENTE NADA SE DIZ DA FUNÇÃO DO PRAZER NA EDUCAÇÃO.

"Dar prazer" para conseguir comportamento parece-nos uma chantagem descarada. No entanto, descarado é nosso conseguir prazer com a pata do gato: nossa habilidade infeliz de nunca dizer o que desejamos e, ao mesmo tempo, de levar o outro a nos dar o prazer que, diretamente, não temos coragem de desejar.

Somos, sobretudo, covardes ante o prazer porque o sexo é o maior dos prazeres corporais – e sempre o mais proibido e perigoso. Fazemo-nos todos Budistas sem querer e sem perceber: como o desejo faz sofrer, deixamos de desejar...

No entanto, carícias, inclusive em áreas erógenas, tratadas com cuidado, graça e gentileza (seja adulto, seja criança), não são o reforço mais barato, mais disponível e mais eficiente de que se dispõe? Carinho pode – até certa idade; carícia prazenteira não pode. A repressão faz-nos, acima de tudo, estúpidos – em sentido próprio: distorce a percepção e torna-nos incapazes de perceber o que mais nos importa e o que mais nos interessa. Em vez de integrar o prazer à educação, desde a primeira conversa da escola, faz-se claro para todos que o prazer É PROIBIDO! Perverte! Degrada!

Explicitemos mais um desses limites conceituais/convencionais ao prazer do contato e da carícia, inclusive de áreas erógenas.

Órgãos sexuais são tidos como órgãos a *ser usados* SOMENTE nas relações sexuais. Está implícito: FORA dessa situação, (os órgãos sexuais)

NÃO EXISTEM

(graças a Deus!)

Mas, fora da situação sexual, os genitais conservam muito de sua sensibilidade específica, sempre tingida de prazer.

São os "bombons" mais acessíveis que se possam desejar – para qualquer hora, em qualquer lugar ou situação.

Mas nossa tara moralista nos diz assim – contra toda a evidência: se tocou os órgãos sexuais, realmente ou apenas como sensação (mesmo sem contato), então o que se propõe JÁ é uma relação sexual completa – *e mais nada*. Mais uma infâmia cometida contra o sexo, que, em nosso mundo, quatro vezes em cinco é praticado

PARA EVITAR QUALQUER INTIMIDADE OU TROCA AUTÊNTICA.

Nossa liberação sexual falsificada tem tudo que ver com a banalização do sexo – que é exatamente isto: usá-lo SEMPRE com a MESMA "TÉCNICA", igual em todos os momentos e igual com todas as pessoas...

Não parece, mas é a história de Midas. A constância – mesmo quando se muda de parceiro com facilidade – está no JEITO de a pessoa se desempenhar – o que frustra a criatividade, principal ingrediente do prazer autêntico, e frustra a descoberta, a surpresa, o brinquedo.

Amor verdadeiro é o que nos faz sentir emoções como na adolescência, sentir sensações, ficar feliz e brincar como criança.

Mas para isso é preciso um alto grau de intimidade, de confiança recíproca e de desarmamento de prevenções. O que é difícil, mas vale a pena. Se faço sempre do "meu" jeito, então percorro sempre o mesmo corredor e a luz no fim do túnel é sempre a do mesmo dia; o tempo não passa. O tempo, segundo Aristóteles, é o número do movimento.

Saí do tempo. Não estou acontecendo – consegui me convencer de que sou sempre o mesmo.

Parabéns, múmia, você ganhou a eternidade – e tchau!

Não conheço critério melhor de amor verdadeiro do que a alegria infantil de duas pessoas enamoradas. Infantil, vital, autêntico – brincando de verdade...

Voltemos à Família Sensual: ela usará com certeza carícias e prazer para reforçar comportamentos desejados envolvendo, conforme o caso, a situação e os personagens, o contato com zonas erógenas, prazenteiras.

Cada um fará na medida de sua capacidade de se fazer inocente outra vez. O que pode contaminar a criança com miasmas são as PÉSSIMAS atitudes sexuais dos ADULTOS.

Não é o sexo que não presta. É a sexualidade de meio mundo que está muito abaixo – ou muito longe – do que poderia ser. Logo e sempre, pensa cada qual no mal que mais o perturba. O prazer acompanha toda atividade e toda relação viva. Enfim, refalemos de Édipo – tão malfalado por Freud, que aparentemente só viu Papai, Mamãe e o Filhinho – e mais nada (para ele, o mundo estava incluído em Papai).

Qual a diferença mais ostensiva de comportamento entre o filho e os pais? Os pais dormem juntos – no mesmo quarto, no mínimo; muitas vezes, na mesma cama. Eles podem trepar, isto é, podem ter genitais e podem ter corpo erótico – de carícias.

A criança não pode ter pinto ou xoxota e, bem-vistas as coisas, não pode ter corpo como sensação prazenteira.

Castrada e desencarnada: esse o problema de todas as crianças no nosso mundo em que ninguém tem corpo – nem genitais – próprio.

A FAMÍLIA DE QUE SE FALA E A FAMÍLIA DE QUE SE SOFRE

As crianças – TODAS – ressentem-se dessa privação, dessa mutilação total, desse separar o corpo da cabeça: só a cabeça pode existir.

Mais: é preciso, acima de tudo, NÃO VER o que está aí, presente e evidente.

De muitos modos propusemos esse dilema infantil trágico – aquela época em que a criança se debate ante a alternativa: acredito no que eu VEJO ou no que me DIZEM? Porque entre as duas descrições da realidade vai uma diferença enorme, quando não uma franca contradição. Após terem nos castrado de pinto (xoxota) e corpo, precisamos, como Édipo, ficar cegos, a fim de NÃO VER o que foi feito conosco: castração visual – a pior de todas. Não sei se somos incestuosos. Sei que nos fazemos de cegos.

A propósito: quem é o agente último dessas andanças exóticas? A quem beneficia essa mutilação pedagógica tão radical? Será intenção de alguém isoladamente, de um colegiado, ou algo semelhante? Alguém decretou esses comportamentos? Não creio. Creio que tenha sido a adesão grupal fator básico de sobrevida da espécie; o agrupamento de seres humanos criou um ambiente específico, sobreposto ao ambiente climático, geográfico e ecológico. Creio estar examinando as raízes de certo modo instintivas de nossa sociabilidade: o modo como as emoções individuais se relacionam com as exigências da vida em grupo.

Convicto, porém, de que as formas primárias de sociabilidade são de fato toscas, grosseiras, sacrificando o indivíduo, de regra, além de todo o imaginável e de todo suportável.

A normopatia, tantas vezes lembrada, parece-me conceito sobremodo feliz. Nossos modos de agregação social são os primeiros obtidos pela "Natureza". Temos muito o que elaborar sobre eles e o pior que podemos fazer é pensar que a Natureza é sábia e a Família – como exemplo – é maravilhosa – ou perfeita. Uma coisa é clara: a sociedade, tanto quanto a Psicanálise, faz o possível – paradoxalmente – para valorizar a autonomia e, ao mesmo tempo, cria mil dispositivos jurídicos ou de costumes sociais para intensificar ao máximo tudo que o Homem tem de *dependente*, carente e necessitado.

Quanto mais dependente, mais controlável – mais obediente e submisso. A autonomia fica no papel – ou no papo – porque a dominância real é a da DEFORMAÇÃO familiar – que se continua na análise. O analista é muito mais pai do que o pai – pela atenção e papel, pelo tempo e simpatia que dedica; no entanto – e tipicamente –, ele nega de pés juntos ser pai...

Mais: tenho já esboçado um ensaio estabelecendo as semelhanças surpreendentes entre as exigências preconceituosas que são feitas às mães e aos terapeutas; como eles *devem* ser pacientes, compreensivos, nunca reagir mal, interessar-se desinteressadamente, ser prudentes, sábios – em suma, MA-RA-VI-LHO-SOS! Só que o psicanalista é um pouco mais hábil: como bem no fundo ele sabe que não é nada disso, ele se ESCONDE o mais que pode para que o paciente não descubra – JAMAIS – que ele é gente e faz, ele também, um monte de tolices – como qualquer mortal e como todas as mães do mundo...

Esta sociedade é deveras um Carnaval – no Palco.

Em relação à Família Sensual, alguns reparos pessoais precisam ser acrescentados.

Há 30 anos venho tentando mexer no corpo das pessoas, de mil modos, na convicção de que esse comportamento tem função psicológica, tem poder para modificar a personalidade. No começo, eu fazia coisas mais do que simples com um medo mais do que grande. Em São Paulo, nas décadas de 1940 e 1950, só havia uma analista didata, a dra. Koch. Era a única coisa oficiosa em matéria de psicoterapia. De resto, cada um fazia o que podia. Grupos de estudo aguentavam-nos em exercício, apesar das dúvidas, incertezas e incompetência generalizada.

Mas é preciso que se diga a favor desses pioneiros: é tão pouca e tão precária a atenção que as pessoas dão umas às outras que qualquer tentativa empenhada e atenta de ouvir e ajudar é legítima. Penso até se esse empenho e essa atenção não são o que movem a Psicoterapia.

Depois de vários anos de sofrimento individual como terapeuta principiante, de quase decorar tanto os "tipos psicológicos" (Jung) como a "análise do caráter" (Reich), comecei a fazer grupos com trabalho corporal – e as coisas ficaram mais fáceis! Primeiro porque pouco a pouco eu desenvolvia técnicas de contato bem discretas. Depois porque, em grupo, fica afastado o fantasma de toda terapia corporal: a relação sexual.

Nosso mundo de distância física obrigatória faz que as pessoas quase invariavelmente, ao ser tocadas, pensem em sexo; os mal-entendidos multiplicam-se e eternizam-se. Ao mesmo tempo que o paciente suspeitava, eu hesitava – não tinha muita certeza de nada; estava tentando. De qualquer modo, meu comportamento aparecia como ambíguo – o que piorava as coisas. Enfim, com uma ou outra paciente, eu sentia prazer no contato – e aí as coisas ficavam difíceis. Sabeis: prazer? Jamais! Para curar-se de sofrimentos, é preciso sofrer muito mais... É a lei. Sofrer pode – sempre, muito. Prazer não pode.

Ao começar o trabalho corporal, fui percebendo que "os autores" – assim como os massagistas em geral – fazem tudo para que suas atitudes e gestos "técnicos" NEGUEM o contato a fim de se *despersonalizar quando atuam*. Presentes a um corpo nu ou quase, com liberdade de tocar e apertar, tentam todos, com persistência e cuidado, atuar como se NÃO estivessem em contato!

"A fim de evitar complicações"
"razões éticas de respeito ao cliente"
(receio de perder o cliente e de enfrentar os colegas, que também desejam e muitas vezes fazem – e também temem)

Desejam, sim. Em nosso mundo a lição de sempre é: se tocou o corpo e não é médico nem agressor, então vai ter relação sexual. "Deve" ter...

Nossa privação nos faz, assaz precisamente,

PORNOGRÁFICOS

(indiscriminados – qualquer uma serve –, o que importa é o ato e não a pessoa).

Ponha-se um faminto autêntico diante de uma mesa cheia e observe-se a... pornocomia. E os romanos também – e seu vômito altamente elegante. E o turista, a ver tudo que há para ver no menor tempo possível – pornovisão...
Há formas humanas e desumanas de comer, de fazer sexo e até de dormir. Quanto mais carente o personagem, mais grosseira sua conduta de gratificação.

E assim, como em tantas áreas, a repressão sustenta a si mesma: como faço malfeito, sinto-me culpado (por ter aproveitado tão pouco!) e com receio (com toda a razão) – o que diriam os outros se soubessem? (Se tivessem visto!)

Certo dia estabeleci uma regra que muito agradou a mim. Eu lia em meus livros que crianças não podem ver relações sexuais porque "não aguentam tais níveis de excitação". Disse alhures, neste livro, que criança se assusta com relações sexuais porque estas são assustadoras – pelo MODO COMO SÃO FEITAS: gritos, frenesi, agarração desesperada, CARAS muito feias. Veja-se com isenção um filme pornográfico e REPARE-SE NAS CARAS – sobre as quais, aliás, Masters e Johnson não dizem absolutamente nada...
São quase sempre ruins, a dos homens pior do que a das mulheres, crispadas, raivosas, duras, sofridas.
Isso não é bonito para ninguém – nem para quem está fazendo. Minha regra dizia assim: desejo para mim um modo de desempenho sexual de tal forma harmonioso que uma criança possa vê-lo sem se assustar.
Até hoje não tive essa experiência – que me parece muito importante e muito delicada.
Acho a experiência MUITO MAIS DIFÍCIL para o adulto do que para a criança; na sua ingenuidade, ela poderá achar engraçado ou bonito, mas o "horrível!" está, com certeza, na consciência do adulto – e em nenhum outro lugar. Se ele conseguir ser – refazer-se – tão ingênuo quanto uma criança, é possível que o momento seja bonito.

Voltemos à psicoterapia com trabalho corporal – com tudo que se relaciona à Família Sensual.

Era mais fácil em grupo, e aos poucos pude transformar em técnicas socialmente "inocentes" boa parte dos contatos possíveis – e necessários – entre as pessoas. E era visível o prazer tranquilo do grupo, após duas horas de contatos simples, de um jogo inocente e variado de corpo, quase sempre lento e concentrado. Meus grupos acabavam, quatro vezes em cinco, com caras muito felizes – e muito tranquilas – em volta de mim.

No primeiro encontro com o grupo eu fazia um discurso incisivo: aqui não se aprende a TÉCNICA de despersonalizar o contato; aqui não se esquece jamais que o contato físico é SIMULTÂNEO e MUITO SIGNIFICATIVO para OS DOIS.

Achando de todo incompreensível o histérico "não se envolva" que se ensina em todas as faculdades e cursos que cuidam de psicoterapia, a mim parecia – e Jung estava de acordo – que quem não se envolve não se desenvolve. O problema não é não se envolver; o problema é COMEÇAR A ESTUDAR os mil tipos de envolvimento que podem ocorrer entre duas ou mais pessoas.

Se estou olhando para o outro, me identifico com ele ou brigo comigo mesmo para não me identificar – nem assumir o papel complementar. Então é melhor dizer que nossa relação é de ajuda – mas é de briga também –, principalmente porque as pessoas não sabem brigar (não "resolvem" a própria agressividade).

Logo: ou psicoterapia é uma ligação pessoal ou eu não sei o que ela é. Ou não existe. O fato assume proporções deveras monstruosas. É dogma – só pode ser dogma – na maior parte das teorias e PRÁTICAS de psicoterapia

QUE SÓ O PACIENTE EXISTE
(pois o terapeuta não se envolve).

Tudo que acontece é com ele – só ele –, sempre ele. Essa posição é terrivelmente parecida com a guerra familiar, cujo "moto" é: a culpa é tua (só tua – sempre tua). A criança é sempre culpada porque mãe está sempre certa...

Aliás, não é só nas guerras familiares, mas praticamente em *todas* as brigas humanas. Na verdade, é nosso padrão de briga socialmente aceito; isto é, se eu contar a história "provando" que a culpa é dele, todos dizem compreender... Pode existir diálogo de um só? "Falar sozinho" não é a própria loucura? Parece castigo de um mundo quiçá demasiadamente egoísta – paradoxo! Só o outro existe. Só ele me toca, me move e me comove; eu sou passivo, não quero nada (a não ser o que "é certo"); eu não faria nada de mal se ele não provocasse, se ele não despertasse em mim tão maus instintos...

A regra "básica" de tantas psicoterapias (o "não se envolva" – "o caso é *com ele* e eu não tenho nada que ver com isso") é horrivelmente igual à regra básica de nossa briga usual de paralíticos (falamos, falamos, falamos, mas aguentamos, aguentamos, aguentamos...). Meu primeiro discurso com meus companheiros de estudo era, então: aqui não vamos aprender técnicas impessoais – o que só pode ser DESPERSONALIZANTE. Se não estou presente naquilo que faço, como posso querer que o companheiro esteja? Se ele me procura, em parte, por falhas sérias de seu relacionamento pessoal, o que estou eu fazendo por ele – ou com ele – ao lhe propor um "modelo" de ligação cuidadosamente... desligado?

O paciente está doente porque tem medo de gente. O que pode fazer o terapeuta se ele também tem e, sob esse aspecto, é pior do que o próprio paciente, pois se vê ou se sente obrigado a "disfarçar" seus desacertos? O terapeuta está procedendo exatamente como

TODAS AS "AUTORIDADES" DE QUE O PACIENTE JÁ SOFREU
e que, por serem assim, o deixaram doente – precisamente...

Enfim, se o terapeuta não corre riscos, com que direito espera ele que o paciente corra? Risco de novas reações, novos pensamentos, novas atitudes, novos contatos ou contatos renovados, principalmente. O mesmo se pode dizer dos pais reprimidos que geram filhos reprimidos. O que estamos propondo é que os pais – e os terapeutas – *reaprendam* a viver MAIS RESPONSAVELMENTE em vez de repetir a Tradição ou a Técnica – que é falta de discriminação.

Meu segundo discurso com os companheiros de estudo era assim: *somos todos carentes* em matéria de contato corporal. Em nosso mundo ninguém sabe o que quer dizer isso, ninguém procurou até agora *estudar* essas coisas. Elas são sistematicamente engolidas pelos nossos costumes de distância obrigatória e pelos nossos maus costumes e preconceitos em relação a contato corporal e sexo.

Logo, aqui somos um bando de carentes que levamos sobre os demais uma vantagem: nós nos autorizamos reciprocamente a nos tocar, a sentir como se faz um gesto e como é a sensação, a emoção, a recordação, a fantasia... O melhor que podemos proporcionar – com reciprocidade – é essa possibilidade de fazer experiências uns com os outros que, de outro modo, jamais seriam feitas. Portanto, de aprender o que seria muito difícil em qualquer situação. Enfim, corolário desse discurso, havia outro, em conclusão: do terapeuta corporal espera-se – como dos médicos e massagistas – que eles sejam "muito naturais" no contato com o corpo do outro; pais e professores "devem" ser "muito naturais" *ao falar* com as crianças sobre sexo.

Só que eu não sei onde se pode buscar ou desenvolver essa naturalidade.

Creio, segundo a sabedoria coletiva e a graça do Espírito Santo, que sendo eu um profissional probo e dedicado terei a graça da naturalidade no contato com o corpo de meu irmão... Amém!

É preciso ser mais do que cáustico contra esses professores de autenticidade – tão falsos.

O medo das pessoas quando se fala – ainda na área informativa – em Educação Sexual das crianças é, invariavelmente: O QUE É que eu VOU FALAR?! Se as pessoas refletissem um pouco mais, então diriam: com que *cara*, com que *jeito* de corpo, com que *tom de* voz vou falar sobre essas coisas? Muitas e muitas vezes, não falei delas nem para mim mesmo!

Porque a repressão – *quase ninguém entende bem isso* – NÃO IMPEDE o ato sexual. Inibido, recalcado e reprimido sexualmente NÃO querem dizer inapto: querem dizer que a pessoa faz muito para "perder a cabeça" durante a excitação – para NÃO saber o que está fazendo – tanto que depois quase nem lembra... Ou, ao contrário, faz tudo para NÃO perder a cabeça e por isso fica inibida.

O sexo escondido – esconder que é OBRIGATÓRIO em nosso mundo – CONTINUA escondido DA PRÓPRIA pessoa, mesmo enquanto ela o está fazendo...

Conheci duas mulheres sexualmente muito experientes e ativas; o que havia de comum entre elas era uma expressão básica de rosto QUE NÃO DIZIA ABSOLUTAMENTE NADA. Tenho atenção e prática em "ler" rostos; não conseguia ler NADA no rosto delas. Eram mulheres sábias; sabendo que sexo é bom, faziam; mas, sabendo que a má reputação é, no mínimo, incômoda, compuseram no rosto uma cara "acima de qualquer suspeita" e acabaram, quase, com expressão de jogador de pôquer profissional!

Será que com caras assim pode-se MESMO sentir muito prazer? Imagine-se uma criança num brinquedo arriscado do parque de diversões, tendo ao lado uma mãe severa com rosto de pedra. Será que a criança vai experimentar deveras a vertigem e a excitação?

Toda esta longa história tem duas intenções.

A primeira é continuar mostrando as dificuldades do corporal e do erótico em nosso mundo. Como meu trabalho me coloca no centro da tormenta, minha história é modelo de valor geral. Quase tudo que aconteceu em minha vida tinha que ver com contato corporal – a favor ou contra...

Digo, para escandalizar as pessoas, que desde pequeno, como autêntico perverso polimorfo, eu queria não apenas ver e falar com as pessoas; eu precisava ver – hoje sei – o que escondiam sob a roupa, tocá-las, de muitos modos – estando o erótico mais implícito do que explícito. Era prazer que eu buscava, sim; mais profundamente, porém, eu buscava a vitalização que o contato pode trazer. Enfim, tratava-se TAMBÉM de uma curiosidade genuína: queria ver o outro INTEIRO e queria poder pegá-lo – senão não poderia saber O QUE ELE É nem COMO ELE É. Queria tocar as mãos, o corpo, os lábios. Só conhecemos verdadeiramente o outro se usarmos com ele todos os sentidos. Digo que só assim e só então perco o medo do outro, porque aí eu percebi "tudo que há para ser percebido", como queria Teilhard de Chardin.

Enquanto NÃO POSSO ("não devo") CONHECER O OUTRO ATÉ ONDE ME É DADO, terei medo dele, por não saber o que existe – como ele é – naqueles aspectos que "temos a obrigação" de manter escondidos, primeiro sob as vestes, depois sob os modos convencionais – IMPESSOAIS por definição (todos fazem do MESMO JEITO) e que nesse jeito SE CONFUNDEM (como essa coisa sem indivíduos que é um pelotão de soldados uniformizados).

Só o conhecimento amoroso sem limites de contato pode, de fato, nos tranquilizar.

Mais: só um extenso experimentar de corpo permite a formação, em mim, de uma "imagem corporal" rica, verdadeira – de acordo com O QUE EU SOU; só assim juntaremos frases que *dizem* coisas, assumiremos posições definidas – ganharemos coerência – sem perder mobilidade. A imagem que as pessoas fazem de si – temos aí toda a psicanálise como testemunha de acusação – é notavelmente discrepante ante a imagem que os outros fazem dela. Essa ideia de mim NÃO ME PERMITE COMPREENDER POR QUE OS OUTROS ME TRATAM COMO TRATAM... Será preciso perceber todas as minhas caras, poses e insinuações de voz para reconhecer o que efetivamente estou dizendo – ou pretendendo. Sem imagem corporal – sem MUITAS Sensações corporais – NÃO POSSO SENTIR COMO SOU.

Verdadeiramente, sensações corporais ME REVELAM – dizem a mim como eu sou. O eu é, primeiro e principalmente, uma soma de sensações corporais.

O conhecimento amoroso tem outra característica concreta: o gesto busca sempre O MAIOR CONTATO POSSÍVEL em extensão, e com pressão ótima a cada ação (a cada intenção). Para compreender, deslize a mão pelas costas de uma pessoa deitada de bruços, devagar, procurando tocar a maior superfície de pele possível, com a maior superfície de pele da mão. Este é o gesto amoroso por excelência – o que sente TUDO QUE HÁ PARA SENTIR. Contraste-se esse gesto com um "beliscão", com uma pinça de dedos pegando/puxando uma dobra de pele. Esse é assustado (evita contato maior), ansioso (agarra) ou agressivo (machuca). Mas nunca será amoroso, por ser um contato que *deixa de fora* muitas áreas. Ao não ser percebidas, posso projetar nelas MEUS temores e desejos; se percebo "tudo que há para perceber", então *assumo* – sou obrigado a assumir – meu desejo, porque ele "não cabe" lá, no outro.

~

De várias fontes – livros inclusive – vieram a mim estranhas explicações em relação ao contato profissional com o outro.

Depois de uma massagem, por exemplo, o operador "fica com o que absorveu de ruim do paciente" e precisa de sua mandinga para se livrar disso!

Hoje penso assim: o "técnico" – temeroso do contato com o outro tão próximo! –protege-se com um reforço da pose profissional, classicamente "de distância". Ela – a pose – diz: eu faço/dou, você *recebe*. A influência vai de mim para você – mas não volta!

Por que se sentirá mal o técnico após algumas sessões? Eu creio que ele se envenena com as *próprias* emoções (despertadas pelo contato) que ele não exprimiu nem comunicou – que ele não deixou passar no olhar, na qualidade do gesto, no calor da pele...

Bem-feito! Quem mandou dizer que a culpa é dele? E que os "maus eflúvios" vieram de lá – da "bruxa"?

Assim era o Zeca. Queria agarrar todo mundo, de gosto e para ver como era. Mas não podia. Então, provisoriamente, passei a função de contato (de pegar) para os olhos – tanto que tinha certa vergonha de olhar para as pessoas em certas circunstâncias, receando que me vissem nu. Também perguntava – com os olhos –, ingênuo que eu era, se o outro tinha pinto e se a outra tinha xoxota – porque TODOS se comportavam com perfeição e convictamente, como se ninguém tivesse! Eu: o Tarado. Eles: que posso dizer? Castrados!

Levei 50 anos fazendo uma teoria em cima dos ombros de muita gente boa, que me autorizava a mexer em quem eu quisesse! E hoje quase faço assim mesmo. E quase todos gostam!

Se, ao ouvir esta história edificante, alguns me considerarem um cínico, então digo: todo teórico generaliza sua vida – e não há outro jeito de fazer teorias. Freud, por exemplo, mostrou em sua teoria toda a nossa dificuldade de amar e, ao mesmo tempo, toda sua busca pessoal, aparentemente inútil, a fim de encontrar um amor. Para esconder/revelar sua miséria e a de seu tempo – em matéria de amor –, faz uma teoria de suas frustrações.

A psicanálise é, na verdade, o exame mais minucioso que eu conheço de todos os modos que as pessoas usam

PARA NÃO AMAR – PARA EVITAR O AMOR.

A chamada Técnica Psicanalítica é a maneira mais impessoal que se possa imaginar de lidar com o próximo – evitando cuidadosamente todas as implicações reais, naturais, legais (e morais).

Muito originalmente, ele dizia a seus pacientes – como todo mundo desde que o chimpanzé começou a vestir as vergonhas: "Olhe, não tenho absolutamente nada com isso – arrume-se. Eu mostro – você se vira". E, bem lá no fundo: "A culpa é sua! Não foi você que fez – ou não fez?"

"Veja o que eu aponto" – mas não me veja. Em alguns, mais sistemáticos, a terapia virou "frustração sistemática" de todos os desejos – transferenciais ou quaisquer outros.

NENHUMA ligação! O infeliz nos procurou por ter sido sistematicamente frustrado, e nós o "curamos" frustrando sistematicamente todos os seus desejos.

E ele fica curado. Jamais desejará – pelo resto de sua vida; virou budista, como o psicanalista, a crer que para cultivar o desejo é preciso matá-lo. O terapeuta não fez assim também? Ele NÃO CONTINUA FAZENDO ASSIM O TEMPO TODO, AO NEGAR QUALQUER DESEJO OU

TEMOR SEU PERANTE O OUTRO – que ele chama de PACIENTE? Por que o outro há de poder ser feliz? Basta compreender.

A análise faz bem a muita gente; pessoalmente, creio que isso se deve ao que se queira, menos às razões teóricas apontadas. Alguém que me ouça atentamente (Rogers) e com interesse me faz bem de muitos modos.

Como é tristemente ridículo todo esse nosso ritual anticorpo.

Tão TRANSPARENTEMENTE falso como ciência (ou bom senso) e tão hipócrita como "técnica" profissional.

Não se pode ir muito longe desse jeito.

A segunda intenção do meu relato biográfico é mostrar que eu tenho mãos e percepção bem treinadas – em relação à reação das pessoas ao meu contato. Sei logo se alguém está se sentindo invadido pelo contato e paro imediatamente – ainda antes de a pessoa falar; às vezes, antes de ela perceber.

Por isso, para mim, a Família Sensual é um sonho quase realizado. Consegui, com muito treino, bastante naturalidade ante minhas sensações e emoções ao contato; percebo no ato qualquer resistência minha – e paro imediatamente. Com crianças, cujo contato é um prazer contínuo para mim, sou quase sempre bem recebido. Espero uma ocasião de proximidade e aí toco do jeito que der no momento – e com muito cuidado. Até hoje, posso dizer que todas as crianças que toquei receberam bem o gesto – e havia algumas muito ariscas e desconfiadas.

Elas percebem no ato que o gesto é diferente, põem-se atentas, mas não fazem nenhum movimento de retirada. Por vezes, após uns instantes de contato, afastam-se, mas devagar – não sinto nenhuma rejeição nesse comportamento; ou não estão acostumadas ou, no momento, aquele contato não lhes interessa (outra coisa chama sua atenção).

Muitos, *poucos instantes depois que estabeleci contato* e fiz um gesto carinhoso fora do costume, olham para mim.

Esse é o momento central da situação.

Como eu queria muito aprender e como já sabia um pouco, hoje consigo encontrar o olhar da criança com outro olhar de criança, meio iluminado, creio eu (porque eu gosto muito), suavemente risonho e inteiramente presente – como a mão, que não tem nada de "mão boba". "Mão boba" – sabeis – é aquela que parece não saber o que está fazendo – nem se sabe de quem ela é. Seu dono, ao ser observado, desvia o olhar, como se não fosse nada com ele...

Quem não souber fazer melhor do que a mão boba é melhor não tocar em ninguém, muito menos em crianças.

Alguém dirá: mas como é que eu vou fazer essas coisas sem experiência nenhuma – agora que o senhor declara seus 30 anos de treinamento?

A resposta é uma só: aprenda com a criança, faça gestos e veja como ela os recebe, veja a cara que ela faz – e a cara que você faz! Reaprenda a inocência e você gozará do amor das crianças, que é uma coisa deveras gostosa e faz muito bem à gente. Comece – e boa sorte.

É *preciso* começar – você ainda não se convenceu?

"CRESCER É DOLOROSO."

Comecemos meio de longe – examinando alguma coisa de crescimento. Hoje se difunde como frase feita, em grupos de psicoterapia, que "crescer é doloroso".

Não sei como o fenômeno fundamental da vida pode ser doloroso; seria como dizer que comer é péssimo e dormir é horrível. NADA mais NATURAL (e inevitável) do que crescer. De onde vem essa tolice? Sempre da mesma fonte: o consultório de psicoterapia, lugar pequeno demais. Fiquei 40 anos dentro de um. Ali se cultiva – mesmo sem que ninguém queira – um estilo de vida e de fala *próprios do lugar*. As pessoas ADAPTAM-SE a esse microambiente e nele começam a surgir fenômenos próprios e, no limite, bastante independentes – ou diferentes dos demais ambientes sociais. Frases feitas e atitudes típicas, sinceras condolências, festiva alegria quando alguém muda, longos relatos de sofrimentos nos quais todos fazem de conta que estão interessados (muitos não estão). O cerimonial – a gestuística – também é típico.

Sofrer é doloroso em nosso mundo porque todo ele – na base familiar – é contrário à mudança – sempre uma surpresa perturbadora para quase todos: buscamos a segurança e a confundimos com imobilidade. Quem muda, pois, entra em discordância com seu pequeno mundo de fora (família, principalmente).

A expectativa de todos – Mito do Paraíso – é "chegar" a um lugar que seria a última estação do percurso, além da qual "viveram felizes para sempre". Trata-se de uma eternidade obscura, bem retratada pela dogmática católica do Paraíso Eterno – tantas vezes ironizado –, com seus anjinhos sobre as nuvens, a tocar cítara para sempre.

Claro que esse lugar a que se chega na vida é o *status* profissional, casamento e Família. Quem já fez isso "fez tudo" (acabou o que havia por fazer).

> Conversa ouvida de colega, quando, 35 anos depois de formados, nos encontramos em um jantar. "Depois de ter uma casa na cidade e uma na praia, três TVs, aparelho de som e dois carros, o que mais a gente pode querer?"
> A face revelava perplexidade e desencanto, como se dissesse: todos me fizeram crer que isso era A vida – tudo *que se pode* desejar ou querer. "Eu consegui tudo, mas não estou de todo satisfeito. Quem é que me enganou?"
> Era patético.

Mito do Paraíso – da certeza –, do lugar em que nada de mal acontece porque, na verdade, nada mais acontece de novo – de surpreendente. Sono eterno, verdadeiramente – desejo final de inconsciência definitiva –, ausência de qualquer discriminação, de qualquer necessidade de escolher, de empenhar-se, de arriscar-se.

Pobre Paraíso.

Quem perturba esse paraíso medíocre, porém, que se cuide. Os adormecidos irritam-se com qualquer barulho que se faça perto deles. E quando irritados fazem coisas feias, principalmente quando "têm razão" – ou "estão certos"! Claro que o mutante está errado e precisa criar jeito. Por isso crescer dói, *porque todos reagem contra.* Inclusive, muitos dos velhos hábitos reagem contra os novos.

Dói acima de tudo porque é difícil encontrar apoio quando se muda; ao mudar, nós nos fazemos crianças e precisamos de novo Pai e nova Mãe – mas ninguém quer ser pai ou mãe de quem está mudando. Ficam todos de pai e mãe antigos, insistindo com o transviado para que ele retorne à casa paterna.

Nossa forma de convívio social é contrária à mudança – por isso mudar (crescer) dói – ou é perigoso (dá medo).

E chega-se a um brilhante paradoxo nas conversas de salão – ou de bar:

"Crescer é lindo" – mas mudar não pode...

Nem sei se é nossa sociedade ou se é qualquer sociedade. E mudança social – qualquer que seja – é muito mais lenta do que a mudança individual; também esse heterocronismo dói.

Mas aterrissemos. O que tem que ver crescimento com educação sexual e Família Sensual?

Tudo.

Para alguns fanáticos, a psicanálise é uma terapia por frustração sistemática – reconhecimento e "condenação" dos desejos, porque eles são "infantis".

Catecismo profundamente moralista – mal disfarçado. E parece – *absurdo.* Assim:

SÓ DESEJOS SATISFEITOS AMADURECEM, MUDAM, SE *DESENVOLVEM*.

Sem gratificação de desejo não há crescimento; é difícil imaginar um "crescimento" feito de inibições e frustrações – a menos que se trate de tortura, consciente ou inconsciente.

O psicanalista funciona – ELE sim – como pai castrador, muito mais astuto e hábil do que meu pobre pai de verdade, de regra pessoa bem mais simples. Apesar de seu evidente mau gosto, vem-me à mente velha pilhéria do português que queria acostumar seu burro a não comer – porque, afinal, tudo é questão de hábito. "E deu certo?", quis saber o amigo. "Quase", disse o experimentador, "mas quando ele estava quase acostumado morreu."

Que outro fim pode ter a frustração sistemática dos desejos, que são, afinal e apenas, retratos do processo vivo?

Freud deteve-se demais sobre o impulso – o afeto, o instinto – e pouco se deteve sobre o sistema de gratificação cósmica – que é o aparelho motor –, aquele que FAZ tudo que o desejo precisa.

É nele, no aparelho motor, que o desejo gradualmente *se diferencia* – amadurece – em ondas sucessivas de gratificação e inibição. É desse balanço que vai nascendo – infindo o gesto que relaciona e faz a comunhão.

O animal famélico come avidamente a presa em grandes bocados; depois de satisfeito, começa a ESCOLHER o que vai comer e desse modo aprende *a discriminar*, mas

SÓ DEPOIS DE SATISFEITO.

Só fazendo bastante E COM CALMA é que percebo – cada vez melhor – como EU FAÇO – sendo essa percepção a base indispensável para a edificação de estruturas comportamentais mais complexas e delicadas.

Recordemos a famosa história de Stefan Sweig – muito imbuído de psicanálise – sobre o professor homossexual de uma pequena universidade do interior. Todo mês ele ia para a grande cidade a fim de matar – verdadeiramente MATAR – seu desejo; essa sua intenção – dados a vergonha e o risco envolvido em sua preferência sexual. Ele vinha se satisfazer a fim de matar o desejo – a fim de NEGÁ-LO. Ele se satisfazia da pior forma possível, com a primeira aventura que se propusesse – NAS PIORES CONDIÇÕES POSSÍVEIS. Degradava-se ao satisfazer-se e o desejo se vingava renascendo – SEMPRE O MESMO –, pois nunca estava verdadeiramente satisfeito. *Desejos são altamente específicos* – quando se tem ou se cultiva a sensibilidade. Qualquer mulher pode "satisfazer" (aliviar) qualquer homem. Mas encontrar satisfação real envolve gestos, movimentos, olhares e sensações muito complexos – difíceis de realizar. Mais: no campo do desejo, desejar e ser desejado significam uma adaptação fina e precisa que raramente encontramos.

"Dar" e "receber" são dois atos finamente correlacionados, e a falha em qualquer um deles frustra o desejo em uma medida, enquanto satisfaz em outra, ou em outro nível.

Nosso mundo de dinheiro estabeleceu entre dar e receber uma diferença válida no mundo do dinheiro – precisamente. Mas as pessoas pensam do mesmo modo em relação às trocas (melhor se diria ligações) afetivas e até sensoemocionais.

Quem dá é o bom, o poderoso, o que pode; quem recebe é o pobre, o necessitado, o miserável.

Com essa noção de dar/receber, só podemos ficar infelizes a vida toda.

Ou se consegue tornar equivalente, de algum modo, o valor dos dois sistemas, ou o desejo fica insatisfeito. A repressão/frustração não mata, apenas ENTORTA o desejo – tornando difíceis sua identificação e, dessa forma, sua satisfação real e profunda. O desejo torto é visto no gesto torto.

Nossos desejos começam a ser entortados desde muito cedo, com a alimentação, com as exigências do pediatra, das vitaminas, do que *precisa* comer – quanto, a que horas...

Depois há refeições (de família) de hora certa e de cardápio limitado – ao sabor do capricho de quem cozinha.

E por aí afora.

Nosso mal são os desejos entortados; achamos que vamos nos satisfazer e saímos frustrados da situação de gratificação... Será que alguém sai realmente feliz da mesa de Natal? Ou da cama de uma prostituta?

Freud, dizíamos, cuidou dos desejos, mas muito pouco de sua gratificação – que ele temia tanto quanto qualquer pessoa –, no seu mundo puritano, formal e incrivelmente hipócrita (burguesia europeia da primeira metade do século).

Freud sabia muito pouco da satisfação do desejo – e sabia demais sobre sua frustração, que era sua história pessoal, como vimos.

Logo, o psicanalista – como as mães – instila em seus pacientes – ainda que não pareça! – todos os seus temores de transgressão social QUE ESTÃO INCORPORADOS À TEORIA!

O que de fato tememos e de fato a sociedade procura controlar são nossos atos – e não nossos pensamentos ou desejos.

Logo, toda briga psicológica propriamente dita – todo conflito – está NOS MÚSCULOS – nos que tendem a nos mover por força do desejo, e nos que querem nos deter com medo das consequências.

O conflito não é só "anímico". É muscular, pode ser fotografado e filmado.

O que nos traz para onde eu esperava – faz tempo! – chegar.

Ao "erotismo motor" da criança – termo que Freud usou, mas não desenvolveu, parece-me, na medida de sua importância.

O que a criança tem de aprender acima de tudo é mover-se, tanto porque nosso aparelho é imensamente versátil e complexo quanto pelo fato de as aptidões a desenvolver serem muito numerosas. Portanto, ela adora movimento, sozinha ou com o adulto, que em sua maioria gosta de levantá-la do chão e fazer com ela as mais variadas acrobacias. Como a criança é leve, o adulto tem a gostosa sensação de ser um gigante – sensação de muito poder ou muita força.

Ao longo das acrobacias há muito contato, não raro forte, de corpos.

Parece ser esse o modo especial de erotismo que mais interessa às crianças.

Elas obviamente adoram essa movimentação. Algumas, mais tímidas ou protegidas em excesso, podem temer essas evoluções; mas mesmo elas, se levadas com jeito, acabam ficando muito excitadas com as acrobacias.

Muito excitadas é uma expressão adequada; excitação erótica – quase orgástica. Primeiro porque ela está crescendo no aprendizado motor – o que é inerentemente prazenteiro e lhe dá sensação de controle e competência. Depois porque orgasmo e músculos estão ligados entre si de modo muito íntimo.

Quantas coisas a criança aprende nos seus movimentos?

Aprende a brigar, a fugir, a contatuar, a mover-se junto com ou contra o outro.

Aprende a fazer caras e poses.

Há reverberações instintivas em muitas brincadeiras que fazemos com elas. Primeiro o esconde-esconde, feito mesmo com crianças de poucos meses.

Jogo de aparecer e desaparecer – de presença e privação. Ele tem função ampla de sobrevivência: acostumar a criança com a surpresa – para que na hora do predador ela não entre em caos motor e se perca (o predador NUNCA aparece devagar).

Depois o jogo de "assustar de brincadeira" – o adulto fazendo-se de monstro ou de bicho e avançando para a criança com ar ameaçador. Brinquedo tão comum TEM de ter sentido biológico e, de novo, creio que se refere ao encontro com o predador: o adulto imita o ser ameaçador e a criança foge, entre assustada e excitada; rindo, mas com medo. Temos depois o aprendizado, muito entrelaçado, entre a briga e as reações corporais ao sexo – ou ao contato. A criança achega-se – ou deixa o adulto achegar-se – e logo ensaia movimentos variados, meio de achego, meio de briga.

Crianças que brincam juntas brigam a cada meia hora: não é difícil separar, entre as brigas, as que são de irritação ou raiva das que são excitantes – e aí vai o erótico. Sabemos que a Natureza teve muito trabalho para arranjar o coito. É um "estranho" que se aproxima da fêmea e vai se relacionar com ela da forma mais próxima e íntima possível, "entrando dentro" dela. Perigosíssimo!

A Natureza ensaiou mil danças e contradanças para que macho e fêmea se identifiquem, não se machuquem e consigam atuar juntos no coito.

Veremos em resumos de *Life tide* que a criança humana tem um primeiro surto de sexualidade dos 3 aos 5 anos de idade; *o fato está relacionado com a puberdade dos primatas*. É nessa idade que muitos deles já estão prontos para o desempenho sexual. Mas em nós o longo desmame cultural obrigou as crianças a reprimir a satisfação – que seria obviamente estéril (falando em relação sexual). Mas creio que seja péssimo frustrar DE TODO a criança pelo fato de ela não poder reproduzir-se. É claro que o sexo tem influência sobre *toda* a personalidade – não falamos de outra coisa o tempo todo.

Creio até que a forma própria de orgasmo infantil tenha muito mais que ver com O CORPO TODO – com movimentos e tensões musculares – do que com os genitais.

É bom insistir, pois a ideia é óbvia, mas nunca lembrada: o orgasmo – seria melhor falar em sensações orgásticas – tem tudo que ver com os músculos. Qualquer músculo, estirado de certo modo, gera uma sensação orgástica – o que se vê e se sente com clareza no ESPREGUIÇAMENTO. Quando total e profundo, ele parece demais com um orgasmo.

Na infância – sabidamente – qualquer excitação forte produz ereção e sensações orgásticas JUNTO do medo, da raiva e de outros sentimentos. O parque de diversões, com suas montanhas-russas e todos os demais aparelhos, marca bem o tipo de movimento capaz de desatar intenso medo de queda com forte colorido orgástico. Também as acrobacias que os adultos fazem com as crianças têm tudo que ver com instabilidade no espaço, vertigem, tontura – até enjoo...

A criança está aprendendo também a brigar fisicamente, seguindo o comportamento de exibição de poderio – tão importante entre os animais. Em termos mais familiares, a criança está aprendendo até onde vão suas forças – quais são seus limites; e, para aprender limites, só forçando-a – para ver até onde vai – até onde lhe permitem. Em muitas brincadeiras motoras entre ou com crianças, é clara a tendência a abusar. Pode ser imaturidade motora, mas é também aprendizado – em um ato só.

Nessas circunstâncias ocorre algo que não foi dito pela psicanálise: a frustração MOTORA ("Fique quieto, menino!"), muitas vezes completamente independente do sexual, acaba se refletindo seriamente sobre a criança. A restrição motora – primeiro desiderato pedagógico – é a morte da liberdade – sem liberdade de movimento, a atividade não pode ser concebida.

Creio que constatações dessa ordem possam nos tranquilizar – a nós adultos – quanto ao problema da sexualidade infantil e ao que podemos fazer com ela.

Brincar junto – principalmente de movimentos – é, na certa, a mais feliz "relação sexual" que se pode ter com crianças.

Enfim, em toda essa questão de educação sexual é preciso não cometer o crime central cometido invariavelmente sempre que se trata de sexo: desligá-lo de tudo.

Só adultos que convivem com as crianças têm possibilidade real de influir adequadamente sobre elas.

Tudo que se refere ao sexo e à sensualidade há de estar relacionado com tudo o mais: atenção, brincar junto, conversas frequentes, alimentação, atitudes gerais de vida, de higiene etc.

Será invariavelmente ruim – ou inútil – uma educação sexual separada do conjunto da vida – pois esse é nosso Pecado Mortal. Nosso, dos adultos.

Este livro inteiro mostra – queremos crer – o quanto é assim.

A Família Sensual pode cultivar o contato corporal também por meio de massagens e outras atuações corporais. No campo da massagem, o defeito maior é a passividade sistemática do paciente. Ele não faz nada – é como a criança, para a qual os pais fazem tudo.

É preciso, pois, acrescentar à massagem atuações que tenham que ver com MOVIMENTOS, movimentação passiva de partes do corpo, movimentação com oposição de forças, jogos de contato corporal com esforço em câmera lenta – brincadeiras, para sentir como funcionam os músculos e como os movimentos se coordenam.

Vem se popularizando a massagem infantil hindu chamada shantala. Ótima, mas não é bom sistematizá-la. As sensações corporais, de movimentos e de tensões possíveis para nosso corpo, são praticamente infinitas. Qualquer sistema, por bom que seja, irá limitar essa riqueza. Há lugar para inventar muito nessa área. É bom começar com sistemas para se acostumar com a situação, mas depois será imperativo variar as brincadeiras continuamente. Aliás, isso acontece por conta própria. As crianças periodicamente inventam jogos – como se fossem modas de roupas, de músicas, de ritmos, de danças...

Nada melhor do que o cultivo de *sensações e controles musculares* para injetar *confiança* no relacionamento. A simples massagem ou as carícias de pele deixam o paciente ou a criança (que recebe) muito inermes, por demais dependentes. Assim, não se aprende reciprocidade – alma de tudo que é bom nas relações interpessoais.

8
FAMÍLIA E PODER

Toda história do homem nos mostra a presença do Rei Deus, que depois, a contragosto, é apenas Rei – mas virando Deus ao menor cochilo do Congresso. E como se transmite esse poder absurdo? Pela descendência, pela Família.

Essa organização social é estranha desde o começo. Quando alguém diz que sou Deus, é compreensível – pode até ser verdade, em certo ponto. Mas, quando todos os outros dizem que eu sou Deus e ME DÃO o direito (o poder) de determinar suas vidas e suas mortes, já é demais.

Mas foi assim.

A segunda estranheza é esta: os Ramsés, os Neros, os Alexandres e Napoleões, os Mussolinis e os Stalins eram

EVIDENTEMENTE

gente "igual" a todo mundo, com dois olhos, uma boca, dentes, braços etc. Depois disso, como podemos ACREDITAR que eram deuses – isto é, seres *essencialmente* diversos de nós outros.

Sendo deuses, será que só faziam coisas boas?

Bem pelo contrário...

Suas vidas eram modelos de humanidade – ou de divindade? Longe disso.

Muitos – deveras, a maior parte –, *como em qualquer árvore genealógica*, eram medíocres, fátuos, fracos, muitas vezes perversos, e outras tantas vezes definidamente enlouquecidos pelo poder desmesurado que todos (muitos) LHES davam.
Mas continuavam "filhos dos deuses".
– Meu pai é alcoólatra – um horror!
– Mas você precisa respeitá-lo e ouvi-lo mesmo assim.
Não é igualzinho?

Mais: de cada cinco dinastias, quatro acabaram com assassinatos, e os assassinos – *imediatamente após* – passavam a ser deuses.

É ou não é uma palhaçada? Pra que tanta encenação?
O *poder*, pois, passava *pela família*, desde que todas as dinastias se referiam à descendência biológica elementar. As coisas passavam de pai para filho – nem mais nem menos –, como qualquer escritório, indústria ou cargo do mundo

DE HOJE.

As fazendas e os latifúndios do Nordeste (e do Sul) – não são

ESTRITAMENTE FAMILIARES?

Um só não consegue tomar conta de tanta coisa, mas o bando familiar, com os seus satélites, consegue – até de um país inteiro e durante muito tempo, como se podia ver no Haiti, nas Filipinas, e como ainda se pode ver na Nicarágua, em El Salvador, no Irã, no Chile.
O poder democrático? O que se diz das cem *famílias* que governam os Estados Unidos?
O poder socialista? O que se diz da *Nomenklatura*[7] é extraordinariamente parecido com o que acontece nos Estados Unidos –

---

7. VOSLENSKY, M. *Nomenklatura*. Rio de Janeiro: Record, 1961.

dinastias (familiares) de poder que não largam a carniça por nada deste mundo.

Os laços de família têm, pois, MUITO mais de *vantajosos do que* de amorosos.

Enfim, chegando ao presente, ao óbvio, ao trabalho de viver de cada um de nós: são evidentes o esforço e o sacrifício que fazemos para acumular um patrimônio. Dizer que faço o que faço porque tenho família é uma excelente desculpa para a maior parte das safadezas e desonestidades que todos nós praticamos.

Aliás, conselho aos inocentes que me julgam um monstro: se você quiser saber mesmo o que é família, assista não a um enterro, mas às reuniões familiares, nas quais são discutidos a herança, o inventário, o testamento.

São uma delícia – e um nojo.

CRESCEI E MORREI DE FOME OU GENOMA, PARANOIA CÓSMICA E REGULAÇÃO DA NATALIDADE.

Todo conjunto existente de genes (todos os indivíduos vivos existentes) tende incoercivelmente a se multiplicar até o infinito. Todo ser vivo é um replicador.

Se fornecermos a qualquer ser vivente tudo de que ele necessita por um tempo suficiente, ele tomará conta literalmente do mundo – se não do Universo.

Leio em texto idôneo: já foi conseguido em laboratório um cultivo de células que se dividiram 550 vezes (em quatro meses!).

Com meu filho que é matemático e mais um microcomputador, pusemo-nos a calcular o *volume* da massa de células que resultaria de uma só célula, após 550 divisões celulares. Supusemos que a célula tinha 10 milésimos de milímetro de diâmetro. Está suposta, é claro, a existência de substrato à vontade, e que todas as células-filhas chegam ao volume das células-mães. Enfim, que cada divisão celular ocorre a cada seis horas.

A unidade que permitiu a solução do problema, com os recursos do microcomputador, foi o *ano-luz*.

O cálculo mostrou que, nessas condições, o VOLUME de substância viva gerada por UMA célula, em quatro meses, é igual a uma esfera cujo raio é – em números redondos –

$$9 \times 10^{23} \text{ de anos-luz.}$$

Um volume maior do que o do Universo – conforme medido pelos astrofísicos...

EM QUATRO MESES!

Daí a grande frase de todo filme no qual um paranoico é central: "Eu queria o mundo todo para mim – que tudo obedecesse à minha vontade". A única realização desse delírio é na descendência. Nenhum grande assassino (um poderoso qualquer) fez esse sonho inspirado na biologia genética: mato todos os homens do mundo e fecundo todas as mulheres – assim estarei me multiplicando até o infinito...

Com a tecnologia hoje disponível – de inseminação artificial –, poder-se-ia repovoar o mundo a partir de um só homem, com seu esperma, como se faz no aproveitamento do esperma de touros de raça.

Esta é a força biológica deveras profunda a nos impelir: a vontade cega de replicar-se do DNA (ácido desoxirribonucleico) e de ocupar o Universo todo. Ninguém sabe como seria um mundo dominado por uma única Dinastia; ocupado pelos descendentes de uma só pessoa.

Logo, a paranoia, o instinto de poder, a mania de grandeza de todos os humanos têm esses dois fundamentos:

É VERDADE que eu sozinho poderia repovoar a Terra depressa – se o número de fêmeas fosse ilimitado.

Meu desejo mais profundo é, de fato, possuir a Terra (para meu genoma).

Esta é a morte da vida (ou seu Instinto de Morte): se eu tiver como – se eu souber como –, exploro ao máximo e no menor tempo possível todas as possibilidades de certo meio – onde estou aqui e agora. Mas depois de multiplicar-me rapidamente – como espécie – esgoto as possibilidades do meio e um grande número de indivíduos morre – de fome.

A Natureza não aprendeu a regular a natalidade e isso custa muito caro em número de vidas sacrificadas (vidas de indivíduos de todas as espécies).

Esse balanço de morte é uma grave falha da Natureza – um desequilíbrio que custa caro demais em sofrimento individual inútil (do homem e dos demais animais).

NÓS – E SÓ NÓS – PODEMOS REGULAR A NATALIDADE.

Mas fazemos tudo *a fim de permanecer irresponsáveis*, falando em Deus, Lei Natural, Direito das Gentes (de se reproduzir à vontade). Matança dos Inocentes – agora concreta e de muitos e muitos milhões: hoje há um bilhão de crianças subnutridas de corpo e de espírito no mundo todo. Hoje.

Está morta: um quarto da população do mundo.

Parece que entre aves há certa regulação: quando os alimentos são abundantes, as aves põem mais ovos; quando ameaçam faltar, põem menos. Mas são aves, animais que se reproduzem anualmente e cuja infância nunca ultrapassa seis meses, estando a imensa maioria muito abaixo disso. Mas, se a espécie animal se reproduz anualmente e a infância (proteção efetiva de um dos dois pais) for de anos, fica impossível regular a multiplicação pelo alimento disponível.

Falo do alimento como exemplo de base; há outras carências além dessa, é claro.

O homem que pode não faz.

Nós que sabemos e podemos não fazemos. Já estamos pagando caro por isso. Vai piorar.

Os poderosos (controladores/controlados) vêm sendo *selecionados* há 10 mil anos. São a oligarquia dos poderosos – sua "genes" – seu clã –, seus genes.

A palavra PARANOIA, tão usada atualmente, acabou com o sentido quase único de sentimento de perseguição. Mas na linguagem original dos psiquiatras paranoia envolve *também* um sentimento de grandeza, de superioridade e de poder – o que torna a perseguição, aliás, muito mais compreensível.

Se sou *tão* perseguido, só pode ser porque eu sou *muito* importante, não é mesmo? Os psicanalistas, como todos os que se institucionalizam, mostram na mesma medida em que escondem. A cada meia página de um texto de psicanálise, se lerá com certeza a palavra *narcisismo* ou a expressão *mania de grandeza* (megalomania). A coisa, pois, é importante. Mas o fraseado, quatro em cinco vezes, nos induz a pensar que ele – o paciente – é que sofre disso. Nós não, e o psicanalista muito menos...

Aí está uma denúncia importante, mas mal declarada, porque de sentimentos de grandeza/perseguição sofremos TODOS – inclusive psicanalistas – e, haja a análise que houver, continuaremos narcisistas e megalomaníacos.

Somos assim, em termos bem cotidianos, ao achar, invariavelmente, que recebemos menos do que merecemos – SEMPRE – e de que nos cobram sempre MUITO mais do que devíamos!

Dar e receber dinheiro, atenção, carinho, amor, respeito, admiração – seja lá o que for. Coisas e situações acontecem constantemente nas áreas desses sentimentos primários de dominação/submissão, o de cima e o de baixo, o poderoso e o impotente, o que manda e o que obedece. *Mas quem é inferior em um momento podemos ter certeza de que em outro lugar e em outro momento se porá e se sentirá superior* – de regra, na Família.

Adler tinha razão *também* – e muita.

Hoje, os etólogos descrevem-nos reações *idênticas* em todos os animais que vivem em bando ou em grupo. O último degrau da escada – o soldado raso – ainda encontra modos de se equilibrar chutando uma lata vazia e pensando em seu superior imediato. Quem não faz de fato faz na fantasia.

Por que não há análise capaz de destruir esse balanço comportamental? Porque na raiz de toda superioridade – e de todo medo – está a certeza ou a intuição obscura da minha individualidade. Sou diferente de TODOS – e de cada um.

O que eu posso fazer, na verdade, ninguém fará *como eu* (bonito ou feio, certo ou errado – não estamos avaliando). Sou, pois, por menos que eu queira, *diferente do bando*, e nesse sentido oposto dialeticamente a ele – minha matriz necessária e meu pior inimigo, continuamente "querendo" me engolir em comportamentos obrigatórios, "certos", "normais" ou seja lá que nome se queira dar ao fato.

O erro mais comum das pessoas, quando confrontadas com os demais, consiste em pensar com a premissa implícita – e falsa: *todos eles são iguais entre si*, o que é radicalmente falso. Mas é preciso muita maturação perceptiva e avaliativa até conseguir relativizar o peso da maioria, "eles", "todo mundo". Mesmo quando muitos fazem parecido – o fato é inegável –, a verdade é que cada um ainda está fazendo à sua maneira – com suas intenções –, levado pela sua história – determinado pelo seu momento. "Eles" – todos iguais, como um pelotão de soldados – jamais existem de verdade. É esse o primeiro e, na verdade, o mais poderoso fantasma a nos manter na linha – do institucional. Opor-se à lei ou aos costumes é sentido como um crime – ou um desafio – *contra todos*. Transgredir é sentir o grupo todo contra mim. Essa é a força da Opinião Pública, dos Costumes Estabelecidos, das Tradições Sagradas e das Leis. É a mais poderosa ilusão da Deusa Razão e de seus santos – os conceitos –, eles, sim, *reunindo* em si o que possa haver *de igual* entre dois ou mais objetos – ou fenômenos.

SEXO, FAMÍLIA E A ERA INDUSTRIAL

Vou ampliar uma ironia proposta por Marcello Bernardi[8], que seria uma das vozes correntes – em sociologia – a respeito da era industrial:

"A energia que
anima o sistema capitalista provém da Família".

Previamente, o autor referiu-se à Família Nuclear como sinal de nossos tempos, e como o quanto a corrida para a fábrica/cidade desfez a grande família – e o quanto isso foi vantajoso para o sistema.

Desdobrando: na família "antiga" (de 50 anos atrás) havia um número considerável de pessoas, pois as famílias derivadas permaneciam próximas – no campo, inclusive, viviam juntos, no mesmo lugar. A família grande traz para as pessoas, indiscutivelmente, certo senso de segurança por força de laços familiares. Pode ser que esses laços não sejam tão bonitos como se diz, mas continua sendo verdade que muitas vezes na vida, para muitas pessoas, foi a família que respondeu pela sua subsistência – por mais precária que fosse e por mais caro que cobrasse.

Esse esmagador fato básico não pode ser omitido nem subestimado. É a voz do sangue. Hoje se diria melhor: é a voz do genoma (e do patrimônio...).

O trabalho industrial trouxe as pessoas para a cidade – o que contribuiu para cortar laços familiares pela pura distância. Acontece que a Família Nuclear (pai, mãe, um a três filhos) é isolada e pequena demais – o que acarreta uma sobrecarga de preocupações aos participantes. "Cada um por si e Deus por todos" é o lema. Esse medo é ótimo para manter as pessoas trabalhando; se somado à ambição de "subir", melhor ainda.

É assim que a Família Nuclear se atrela ao processo econômico, dando-lhe, na verdade, todo o impulso que ele tem.

---

8. BERNARDI, M. *A deseducação sexual*. São Paulo: Summus, 1985.

A economia (*oicos*, em grego, significa casa, doméstico!) gira em torno da casa, do Lar, da Família.

Nada de estranho. Afinal, de cada 100 pessoas, é certo que pelo menos 95 tenham alguma espécie de família. Mas, de regra, moram longe uns dos outros e sem muita ajuda recíproca (falo da bendita classe média – que me lê, é claro). As rivalidades e invejas fraternas – melhor se dissessem familiares –, quando as pessoas começam a trabalhar, vão criando distância entre os membros da mesma família em função da renda e do *status* que cada um vai ganhando. Quando a família é pobre, maior a chance de permanecerem juntos; somando pequenos salários cooperativamente, consegue-se um rendimento bem melhor nas compras e economia nos gastos.

Por essa mesma razão – alto rendimento das compras cooperativas – a família grande não interessa ao consumo.

A demonstração é simples. Para cada mil pessoas "do mercado", melhor que haja 250 famílias de quatro membros (nuclear) do que 100 famílias com dez pessoas ou – que horror! – dez famílias com 100 pessoas cada uma! Melhor para o quê? Para o consumo. O número de Famílias determina o número de casas, carros, geladeiras, eletrodomésticos, TVs, equipamentos de som etc.

A produção industrial em série criou sua PRÓPRIA família. De preferência monogâmica (legal, jurídica e ECONOMICAMENTE), sempre a mesma ou uma só (dá muito menos complicação legal, muito menos fofoca e maior respeitabilidade – o que é muito importante *para ter crédito*...). Ainda hoje é assim, e é certo que uma só família custa muito mais barato do que duas ou mais...

A raiz do homem não está no *lugar* – no chão. Nem na Tradição – que é o chão da cultura. A raiz do homem está no grupo – foi assim durante um milhão de anos. O grupo humano compunha-se de 15 a 25 pessoas, duas ou três "famílias". Talvez seja esse número o que melhor permita o convívio, o que tenha melhor base instintiva em sentido próprio.

E, afinal, não é assim mesmo para quase todos? Conte seus familiares, seus amigos de verdade, suas namoradas e duas ou três pessoas no trabalho – não dá mais ou menos aquele número? Falo do grupo íntimo, das pessoas com as quais mantemos presença frequente.
A Família é, pois, na sua forma atual, o principal motor do sistema.
Mas é claro que esse sistema está destruindo a família.
Dialética.
Amém.

ABORTO

Acabo de assistir na TV a *O grito silencioso* – documentário sobre as reações de um feto de três meses ao ser abortado por sucção. No ultrassom aparece com clareza a movimentação defensiva e inútil do bichinho, muito mais vivo do que qualquer um imaginaria – e já com forças poderosas de defesa.

O filme impressiona, pois a reação do feto piora muito a noção de aborto; é muito claro que ele já é um ser capaz de sentir e reagir globalmente.

Depois vieram os comentários de muita gente inteligente – citada em frases soltas, muitas vezes únicas, mas fazendo parte de uma digressão maior, desde o médico a afirmar que o feto não tem sensibilidade dolorosa (o filme acabou de mostrar exatamente o CONTRÁRIO disso!) até as feministas, com seu argumento acertado de defesa da mulher, mas ficando nisso. Também foi argumentado que é manipulação dos Estados Unidos. Nunca entendi que interesse têm os EUA em gastar dinheiro e gente para reduzir nossa população. Eu, por mim, dava entrada livre e dizia "Muito obrigado".

Segundo instituição internacional que estuda o aborto no mundo, são feitos, anualmente, cerca de 50 milhões de... assassinatos (pequenos assassinatos).

Mas há os grandes assassinatos, e isso parece que ninguém compreende, não liga, não percebe.

A FAMÍLIA DE QUE SE FALA E A FAMÍLIA DE QUE SE SOFRE

Há AGORA – NO MUNDO – UM BILHÃO (1.000.000.000) de crianças que JÁ morreram para sempre, mesmo que seus fantasmas continuem a perambular pelas telas de TV por mais um tempo.

Será que importam mais – assim, TÃO prioritariamente – os 50 milhões de anjinhos, ou importa mais o bilhão dos para sempre desalmados (não tiveram condições mínimas para ter alma)? Não são gente. Não são nada. Mas são crianças humanas – ainda vivas (vivas?).

Será que ninguém junta essas coisas, meu Deus?

Até o Santo Padre está nessa até o pescoço. Sentiu toda a força da miséria que há no mundo – talvez mais do que qualquer outra pessoa; e vem com a do aborto e com a proibição de anticoncepcionais. Salvem-se os sagrados princípios e dane-se a Humanidade.

Para quem fala esse homem? Seus discursos fazem supor que a Humanidade é constituída de homens altamente cultos, conscientes, cooperativos, inteligentes e virtuosos. Se o mundo não for assim – eu acho que ele não é –, então não sei para quem fala o João de Deus. "Liberdade" (de consciência, de escolha) só existe em altos níveis de organização pessoal e social – é óbvio. Não são coisas feitas; são coisas que se desenvolvem se você estiver interessado em cuidar – e se tiver condições!

Mas supor isso em todos os homens parece-me um absurdo; dois terços da Humanidade é um pouco mais – ou um pouco menos – do que chimpanzés (se é que não estou ofendendo nossos ancestrais); o terço restante é admirável e odioso ao mesmo tempo. O que o homem – coletivamente organizado – consegue fazer e o quanto, em particular, somos pouco mais do que mesquinhos, agarrados, assustados, pretensiosos, astutos.

Essa matança de que eu estou falando – a morte de um bilhão de crianças humanas que jamais serão humanas –, isso é que é matar. É menos infeliz o feto "assassinado" no útero, com dois ou três meses de idade, do que os que vieram para morrer devagar, sem antes nunca ter vivido.

Nascer para essa morte – quem há de!
Melhor morrer logo e depressa!

Este livro, ao lado de tantos outros, declara que uma das maiores conquistas da Humanidade foi o controle da reprodução – essa força cega e avassaladora da Natureza, com sua tendência inerente à expansão até onde der.

NADA NOS FARIA MAIS HUMANOS DO QUE A GERAÇÃO E EDUCAÇÃO ALTAMENTE CONSCIENTE E COMPLETA DE OUTROS SERES HUMANOS.

Só seriam geradas crianças quando, onde e com quem (vários) se mostrasse possível uma criação tão perfeita quanto possível.

Nossa miséria média, física e mental nos leva a crer que se uma criança tem comida, roupa, casa, saúde e educação podemos dar graças a Deus (ou à democracia – ou à sociedade socialista...). Somos miseráveis TAMBÉM em nossos ideais e ambições.

Um ser humano deveras bem cuidado, que dispusesse de TODO NECESSÁRIO, no tempo certo e da pessoa certa (várias), se faria – estou certo – um ser tão poderoso como um Deus, poderoso e terrível além de toda imaginação.

Esse – e só esse – é o Super-homem, aquele que nós PODEMOS fazer já. Todos os outros, os que virão, os mitológicos, os esperados, os messias, são apenas prefigurações dessa criança humanamente educada, que por isso se fez divina.

Essa atitude é verdadeiramente

NOVA.

As outras são todas obsoletas, as dos ancestrais (muitas vezes assassinos e ladrões), a gerontocracia, as velhas leis e os velhos governantes que chegam já podres aos mais altos degraus de poder político.

Temos vivido para os velhos, andando de costas para o futuro, venerando o passado. Não sei se foram tão bons que mereçam ser lembrados. Acreditarei um pouco mais na Humanidade quando todos os heróis guerreiros (algum não foi?) forem simplesmente omitidos – como algo indecente e vergonhoso.

Com a aceleração da tecnologia, da acumulação de dados, da rede de comunicações humanas e mais, receio que tudo que seja velho não tenha mais valor nenhum. Antes, que toda solução defasada não funciona – que a maior parte da legislação emergente, quiçá no mundo, é anacrônica desde o momento em que é promulgada.

Temos de encontrar outros modos de agregação e orientação coletiva.

Vamos ver se o Velho Tirano e Sua Exma. Senhora, a Grande Mãe, começam a passar para segundo plano, e que venha primeiro

JESUS – O MENINO

Amém.

9
PODER E PRAZER
(REICH E A ANTROPOLOGIA)

Uma análise estatística realizada pelo neuropsicólogo James W. Prescott com 400 sociedades pré-industriais parece confirmar totalmente a concepção reichiana da estruturação social: aquelas culturas que dão muito afeto físico a seus filhos e não reprimem a atividade sexual de seus adolescentes são pouco inclinadas à violência, à escravidão, à religião organizada – e vice-versa.

Há alguns anos, o neuropsicólogo James W. Prescott, do National Institute of Child Health and Human Development, de Maryland, Estados Unidos, publicou um trabalho intitulado "O prazer corporal e as origens da violência" (Boletim dos Cientistas Atômicos, nov. 1975, p. 11), no qual coloca à prova, estatisticamente, algumas das principais teses de Reich sobre o desenvolvimento humano e social, comparando a conduta de diversas sociedades "primitivas" no que diz respeito aos prazeres corporais durante a infância e a adolescência, e sua relação com distintas variáveis da estrutura social predominante.

Carl Sagan, em seu livro *Cosmos* (1980), extensão literária da série de TV de mesmo nome, sintetiza a investigação dizendo que,

> nessa surpreendente análise estatística transcultural, Prescott descobre que as culturas que dão afeto a seus filhos tendem a não sentir inclinação pela violência. Inclusive as sociedades em que não se acariciam muito as crianças, mesmo assim elas desenvolvem adultos não violentos, *sempre que não seja reprimida a atividade sexual dos adolescentes*. Prescott crê que as culturas com predisposição à violência

estão constituídas por indivíduos que foram privados dos prazeres do corpo durante pelo menos uma das fases críticas da vida, a infância e a adolescência. Ali onde se estimula o carinho físico são apenas visíveis o roubo, a religião organizada e as ostentações invejosas de riqueza; onde se castiga fisicamente os filhos tende a haver escravidão, homicídios frequentes, torturas, cultivo da inferioridade da mulher e a crença em seres sobrenaturais que intervêm na vida diária.

Para Sagan e sua ampla equipe de colaboradores, essa poderia ser a resposta profunda ao autoritarismo, à carreira armamentista e à loucura nuclear organizada de nosso tempo. Para nós também. Daí o presente texto, destinado a divulgar o mais possível as investigações de Prescott, comentando suas conclusões à luz da obra pioneira de Reich.

FRAGMENTOS DO ARTIGO DE PRESCOTT

Como neuropsicólogo do desenvolvimento, dediquei muitos anos ao estudo da relação peculiar entre violência e prazer. Atualmente, estou convencido de que a principal causa da violência é a privação do prazer sensorial, físico.

Experiências de laboratório com animais mostram que entre o prazer e a violência existe uma relação inversa, isto é, a presença de um comportamento inibe o outro.

Um animal enraivecido se acalmará abruptamente quando forem estimulados com eletrodos seus centros cerebrais de prazer. Igualmente, se são estimulados os centros cerebrais da violência, termina o comportamento pacífico e sensual, prazenteiro, do animal. Quando os circuitos cerebrais do prazer "estão ligados", os circuitos cerebrais da violência "estão desligados" e vice-versa.

Entre os seres humanos, uma personalidade orientada para o prazer raramente exibe condutas violentas ou agressivas, e uma personalidade violenta tem pouca capacidade para tolerar, experimentar ou gozar atividades sensualmente prazenteiras.

A relação recíproca entre prazer e violência é altamente significativa; certas experiências sensoriais durante os períodos iniciais do desenvolvimento criarão uma predisposição neuropsicológica para comportamentos posteriores, estejam eles orientados para a violência ou para o prazer.

Estou convencido de que diversas condutas sociais e emocionalmente anormais sejam resultantes do que os psicólogos chamam de "privação materno-social", isto é, carência de cuidados ternos e amorosos, causada por um único tipo de privação sensorial, *privação de contatos somatossensoriais*. Provenientes da palavra grega que designa o corpo, o termo "privação somatossensorial" refere-se *às sensações de contato e de movimento corporal* que diferem do sentido da visão, da audição, do olfato e do gosto.

Creio que a privação do contato corporal, das carícias e do movimento constitui as causas básicas de boa quantidade de transtornos emocionais que incluem os comportamentos autistas e depressivos, a hiperatividade, as perversões sexuais, o abuso de drogas, a violência e a agressão.

Essas observações surgiram principalmente dos estudos controlados em laboratório por Harry e Margaret Harlow, da Universidade de Wisconsin. Os Harlow e seus alunos separaram macacos recém-nascidos de suas mães. Os pequenos animais foram criados dentro de jaulas individuais em um recinto em que havia outros animais, e onde podiam desenvolver relações sociais com esses outros animais por meio da visão, da audição e do olfato, *mas não pelo contato direto e pelo movimento*. Esses e outros estudos indicam que a privação do contato – e não a privação dos demais sentidos e do movimento – é que produz a ampla variedade de comportamentos emocionalmente anormais nesses animais criados em isolamento.

É bem sabido que os bebês humanos hospitalizados e confinados em instituições por longos períodos, com pouco contato físico e carinho, desenvolvem condutas anormais quase iguais, como balanços automáticos intermináveis ou gestos numerosos e repetidos de pancadas em si mesmo, autismo, "medo de tudo" etc.

As contribuições de Freud a respeito dos efeitos das primeiras experiências sobre as condutas posteriores e relativas às consequências da repressão sexual são bem conhecidas. Infelizmente, o tempo e o espaço disponíveis não permitem discutir aqui suas diferenças com Wilhelm Reich no que diz respeito à sua obra *Além do princípio do prazer*. A hipótese de que a privação de prazer físico redunda em violência física requer uma avaliação sistemática formal. Podemos pôr à prova essa hipótese examinando estudos culturais comparativos no que se refere à prática com crianças, aos comportamentos sexuais e à violência física. Esperaríamos encontrar nas sociedades humanas que dão às suas crianças muito afeto físico (carícias, contato, transporte no colo) menos violência física do que nas sociedades pouco dadas a essas práticas. Analogamente, as sociedades que toleram ou aceitam relações sexuais pré e extramatrimoniais seriam menos violentas fisicamente do que as que proíbem e castigam tais comportamentos.

Os antropólogos recolheram os dados de que necessitavam para examinar essa hipótese nas sociedades humanas, e suas descobertas estão convenientemente ordenadas na obra de R. B. Textor denominada *Sumário de comparações culturais* (New Haven: HRAF Press, 1967). O livro de Textor é basicamente uma ferramenta de investigação para comparar culturas em termos estatísticos. Esse manual registra cerca de 20 mil correlações estatisticamente significativas a partir de 400 amostras culturais de sociedades primitivas.

Certas variáveis que refletem afeto físico (tais como carícias, agrados e brincadeiras com as crianças) foram relacionadas com outras que medem o crime e a violência (frequência de roubos, assassinatos, torturas etc.).

As relações importantes podem ser vistas nas tabelas. Os percentuais refletem as relações entre as variáveis, como, por exemplo, muito afeto/pouca violência, pouco afeto/muita violência. Em todas as tabelas o procedimento é o mesmo.

As sociedades situadas acima ou abaixo na Escala de Afeto Físico Infantil foram examinadas pelo seu grau de violência. Os resultados (Tabela 1) indicaram claramente: as sociedades que dão às suas crianças maior quantidade de afeto físico caracterizam-se pela baixa taxa de roubos, pouco castigo físico infantil, pouca atividade religiosa e ausência ou casos muito raros de morte, mutilação ou tortura do inimigo. Esses dados confirmam diretamente que a privação do prazer corporal durante a infância está significativamente vinculada a uma alta taxa de crime e violência.

Algumas sociedades castigam fisicamente as crianças por questão de disciplina, enquanto outras não o fazem. Podemos determinar se esse castigo reflete o interesse geral pelo bem-estar da criança, confrontando esse aspecto com o cuidado dedicado à sua educação. Os resultados que podem ser vistos na Tabela 2 indicam: as sociedades que infligem castigos a suas crianças tendem, ao mesmo tempo, a abandoná-las e a descuidar-se delas. Esses dados não avaliam os conselhos da Bíblia: "Não negues ao teu filho o castigo; se o castigares com a vara não morrerá. Tu o castigarás com a vara e assim libertarás sua alma do inferno" (Provérbios 23:13/14).

A violência física adulta pôde ser prevista com exatidão em 36 de 49 culturas (73%), a partir da variável afeto físico dado à criança. A probabilidade de que esses 73% de acertos pudessem dar-se por acaso é de apenas quatro em 100.

Das 49 sociedades estudadas, 13 culturas pareciam exceção à teoria de que uma carência de prazer somatossensorial torna as pessoas fisicamente violentas (veja a Tabela 3). Era de esperar, nas culturas que davam valor elevado ao prazer físico durante a infância, a continuação desses valores entre os adultos. Mas não é assim que acontece. As práticas de cuidado infantil não permitem predizer as pautas da conduta sexual posterior. Essa surpresa inicial e essa presumível discrepância, na verdade, mostraram-se vantajosas para realizar predições adicionais. Duas variáveis altamente correlacionadas não são tão úteis para predizer uma terceira, como duas variáveis não correlacionadas entre si. Por isso tem sentido examinar as condutas sexuais das 13 culturas, cuja violência adulta não podia ser prevista a partir da variável do prazer físico durante a infância.

Aparentemente os costumes sociais que influem e determinam os comportamentos do afeto sexual são diferentes daqueles que sustentam a doação de afeto físico para as crianças.

Quando se comparam as seis sociedades caracterizadas por muito afeto infantil e muita violência, em termos de sua conduta sexual pré-matrimonial, é surpreendente descobrir que cinco delas apresentam repressão sexual pré-matrimonial, tendo a virgindade um alto valor nessas culturas.

Tem-se a impressão de que *os efeitos benéficos do afeto físico infantil podem ser prejudicados pela repressão do prazer físico em etapas posteriores – sexo pré-matrimonial.*

Também se verificou que cada uma das sete sociedades caracterizadas por pouco afeto físico infantil e pouca violência física adulta se caracterizava por condutas sexuais pré-matrimoniais permissivas. De onde se deduz que *os efeitos prejudiciais da privação de afeto físico infantil parecem ser compensados em etapas posteriores se ocorrerem experiências corporais de prazer sexual durante a adolescência.* Essas descobertas conduziram a uma revisão da teoria da privação do prazer somatossensorial, passando-se a levar em conta não uma, mas duas etapas na teoria do desenvolvimento, com o que se torna possível classificar com exatidão a violência física em 48 das 49 culturas.

Em síntese, a violência pode provir da privação do prazer somatossensorial tanto na infância como na adolescência. A única exceção dentro dessa amostra cultural é a tribo sul-americana dos caçadores de cabeças, os Evaros.

Serão necessários outros estudos dessa sociedade se quisermos compreender as causas da sua violência.

Quando contrastamos as sociedades que mostram altas taxas de afeto físico durante a infância e adolescência com as sociedades que exibem nesses períodos baixo nível de afeto físico, é notável a força que adquire a teoria da violência pelas duas fases de privação. Os valores estatísticos que surgem desse contraste são extraordinários: a probabilidade de que uma sociedade se torne fisicamente violenta quando é fisicamente carinhosa com seus filhos, e aceita o comportamento sexual dos adolescentes, é *de 2%*. A probabilidade de que essa relação seja casual é de 125 contra um. Não conheço outra variável do desenvolvimento que mostre um grau tão elevado de capacidade de prever. Acreditamos, portanto, ter encontrado um princípio fundamental: nas sociedades humanas inclinadas ao afeto físico, é muito pouco provável que haja violência.

COMENTÁRIOS E ADVERTÊNCIAS

Os descobrimentos de Prescott ampliam e confirmam de maneira notável as conclusões centrais da obra de Reich, particularmente se considerarmos seu livro *A irrupção da moral sexual*, no qual, partindo da análise de uma só sociedade – os Trobriandeses –, ele fundamenta, a partir da antropologia, as teses já mantidas por ele antes de poder contar com as investigações de Malinovisky, entre os primitivos dos mares do sul.

Um dos aspectos principais do trabalho de Prescott é aquele que põe em evidência o fato de que variáveis aparentemente desvinculadas, como a escravidão, a busca de riqueza e poder, a inferioridade da mulher, a religião organizada e outras, estão estruturalmente ligadas entre si, e de que todas essas condutas provêm de um âmbito social violento gerado pela carência de prazer físico na infância e na adolescência.

Mas talvez a contribuição mais importante desse estudo se encontre na observação de que a repressão sexual na adolescência seria capaz de destruir os bons resultados conseguidos por um bom desenvolvimento do prazer somatossensorial durante os primeiros anos de vida. "Tem-se a impressão de que *os efeitos benéficos do afeto físico infantil podem ser negados pela repressão do prazer físico em etapas posteriores*."

Essa observação é uma advertência para todos aqueles que, como eu mesmo, antes de conhecer esse trabalho, pensavam em termos simplistas e de causa única, ao atribuir maior importância às etapas mais precoces do desenvolvimento da personalidade. Começo agora a suspeitar que nossos esforços por uma educação infantil adequada poderão malograr se não nos preocuparmos com o destino dos adolescentes e se acreditarmos que a imprescindível tarefa de prevenção durante a infância possa ser desvinculada da luta sexual dos jovens, ou seja, da luta de todos nós.

Buenos Aires, outubro de 1982.
José Luiz D'Amato

As tabelas a seguir mostram como o afeto ou o castigo físico dados às crianças se correlacionam com outras variáveis. Por exemplo, as culturas que infligem maus-tratos às suas crianças parecem mais predispostas a praticar a escravidão, a poliginia etc.

Nas Tabelas 1 e 2, N indica o número de culturas comparadas, enquanto P é a probabilidade de que a relação observada possa dar-se por acaso, valor calculado segundo o Fischer Exact Probability Test.

TABELA 1
Condutas adultas em sociedades em que se dedica afeto físico às crianças

CONDUTAS ADULTAS	%	N	P
Baixa ostentação de riqueza pelos pobres	66	50	0,06
Baixa taxa de roubo	72	36	0,02
Muita indulgência com as crianças	80	66	0,00
Poucos castigos físicos na infância	65	63	0,03
Taxa desprezível de morte, tortura ou mutilação de inimigos	73	49	0,004
Baixa atividade religiosa	81	27	0,003

TABELA 2
Condutas adultas em sociedades em que os pais ou tutores infligem castigos às crianças

CONDUTAS ADULTAS	%	N	P
Existe escravidão	64	66	0,03
Pratica-se a poligamia (várias pessoas)	79	34	0,001
Status inferior da mulher	78	14	0,03
Pouco afeto físico infantil	65	63	0,03
Baixa indulgência geral com as crianças	77	66	0,0
Baixo desenvolvimento de jogos e brincadeiras	67	45	0,05
Existem seres sobrenaturais (deuses agressivos)	64	36	0,01

TABELA 3
Relação entre a privação de afeto físico e a violência física adulta

Muito afeto infantil e pouca violência física adulta	Pouco afeto infantil e muita violência física adulta	Muito afeto infantil e muita violência física adulta	Pouco afeto infantil e pouca violência física adulta
22 sociedades	14 sociedades	6 sociedades	7 sociedades

10
EROTISMO INFANTIL

Se quisermos um mundo menos violento (e mais feliz), temos de rediscutir – pensando na coletividade e no futuro da espécie – o erotismo infantil e a permissão sexual para os adolescentes. Sinteticamente: quem está muito interessado em sexo e prazer não está muito interessado em violência. Ante essa proposta, bom número de pessoas sente algo constrangedor – algo como um cesto horror indignado. "Abuso de Menores" e "Ultraje ao Pudor" fazem-se letra adequada para essa... marcha fúnebre: morte do contato.

No entanto, observando mães, pais e avós, é fácil ver o quanto as crianças são "tentadoras" para todos os que se detêm a contemplá-las. Eles se achegam com interesse e gosto e, em havendo a menor possibilidade ou oportunidade, entram em contato físico, de beliscões na bochecha a apalpadelas pelo corpo, tapinhas no bumbum.

Com frequência, saio em companhia de duas meninas – 8 e 10 anos – vivas e bonitinhas. Tenho então a oportunidade de observar a reação das pessoas a elas – e é sempre evidente o gosto que teriam se fosse permitido um contato carinhoso com elas, um tocar com as mãos a face ou o corpo.

Em praças públicas é fácil ver as pessoas – homens maduros, aposentados – olhando com agrado e saudosismo crianças brincando. Na mesma situação, porém, já nos é dado ver o Monstro: basta que qualquer adulto se achegue com a intenção de contatar a criança – seja qual for sua aparência ou seus modos – e logo as mães se alvoroçam com caras de taradas (é isso mesmo: é o acompanhante da criança que faz cara de tarado). A cara do acompanhante – mãe ou babá – "diz" aos gritos, a quem queira ver, que aquele estranho é um perigo horrível – não de morte, mas de algo que provoca mais horror que a morte...

Em suma, é fácil ver as crianças despertarem certa espécie de atração sensual sobre muitos adultos e eles reagirem com horror ao que sentem – como se fosse um pecado inominável.

Vamos agora ao essencial do discurso sobre erotismo infantil.

Freud que nos perdoe, mas ele é o melhor exemplo de tarado reprimido... Estou pensando na mais infeliz das suas expressões – e é bom lembrar que ele inventou muitas expressões infernais para denominar sentimentos humanos.

> "A criança é um perverso polimorfo."

Diga se não é para matar a criança, o erótico, o sexo e o amor. Mas note-se: na sua melhor intenção, ele pretendia salvar ou defender o amor! No entanto, a verdade parece muito clara: perverso é e só pode ser o adulto, com suas mil voltas, truques e disfarces, com sua sexualidade escondida, negada, malfeita, cheia de pornografia, perversão, vergonha e culpa.

> Se o adulto não perceber suas "torturas" sexuais, a criança aparecerá a seus olhos como uma tentação inconsciente insuportável.
> Como a mulher na Idade Média, tida como uma bruxa, devido ao que os HOMENS sentiam e faziam com ela (ou gostariam de fazer).

A tentação que a criança representa não é a de sua sensualidade, mas, na certa, a de sua

> INOCÊNCIA (e de sua capacidade de inventar)

que o adulto perdeu para sempre (a menos que se disponha a dedicar boa parte de sua vida a reconquistá-la – tarefa deveras difícil).

Para as torturas e tortuosidades do adulto, a criança seria a salvação. Claro que o sexo existe antes de qualquer discurso, que a criança nasce com ele e se mostra capaz de senti-lo com "pureza", isto é, SEM os espantosos preconceitos sexuais que este livro – entre tantos outros – vai descrevendo e denunciando.

É tal nosso HORROR PELA SEXUALIDADE que, ao ouvir falar em erotismo infantil, imediatamente negamos/projetamos nosso DESEJO sobre quem ousou lembrar essa dor irreparável, a perda da inocência sexual, e com ela a perda do melhor da sexualidade: o brinquedo erótico (e não – não! – a sexualidade "madura").

Claro, portanto, que a criança

PRECISA

ser eroticamente "perversa" a fim de não tentar mais o adulto com sonhos de uma inocência e uma pureza para sempre perdidas – mas para sempre desejadas. São a própria redenção do sexo e do amor, são a promessa de um mundo deveras novo, onde o amor é possível e se mostra, com força, na sua plenitude: única fonte natural, profunda e inexaurível de Felicidade Humana.

Cristo sonhou com essas coisas, como todos os grandes iluminados – que amavam as crianças e as punham como modelo único e obrigatório de redenção do amor.

Claro que os moralistas que o seguiram "entortaram" esse amor à sua própria imagem e semelhança, achando que o amor "material" era degradante e só o amor "espiritual" valia a pena.

É sempre a Grande Imbecilidade: Mãe é divino, sexo é diabólico. Logo, a obrigação cósmica é dividir todos ao meio – corpo e alma, precisamente –, único modo de remendar a unidade para sempre perdida.

A sexualidade está próxima da Individualidade. Suprimir ou deformar uma é fazer o mesmo com a outra[9].

9. GAIARSA, J. A. *Sexo, Reich e eu*. São Paulo: Ágora, 1985.

E, portanto, *reconquistar a inocência sexual e a capacidade de brincar é condição essencial para refazer a unidade perdida* – para reintegrar a personalidade.

Pecado Original é o orgulho sobrepondo-se ao amor, é a afirmação descabida do sujeito levando-o à negação de suas conexões sociais. Desligando a pessoa dos demais, perturbando, interrompendo, tornando impossível o contato e a comunicação, o orgulho mostra-se como o PECADO – pecado contra a COMUNHÃO.

O erotismo infantil é um convite para aprender – reaprender – com a criança a inocência e o prazer do contato amoroso, do gostoso que é sentido entre dois e, no mesmo ato, repartido entre eles. Enfim, o contato avivando ambos. "Comunhão dos Santos"...

Há tempos venho propondo que se substitua "preconceito" por "preposição". O que é aprendido (condicionado) em nosso mundo são posições/reações ante situações ou personagens, o negro, o judeu, a mulher – o homem. A palavra que caracteriza o preconceito funciona como desencadeante condicionado da REAÇÃO preconceituosa.

Mas preconceitos não têm nada que ver com conceitos, desde que contribuam poderosamente para a "estupidificação" das pessoas (desde que influam demais para TORNAR as pessoas burras e salvar as Instituições – diga-se de passagem...).

Os preconceitos são a Ideologia da Instituição – precisamente.

O que têm que ver os preconceitos com nosso caso presente?

"Digo à minha filhinha que não deixe ninguém mexer em sua xoxota (a menina tem 6 anos). O senhor não acha que é bom prevenir? Não é verdade que se mexer lá é gostoso e então muitas coisas erradas podem acontecer?" A mãe dessa fala é uma mulher de muitos modos excepcional – não, na certa, quanto a preconceitos sexuais. É pessoa que viveu bastante, bem variadamente, inclusive como figura pública do teatro e da universidade! Enfim, mulher que, em relação à adolescência da filha, pensa que a virgindade é uma tolice, mas que será preciso informá-la da gravidez. Como se vê, a própria sensatez.

No entanto, a pergunta feita revela que, diante do preconceito, ela se torna opaca e não sabe mais o que está dizendo!

É FALSO que *qualquer* toque nos genitais seja agradável. É FALSO e *todos sabem disso*. Na nossa imaginação reprimida, os genitais passam a adquirir um valor mitológico na mesma medida em que nos é proibido experimentá-los a fim de estabelecer o seu valor real.

Até os 2 ou 3 anos é possível que as crianças pouco reajam ao toque nos genitais, mas dos 4 ou 5 anos em diante já percebem muito da doença sexual dos adultos e começam a alinhar-se em função dela. Nessas condições, esse toque pode se fazer de todo neutro, até doloroso ou desagradável, como acontece ainda hoje com muitas mulheres – e com muitos homens também. Dizer que o toque nos genitais faz um homem recuar ou inibir-se parece uma declaração absurda. Mas é verdadeira em muitas circunstâncias.

Logo, o erotismo infantil é menos perigoso do que se poderia acreditar; a criança JÁ É INIBIDA e tem tantos "complexos" quanto os adultos. Claro, dependendo da idade, da preparação prévia etc.

Enfim, o medo/pânico do adulto é o de que a criança queira realizar alguma espécie de relação sexual propriamente dita – se lhe formos dando chão em suas pesquisas.

A criança, como os animais, "brinca" de relação sexual de muitos modos – basta ter olhos para ver suas posições eróticas e provocativas. Mas ao adulto cabe sempre apelar para a razão – das mais sérias: "Olhe, chegamos até aqui, mas daqui em diante não consigo ir. Não tive a educação que você está tendo". E se tivermos coragem diremos, enfim: "Procure com quem..."

Há um dado importante marcando a diferença entre sexualidade infantil e do velho de um lado e do jovem e adulto de outro. Criança e velho têm *baixa* de hormônios sexuais circulando no sangue. O jovem a tem *bem alta* e o adulto ainda tem muitos hormônios no sangue.

Genericamente, pode-se dizer: quanto mais hormônios, maior ímpeto, maior a excitação, mais fácil e mais rápida a ejaculação.

Após um longo tempo de abstinência – sabemos –, o reencontro sexual é agitado e intenso devido ao acúmulo de hormônios que o orgasmo reduz.

Para crianças e velhos, o erotismo (prazer difuso) é fácil, e o ímpeto de penetração e orgasmo, bastante limitado.

Aplicando essas noções ao cotidiano, podemos dizer: mesmo quando a criança pensa em relação sexual propriamente dita, o que ela tem em mente é uma brincadeira sexual, um comportamento de treino ou de aprendizado – como podemos ver facilmente em filhotes de cães que frequentemente tentam se cavalgar como se fosse no sexo. Mas é um brinquedo-treino – evidentemente.

Os pais "devem" fazer o que *podem* fazer, nem mais nem menos – e de regra podem MUITO MENOS do que acreditam poder... E de regra seria ótimo se deixassem os filhos saber – e participar! – dos seus "momentos de fraqueza", de sua ignorância ou incompetência.

A criança, sabemos, é uma perversa polimorfa – ela goza o que pode, por onde pode, até onde dá. Não dá muito porque os adultos não são lá essas coisas como companheiros eróticos – muito inibidos e envergonhados.

Na medida em que *não respondemos* a essa aproximação erótica, estamos "dizendo" a ela: "Você não tem corpo, você não tem tato, não tem sensibilidade, não tem peso nem força; teu corpo NÃO é importante, teu pinto é um perigo – ninguém tem coragem de reconhecer sua existência, ninguém olha, ninguém ousa tocar! TABU!" É aí, é assim e é em 100 mil vezes que se nega, à criança, toda sua *capacidade de contato* e de *sentir-se* viva.

Bem no fundo o mandato é: "Se você quiser sobreviver, é melhor matar-se".

Freud era um otimista. Falava do "temor de castração" de todos nós. Ninguém tem esse *temor*, pois foram todos castrados *mesmo*. Pior do que isso: pode-se dizer que em nosso mundo – pela negação do contato prazenteiro – as crianças são *decapitadas* e não apenas castradas. *Nenhum* prazer corporal *de contato* é permitido. Comer pode – quanto mais, melhor, até a saciedade ou ao enjoo, ao vômito. Ceia de Natal – um símbolo, certamente.

O nascimento do estômago...

BATER PODE. ACARICIAR NÃO PODE – NUNCA!

Flávio e Sibila – 6 e 8 anos, respectivamente – brincam em minha cama. Agarram-se com certo cuidado mas com muita arruaça e gritaria; parece que estão brigando, mas é claro que não estão. Mostram-se excitados, corados, bonitos. Depois a brincadeira começa a mostrar sua verdadeira finalidade: "Vamos brincar de tirar a calcinha..." E começam, sempre com arruaça e gritaria.

Penso melancolicamente e digo em voz baixa – que eles não ouvem: "Por que não se acariciam em vez de brigar desse jeito?"

Minha melancolia tem uma longa história atrás dela. Tem, principalmente, um desencanto sempre crescente em relação à capacidade de sentir prazer e felicidade dos seres humanos. Eu sonhei – quando conheci as duas crianças de que estou falando – que com elas eu aprenderia algo sobre prazer inocente, sem culpa, sem vergonha, sem pecado... Enganei-me – como sempre. Ao lado de alguma inocência, eles já mostram todos os vieses e todas as complicações dos adultos.

Mas continuei pensando no bendito porquê – por que brigam em vez de se acariciar. *É que eles não podem fazer outra coisa.* Se de fato – como acredito que desejam – começassem a se acariciar, abraçar, beijar, ficar sem roupa... Percebeu, leitor? Se eles começassem a fazer assim, seriam imediatamente punidos, seriam tidos como... "perversos polimorfos" – não foi como Freud os qualificou? Logo,

É PROIBIDO BRINCAR DE AMOR
(de GUERRA pode, sempre pode, e se puder um pouco mais liquidamos com a espécie).

Vamos além. Muitos adultos, com jeito brincalhão, fazem alguma aproximação com crianças, fazem algum gesto que se dirige aos genitais. Mas o clima geral desses brinquedos é a ameaça, a malícia e o escondido. O mal maior da situação: os gestos são muito rápidos, mal apontam, mal tocam e na certa não acariciam.

Somos totalmente incapazes de agir como ouvi dizer que se age em certa ilha certamente paradisíaca e cujo nome me foge: lá, sempre que a um grupo de adultos se achega um menino, este faz a volta dos adultos e cada um mexe risonhamente em seu pinto com a expressão obrigatória "Que belezinha". Se for uma menina, o ritual se repete: todos os adultos tocam a xoxotinha da menina com a expressão igualmente "formal" "Que gostosinha". Que bom se a gente concordasse em fazer o mesmo.

Os psicanalistas, de regra, não têm nenhuma consciência social – nem a mais elementar. Vejamos o que eles dizem das crianças.

Que por volta dos 2 ou 3 anos o garoto começa a se exibir a todos, na sua nudez e no seu pintinho. Aparece na sala mostrando, pergunta à visita se ela tem, pede que a visita mostre... "Fase fálico narcisista!"

Minha pergunta – tão infantil quanto a do infeliz que estamos considerando – é bem esta e só esta: ele está se exibindo e isso é próprio da idade, ou ele está *tentando dizer a todos* que todos *têm* pinto? Porque TODOS – absolutamente todos – SE COMPORTAM COMO SE NÃO TIVESSEM. E digo mais! Comportam-se todos os normopatas circundantes como se "aquilo" – tão interessante e gostoso, tão aí – FOSSE UM HORROR!

Depois vem Freud para "salvar" a sexualidade humana e chama a criança de perversa polimorfa, em vez de dizer que ela é sensorial e pouco mais; perversos polimorfos são os pensamentos de todos os adultos que cercam a criança – inclusive de Freud.

"Matança dos Inocentes", o mais estranho relato do Evangelho, o que significa?

Significa – é o óbvio ululante – isto que estamos dizendo: "Meu querido e bem adaptado filhinho, se você quiser viver em paz – a paz dos túmulos –, é preciso – veja bem, É PRECISO – que você não tenha corpo nenhum e muito menos esse negocinho aí pendurado – QUE NÃO SERVE PARA ABSOLUTAMENTE NADA, ouviu?" Esse é o conselho do Pai Amoroso. A Mãe Amorosa é dez vezes pior – nesse particular. Pior porque sofreu, se reprimiu e se frustrou ainda mais que o pai.

"Na minha adolescência" – relata corajosamente a expositora de um tema em reunião científica em que se estuda Jung –, "meu maior conflito foi religioso. Eu havia sonhado com Deus aos 12 anos. Ele era um homem sentado lá em cima num trono, e seu pinto era tão grande que vinha de lá até a Terra. Respondendo ao meu espanto e às perguntas que eu fazia, ele sorria – mais nada."

"Depois dessa revelação religiosa" – continua a expositora – "eu não pude mais aceitar nada de religião. O Deus de que me falavam não tinha nada que ver com o meu. E tive sorte – e bastante força – para não desistir do meu..."

A relatora não acrescentou mais nada.

Para mim, essa afirmação "divina" de um pênis gigante é a *equilibração direta* da espantosa negação de todos ante esse marginal cósmico, perseguido por todos, onde quer que ele apareça.

Nosso Pai – afinal.

De relatoras fidedignas, ouço dizer da sexualidade "dos europeus" – assim, em geral. Muitas vezes as coisas se passam do seguinte modo: fazer sexo é interessante e simpático e é preciso aprender a fazer bem-feito, explorar bem os detalhes e os prazeres. Isso durante a noite. Mas ao acordar – pelo amor de Deus – vamo-nos comportar TODOS *como se absolutamente nada tivesse acontecido*. Olhe lá, hein? Não me venha com intimidade depois. Nem quero lembrar o que fiz.

Eu me senti assim em certo período de meu casamento e foi uma das coisas bem ruins de minha vida. À noite nos dávamos até bem; nossos agrados eram bons e me faziam feliz. Mas ao acordar de manhã eu a ouvia áspera e irritada com as crianças. Eu vivia numa defesa contínua diante dela – para me proteger de suas agressões – sempre ferinas, precisas, doídas. Poucas vezes me senti tão miserável na vida, amando meu algoz...

Sadomasoquista! De dedo em riste, surge o sabido. "Sadomasoquista." O sadomasoquismo – tão falado, com mórbida curiosidade – é *qualquer amor em nosso mundo* – desde que institucionalizado.

Prisioneiros da mesma cela e sem mais ninguém com quem se relacionar, acabam manifestando TODOS os seus sentimentos com o único que a sociedade permite. É sabido, aceito e muitas vezes elogiado isso que em família se pode lavar a roupa suja à vontade, isto é, dizer, a quem for o caso, de toda a nossa insatisfação. Como ela é *tudo* para mim...

Voltemos à inconsciência do psicanalista. Temor de Castração todos nós *teríamos* sentido na infância, em relação ao pai – devido ao amor pela mãe.

Medo de ser castrado – ameaça que muito raramente se realiza na vida de alguém, assim, de verdade. Ninguém tem medo de ser castrado; o que todos temem é a fofoca, a vigilância e a perseguição que se faz contra tudo que é sexual.

Não podemos ter medo de castração porque estamos castrados e quem nos castra desde o começo é a mãe. Como mãe não pode ter xoxota? – Para que existiria o pinto?

Ter um pinto é um feito deveras heroico – como se disse e demonstrou em vários lugares deste livro.

O ESPREGUIÇAMENTO E O ORGASMO

O espreguiçamento – quando vem forte e é *cuidadosamente* seguido – desperta, no corpo todo, uma vaga onda orgástica, mostrando mais uma vez que o orgasmo tem tudo que ver com contração/estiramento muscular – e NÃO só dos músculos propriamente sexuais (do períneo).

Ajudar no estiramento da criança – sempre que ela estiver por perto e se espreguiçando – é uma sutil e gostosa aprovação sexual. Trata-se de alongar um pouco mais o movimento, puxando os braços mais para cima ou as pernas mais para baixo (se deitados), mas SEGUINDO A ONDA NATURAL. Cuidar depois – é o principal – de favorecer uma "volta" do estiramento que seja LENTA. Se logo depois – conforme a idade da criança e a qualidade de nosso relacionamento – fizermos movimentos com nossas duas mãos sobre seu corpo, com mãos amplas, meio pressionadas, procurando "cobrir" dinamicamente TODO o seu corpo, estaremos ajudando bastante a síntese entre o movimento e a pele –

entre as sensações proprioceptivas e as cutâneas, juntando limite (pele) ao bailarino. É parecido com o que fazemos conosco ao acordar – espreguiçamos e depois nos coçamos, para acordar a pele...

Não falamos da masturbação – que pode ser observada desde muito cedo nas crianças quando a repressão não é severa demais.

Falo, de momento, em *clima* repressivo, algo assim como o dos virtuosos passageiros do "May Flower" que NUNCA deixavam aparecer NADA do corpo – nem no mais tórrido verão tropical. Os desenvolvidos são deveras engraçados.

Como suam...

A masturbação é o caminho do autodidatismo sensomotor relativo ao sexo – ao seu aprendizado espontâneo. Se a criança, mesmo de meses, nunca mostra ereção e, se já com algum controle de mãos, não toca com certa frequência os genitais, é certo que estamos em um espesso clima repressor.

Ela não faz porque não deixam – estes sabendo ou não. É certo, porém, que jamais aceitarão o fato. Muito antes de se começar a dizer qualquer coisa razoável, os reprimidos já subiram ao ápice da indignação moralista – um dos discursos MAIS FANÁTICOS E INTOLERANTES do nosso cotidiano (em política, porém, ele é democrata e, hoje, até meio liberal...).

O homem mais ciumento que eu conheci (mais possessivo, portanto) era um dedicado e fervoroso comunista – com passagem até pela polícia secreta. Nossa raça não presta – vivo dizendo.

PROTEGER a masturbação da criança QUANDO ELA SE MANIFESTA é um dos deveres fundamentais da Família Sensual (e de qualquer família que ame a criança). Assim – e só assim – poderemos ter a *certeza* de que a criança está se masturbando quanto lhe cabe – nem mais nem menos. Mas é imperativo dizer a ela, num momento oportuno: "Olhe aqui, garoto(a), isso aí é gostoso que eu sei. Mas, olhe, a maior parte das pessoas que nos cercam é *doente* em relação a essas coisas. Portanto, olho vivo, filho(a)!"

"Veja *com quem* você fala ou faz essas coisas. Nesse campo não confie e não conte com a maior parte das pessoas que você conhece. Quem quer ser feliz tem de estar alerta!"

É preciso proteger e apoiar a masturbação da CRIANÇA em palavras – não muitas –, em atitudes e em expressões de rosto. Porque mesmo pais e mães bem-intencionados percebem que NÃO TÊM jeito para ser "naturais" quando a criança esbarra na coisa (não na palavra). Claro: mais uma vez – se os pais tiverem juízo – aproveitarão a sensualidade dos filhos para rever total e efetivamente a PRÓPRIA sensualidade; guiados pelas crianças, poderão localizar aos poucos e – faço votos! – atenuar TODOS OS GRAÚDOS PRECONCEITOS de que são vítimas, portadores e REPLICADORES (como o ácido desoxirribonucleico ou os portadores do HIV).

A criança é odiada e maltratada por ser um desafio permanente – e muito perigoso – a todas as nossas queridas verdades eternas – e a nossos sagrados e maravilhosos costumes. Por isso, aliás, e incidentalmente, nós a matamos. Com muito amor – é claro – e inteiramente para o bem delas. Que fariam – lindas, prazenteiras e felizes – em um mundo de poderosos onde nem sorrir é permitido (perderiam *status*, os ridículos)?

Ser feliz em nosso mundo é muito perigoso e é preciso desenvolver nosso Guerreiro se quisermos nos fazer Heróis – conquistando a Dama de nossos sonhos!

Espero estar socavando cada vez mais fundo os numerosos pressupostos de nossa falta completa de Educação (e Permissão) Sexual.

Já disse em algum lugar, mas repito: a mãe boa e "normal" tem de conseguir um controle (uma repressão) deveras mágico sobre a criança, que logo estará usando um processo análogo – e sendo usada por ele.

Ao chegar da maternidade, toda boa mãe recebe do Big Brother (irmão mais velho – muito mais velho do que irmão) uma caixa de bombons suíços que deverá ficar invariavelmente colocada, aberta, no centro do quarto da criança. A boa mãe é a que consegue devolver ao Estado a caixa inteira cheia de bombons do Big Brother – quando o filho se casa...

A caixa de bombons que TODOS nós FOMOS ENSINADOS – principalmente pelas nossas boas mamães – a jamais tocar é – pasmem, senhores! – a que contém nossos genitais em primeiro lugar e, logo depois, nosso corpo todo, que é gostoso por inteiro – melhor do que chocolate suíço!

Heil! Big Brother!

Serei puro, serei puro, serei puro...

Terminava minhas reflexões sobre o tema quando descubro *Sexualidade infantil: novos conceitos, novas perspectivas* (Constantine; Martison, 1984). É uma coletânea de 20 trabalhos de vários autores, todos eles estudando casos e estatísticas. Logo, lidando com o erotismo infantil *de fato* – falando *do que acontece*.

Os números são grandes, bem maiores do que se imagina. Os autores assinalam que principalmente o tema incesto, quando acontece, quase nunca *é falado*, por nenhum dos participantes! Mesmo quando o caso dura – e às vezes dura – muitos e muitos anos. Casos, inclusive, de sexo grupal em família.

Fazem notar que o assunto é o mais tabu de todos os temas sexuais, acompanhado da sexualidade infantil – é difícil dizer qual repercute pior nas pessoas.

Os estudos referem-se a três grupos de sujeitos: pessoas em psicoterapias ou aconselhamento, pessoas envolvidas policialmente e – o que é melhor – voluntários que responderam a anúncios em jornais e revistas pedindo sujeitos para pesquisa sobre sexualidade infantil e/ou incesto.

É estranho *sentir* os textos e os autores. Todos eles falam com cuidado, sem tom de inculpação ou de indignação. Na verdade, é claro desde o começo: eles estão defendendo o DIREITO de a criança se desenvolver sexualmente. Nem discutem se ela tem ou não impulso, desejo e prazer sexual. É consenso entre quem a conhece que ela tem, desde o começo, e cada vez mais – sem nenhum período de latência na pré-adolescência (7 a 11 anos). Em tribos felizes – muito poucas – onde o sexo é totalmente permitido em qualquer idade e de qualquer jeito, as crianças menores, convivendo com as maiores, vão fazendo/aprendendo desde muito cedo. Os Murias – um desses povos – casam monogamicamente e, segundo os antropólogos, parecem formar duplas estáveis e de boa qualidade humana e afetiva.

Um grupo minoritário de crianças – talvez o mais saudável – começa cedo a explorar e a experimentar – como os seus irmãos das selvas. Como, aliás, todos os filhotes de animais que "brincam" muito de sexo.

Os autores – TODOS – defendem o DIREITO de a criança humana se desenvolver sexualmente, de tentar estabelecer vínculos de prazer erótico e de excitação sexual – difíceis de separar muitas vezes. Inclusive e desde muito cedo a criança pode ter orgasmo – o "gostosinho", como alguns o chamam...

Além de defender as crianças, os autores tratam dos "abusos" de adultos com elas (e aqui os palavrões jurídico-morais engrossam!) e das experiências de crianças entre si (MUITO mais comuns do que os pais jamais saberão). Além de defender a sensualidade da criança e *que só se aprende fazendo*, eles mostram coisas importantes sobre os terríveis agressores de criancinhas indefesas ante os instintos perversos da besta-fera humana.

É isso aí, leitor, o tema levanta esses palavrões na cabeça de todo mundo. Mas e os fatos? O que dizem os fatos?

Sobre o agressor: nem 5% dos casos registrados de agressão a crianças constituem violência ou atrocidade no sentido que muitos imaginam quando se fala sobre eles. Mais: é de igual proporção (5%) a tentativa de *penetração* sexual, vaginal ou anal.

Note-se o número: 90% referem-se à exibição de um ou dos dois de toques masturbatórios, carícias e beijos amorosos "fortes" – como diria o adulto. Bem lida a lista de coisas feitas, fica a pergunta se isso é "agressão", "abuso", "uso" sexual de criança ou se damos esses nomes terríveis a tantas coisas tão bonitas e gostosas a fim de não cair em tentação!

Golpe de mestre de um dos autores: o medo do incesto é, COM CERTEZA, do adulto e não da criança.

Será que o adulto não pôs tantas barreiras porque deseja – e não consegue nem pensar? Já coloquei várias vezes um dos meus sentimentos sobre o Complexo de Édipo: é a mãe que deseja o filho – e eu não sei se ele a deseja de volta ou se apenas responde ao desejo. Mas o problema é dela e não dele.

Nova conclusão inquietante: excluídos os casos prévios de violência, intimidação e força dos demais adultos "pedófilos", pode-se dizer que eles não parecem monstros; vistos de perto, parece que apenas amam muito as crianças...

Em todos os estudos os autores vão assinalando insistentemente: contatos eróticos e sexuais entre as crianças ou entre elas e adultos, familiares ou não, não são necessariamente maléficos nem maléficos para sempre – como seria a expectativa da psicanálise e da mídia.

(Para ela, mais ainda do que para a sociedade, o incesto é inimaginável. É dogma da teoria: quem praticar incesto *tem de* se danar...)

Mostram os autores que muitas vezes os resultados são benéficos – e de vários modos. Primeiro porque só assim é que se aprende sexo – fazendo. Segundo, porque o contato que muitas vezes ocorre faz bem para os dois. São, afinal, dois aliados contra o mundo – entre outras coisas; dois aventureiros no sentido rico da palavra...

Na maior parte das "agressões sexuais" há conivência e não intimidação.

Enfim, a maior parte das experiências infantis relacionadas com sexo – excluídas a violência e a selvageria – foi tida como "positiva", sempre que ficou longe de se ligar às *ideias* e às péssimas *atitudes* dos circunstantes diante de fatos dessa natureza – quando ele se faz conhecido. Quase que invariavelmente os malefícios desses contatos e experiências, por vezes sérios, estavam ligados ao fato de alguém vir a saber – e depois fazer um escândalo em torno do episódio.

Um dos trabalhos chama-se "O impacto do incesto: fatores na autoavaliação". É típico e começa assim:

> Toda pesquisa é, de certo modo, fruto de uma motivação pessoal; este estudo não constitui exceção. Em vista da natureza controversa do tema, presumo que o leitor esteja curioso por conhecer alguns dos fatores pessoais envolvidos nesta pesquisa. Este estudo foi motivado em parte por uma grande necessidade pessoal de conhecer "a verdade" acerca do incesto. Quando criança

experimentei uma relação incestuosa progressiva, que me pareceu de natureza benéfica e zelosa. Havia amor e uma saudável autorrealização naquilo que eu concebia como um ambiente protegido. Lembro-me desses tempos como, talvez, o período mais feliz de minha vida. Certo dia, de repente, a partir de uma conversa de pátio de recreio na escola, aventei a hipótese de que tudo aquilo pudesse ser "mau". Temendo a possibilidade de ser uma pessoa "que não presta", procurei minha mãe em busca de confirmação. Os traumáticos incidentes que se seguiram àquele dia inauguraram um período de trinta anos de disfunções psicológicas e emocionais. As comunicações familiares se reduziram a um mero processo utilitário e minha evolução e desenvolvimento ulteriores foram rigorosamente limitados.

A pessoa corajosa chama-se Jean A. Nelson.

Eu gostaria de perguntar a Jean: por que você contou à sua mãe? Por que, depois de ter contado, ainda *viveu 30* anos sob sua influência? Esse foi, na certa, o "impacto do incesto" sobre Jean.

Ouvi relatos assim em velhos tempos. De uma mulher: "Um dia, ao entrar na sala, vi meu sogro apalpando a bundinha de minha filha (5 anos) e jamais o perdoei. Nunca mais falei com ele". Claro que a animosidade deveria preexistir, mas o pretexto sexual é o melhor do mundo para despejar imundície sobre qualquer um que tente ser feliz.

Qual mãe de filha adotiva nunca suspeitou das intenções do pai? "Natural", não é?

As pessoas estão sempre engatilhadas para perceber em volta tudo que se refere INDIRETAMENTE a sexo e, ao mesmo tempo, preparadas para perceber QUASE NADA das excitações, escolhas sexuais e possibilidades eróticas DIRETAMENTE referidas a elas mesmas – aqui e agora. É deveras espantosa a capacidade que desenvolvemos em relação a

NÃO PERCEBER (negação)

o erótico que certamente nos liga às crianças e aos adolescentes.

Bem prosaico: mãe jamais sabe como se pôr ou o que fazer com o pinto do filho, enquanto o pai jamais sabe como se pôr ou o que fazer com a xoxota de sua filha adolescente. Bem que valem as lições de infância! Jamais as esquecemos! Não disse eu várias vezes que em família respeitável (e qual não é?) não existem órgãos sexuais? Só medos sexuais, e escrúpulos, e dúvidas e preocupações e angústias? Prazer? Muito pouco e fortemente tingido pela mistura irremediável de tantas emoções opressivas e assustadoras.

A família não sabe o que fazer com o sexo (do qual nasce).

Muitas vezes sabe: perseguir tudo que se refere a sexo como se fosse barata – Mate de qualquer jeito! RÁPIDO!

Uma história bonita: há no livro uns poucos exemplos de pais que iniciaram seus filhos em contatos e carícias sem limites até o dia em que, conforme lhes pareceu, eles estavam sexualmente educados. E então pararam. Não será muito melhor aprender em família do que na rua? Um dos inconvenientes sérios de deixar a criança ir participando da vida erótica dos adultos é exemplificado no seguinte relato do livro: "Papai, me beije a xoxota" (ela tem 2 aninhos e meio); o pai hesita um instante e beija. Ela retorna: "Assim não. Quero que você me beije apaixonadamente – como você faz com mamãe..."

Enquanto crianças e adolescentes forem proibidos de ter prazer de contato, o homem novo nascerá inevitavelmente velho: reprimido e dominado – uma coisa só.

Lado importante: os meninos têm um mínimo de linguagem sexual, mas as meninas não têm. Não conseguem falar de prazer nem para elas mesmas (o que não quer dizer que não sintam!). Não há nomenclatura na linguagem corrente para dizer as coisas do contato, do prazer e do erótico. Só palavrões. Que inferno mais sem saída! Se já é assim para adultos, quanto mais para as crianças! Muito do que se fala sobre Educação Sexual refere-se ao que o ADULTO pensa/acha que a criança vai querer *saber*. A criança quer é FAZER. Mas há muito ela já viu que esse assunto é proibido e então não fala nada com ninguém. É muito raro uma criança fazer uma *pergunta* sobre sexualidade em que se perceba seu interesse *real* pela questão. Não dizem nada. Não são bobas. Já perceberam que disso não se fala. Mas as coisas se complicam quando há palco social. As duas filhas de minha mulher (8 e 10 anos) moram em frente ao largo do bairro, largo sempre tomado por um grande número de moleques e meninas, que lá interagem vivamente. Ambas de há muito tempo (um ano) "sabem" o que é uma "galinha". "É uma menina que dá pra todos." E fazem grandes poses de "não sou dessas", de "imagine do que ele me xingou!", entre outras atitudes do teatro social. Diante das declarações e, sobretudo, das encenações, eu as tinha na conta de sexualmente bem informadas. Mas o convívio foi mostrando o quanto essa percepção/compreensão era vaga, fragmentária, contraditória.

Se fui feliz em descrever esse fato – aprendizado espontâneo de poses e falas sexo-sociais –, então será fácil ver que o mesmo acontece com quase tudo que aprendemos socialmente – assim, convivendo, vendo e fazendo parecido.

Lembro de minha estranheza em 1963/1964, meses antes da revolução General. Todos os estudantes e todos os intelectuais do Brasil papagueavam Marx de uma forma irritante pela simplificação absurda. Umas dez ou 12 palavras – luta de classes, mais-valia, exploração capitalista, direito do trabalhador – caracterizavam os que eram revolucionários – e os que não eram. Fiquei deveras pasmo naquela época ao ver a *rapidez* com que se puseram todos a repetir frases feitas, todos com ares muito doutos e como se os pronunciamentos fossem a verdade, apenas a verdade, porém toda a verdade...

Faça um teste, leitor, sobre a força dos SEUS preconceitos. Vamos falar de duas experiências erótico-sexuais comuns na infância.

Uma é com as babás, as amas e as pajens, que vez por outra fazem agrados íntimos às crianças, por gosto, curiosidade ou para acalmá-las.

Qual a sua reação, leitora? Você é mãe? Então, você sabe a *cara de* horror que fazem TODAS as mães quando se fala nessa possibilidade.

Outra: crianças amigas ou parentes (primos e primas!) adoram dormir uma na casa das outras, acontecendo muitas vezes de dormirem na mesma cama. Que delícia, não é?

Qual sua reação agora, leitor?

A minha esperança – funda! – é de que as crianças APROVEITEM bem essas oportunidades para brincar e aprender sobre sensualidade. Espero que tanto meu livro como este que venho de comentar sirvam para facilitar uma mudança igualmente coletiva e rápida em relação a esse problema, que me parece crucial para a Humanidade. Sou dos muitos que acreditam assim: se não deixarmos as crianças se amarem, se não aprendermos a amá-las não só de alma, de coração, MAS DE CORPO TAMBÉM, e se continuarmos a impedir o amor, nos destruiremos.

E agora o tempo de Salvação já é MUITO curto!

11
DESENVOLVIMENTO CEREBRAL, SEXO E CULTURA

Lyall Watson – biólogo notável – revê a relação entre peso do cérebro e desempenho, concluindo que para gozar de qualidades humanas é preciso que o cérebro alcance o volume de 700 cm³. O autor estudou tanto animais quanto homens pré-históricos.

Na vida de qualquer homem moderno o cérebro cruza o limite de 700 cm³ *pouco antes de ter um ano de idade* e a criança começa a usar *linguagem simbólica* durante o ano seguinte, usualmente por volta dos 18 meses, embora já possa entender palavras vários meses antes. A massa cerebral mínima, portanto, parece ser tão vital na ontogenia quanto na filogenia do homem.

Embora o *Homo habilis* (pré-histórico), como espécie, tenha alcançado o volume crítico e se tornado homem, isso só acontecia tardiamente em sua vida. Seu cérebro não alcançava a massa crítica senão por volta da adolescência. *Só na idade de 10 anos seu cérebro tinha o volume e a complexidade do cérebro de uma criança de um ano de idade.* Ao tempo em que se fazia sexualmente maduro, o homem primitivo gozava da habilidade de usar e compreender símbolos por apenas três ou quatro anos, enquanto o homem moderno alcança a maturidade reprodutiva com o mínimo de 12 anos de experiência cultural. Dada a duração de vida bastante limitada do homem fóssil, essa diferença de nove anos no período de aculturação representa uma porção apreciável na vida de muitos indivíduos.

Esse curto período de participação cultural plena deve ter posto um limite severo na quantidade de cultura que podia ser transmitida de geração a geração. Assim, embora todo o equipamento cerebral necessário estivesse pronto talvez há 15 milhões de anos, fatores contingentes ficaram à espera até que o *Homo habilis* se desenvolvesse. Além disso, havia outra pausa de 3 milhões de anos antes que os filhos do homem crescessem depressa para dar, às novas mudanças, expressão cultural completa – no período mousteriano. Embora o homem pré-histórico tenha usado pedras durante muito tempo, ele o fez sempre do mesmo modo milênios a fio. No período mousteriano (cerca de 100 mil anos atrás) ocorreu um crescimento explosivo em estilo e complexidade na lascagem das pedras.

O autor esclarece depois que a evolução descobriu logo o valor dos grandes cérebros e começou a aumentá-los, criando aos poucos o impasse entre o grande cérebro e a estreiteza do canal do parto. A criança nasce muito imatura, o que permite ou produz um intenso sentido de família. Na mesma linha de fatos está o crescimento retardado do cérebro e da cabeça nos últimos meses da gravidez; para compensar esse déficit ocorre um aumento sem paralelo do cérebro *após* o nascimento. No *primeiro ano de vida de uma criança seu cérebro triplica em tamanho.* Com tanto esforço e energia concentrados no alto, o resto do corpo sofre um atraso relativo de desenvolvimento. A infância foi prolongada e enriquecida, e algumas características infantis mantêm-se no adulto. Nossos dentes surgem muito mais tarde do que os dos nossos parentes primatas. Nossos sobrecenhos são lisos e juvenis, em vez de saltados e endurecidos; algumas das nossas estruturas cranianas nunca se fecham de todo.

Essa "infantilização" ou "fetalização" do homem, de há muito, é reconhecida como um fator importante na evolução humana.

Os ovários humanos, por exemplo, alcançam seu tamanho completo em torno dos 5 *anos* de idade, que é o tempo da maturidade sexual nos macacos atuais e, presumivelmente, também nos nossos ancestrais extintos. O resto do corpo humano, porém, só fica pronto para a reprodução muitos anos depois.

A preocupação do homem com buscas intelectuais constitui um prolongamento de atributos infantis – experimentar, descobrir e aprender (brincar, viajar, aventurar-se...).

"... A atividade sexual humana está bem colorida pelo jeito brincalhão do animal criança, pela gratificação individual assumindo uma importância maior que a função reprodutora do ato."

O homem moderno mostra uma tendência de transformar tudo que ele usa e faz em brinquedos; nesse processo ficou incluído o sexo, *o qual vai se distanciando cada vez mais do instinto propriamente dito.* Sua busca crescente de criança pelo prazer está fazendo que se atenuem cada vez mais as restrições dos tabus sexuais.

"A sexualidade humana é precoce porque se desenvolve ao mesmo tempo em que o faz entre os primatas, mas em nossa espécie o completo desenvolvimento corporal é retardado. Passamos por um longo período latente durante o qual *os impulsos sexuais normais têm que ser reprimidos e controlados,* até que o indivíduo amadureça o suficiente sob outros aspectos, a fim de tomar parte na atividade sexual. Esta desarmonia envolvendo uma das mais poderosas forças da Natureza teve parte considerável na formação da mente do homem. Sinto-me temperamentalmente indisposto a conceber que existam diferenças qualitativas maiores entre o homem e os demais animais. Mas se existe uma diferença é essa: tivemos que nos haver com um intervalo temporal na nossa fisiologia (sexual) o que levou ao desenvolvimento de alguns mecanismos psicológicos únicos."

O autor resume, em seguida, a teoria psicanalítica e mostra que os dados prévios emprestam excelente fundamento a Freud.

Mais adiante, ele continua: "Retornamos então ao conhecimento de que os seres humanos são sexualmente precoces mas impedidos pelos costumes e pela própria limitação física de exprimir essas necessidades do modo normal do adulto. Creio que não se deu ênfase suficiente ao fato de que essa foi provavelmente a primeira vez que um organismo precisou esconder alguma coisa de si mesmo. Essa repressão fez-se responsável pelo acúmulo de impulsos e ideias encobertas em uma área da mente atualmente conhecida como o inconsciente pessoal".

A mim parece que esse desenvolvimento se baseia no crescimento único e rápido de nossa capacidade craniana.

Retorna, neste texto, a importância do erotismo infantil. Esperamos que o leitor se lembre desses fatos e os acrescente às discussões que fizemos.

Aparece clara, também, a oportunidade para o sexo-brinquedo e o Tantra – do qual cuidamos em outro livro[10].

Aparece, enfim, o puritanismo insuspeitável nesse biólogo de gênio – nas três frases que sublinhamos. Moralismo, diria melhor. Se o leitor leu o capítulo anterior e suas estatísticas mais do que significativas sobre correlações inversas entre sexo/prazer e poder/violência, então será preciso afirmar que Mr. Lyall – um homem inteligente demais e por demais amável – foi tão frustrado na sua infância quanto nós.

E que se resignou.

Será preciso cultivar nossa capacidade de prazer se quisermos reduzir nossa violência todo-poderosa.

Mr. Lyall, além de trazer para nosso tema grandes razões biológicas dignas de ser conhecidas, faz também racionalização da boa – no tom do discurso.

Se o desenvolvimento acelerado do cérebro – motivo ignorado! – trouxe essa maturação em duas etapas, então só podemos nos conformar! Como é que vamos alterar o ritmo de maturação de nosso cérebro? Logo, estamos e somos condenados para sempre.

Racionalização é o que fazemos quando eternizamos nossos modos, demonstrando que não poderíamos ser diferentes por isso, por isso, por isso...

HISTÓRIAS EDIFICANTES

Verônica tem 10 anos. Moreninha, viva, inteligente, ainda menina, mas muito vaidosa e começando a ganhar seios – muito de leve... Verônica vem sofrendo de crises de medo. Ocorrem somente em casa,

10. GAIARSA, J. A. *Sexo, Reich e eu*. São Paulo: Ágora, 1985.

mais frequentemente à noite, e parecem ligadas a uma imagem de perseguição – querem matá-la; e – o mais estranho – há sempre em seus sonhos pessoas que a olham acusadora e agressivamente, com um toque de atração física com a agressão propriamente dita.

Seu último sonho: estou em uma sala muito comprida e estreita, cheia de gente agitada, correndo de cá para lá. Muitos vêm sobre mim querendo me matar. Muitos me olham com aquele olhar que me apavora; há policiais que poderiam me proteger, mas não conseguem e de nada adiantam.

Primeira interpretação: Verônica, viva, perceptiva, está sonhando com o mundo...

As pessoas, como na vida, correm de cá para lá sem saber muito bem para onde – nem para quê. A Polícia– por tudo o que se ouve todos os dias – é quase tão ameaçadora quanto os marginais. Restam os olhares fortes, na verdade, o pior motivo de medo de Verônica.

De quem são?

Dos vizinhos e das companheiras de folguedos.

Verônica mora em frente a uma praça onde se reúnem adultos e crianças das redondezas para brincar, conversar, fazer fofocas e pequenos negócios, saber o que está acontecendo.

A mãe de Verônica – Rose – há um ano e meio saiu de casa e a menina há um ano vive comigo. Rose "abandonou" seus três filhos – deixou-os com seus pais – e passou a morar sozinha e trabalhar. Era minha cliente há cinco anos, tendo me procurado por numerosos sintomas físicos e uma situação matrimonial mais do que precária. Durante três anos, entrevistas psicoterapêuticas (uma ou duas ao mês) conseguiram equilibrar as coisas, mas depois a vida conjugal piorou muito e Rose saiu de casa. Todo o bairro sabe da história e condena Rose, espalhando a fama de que ela é uma mulher sem escrúpulos, que gosta de homens e faz o que lhe dá na cabeça para realizar seus caprichos. Muitos mostram a Verônica, a qualquer momento, que ela é filha de uma mãe indigna.

Em suma, são circunstâncias tão banais pela frequência que ninguém mais percebe o infinito veneno contido nessa espécie de moralismo coletivo, na sua função "protetora" diante do casamento.

QUASE TODOS REAGEM ABSURDA E CRUELMENTE
CONTRA OS QUE SE SEPARAM PORQUE ESTÃO QUASE
TODOS FRUSTRADOS EM SUAS LIGAÇÕES E DESEJAM
QUASE TODOS DESFAZER A PRISÃO. INVEJA E NÃO ÉTICA.

Só assim posso compreender a força, a frequência e a maldade desses reparos – de outra parte tão banais.

E assim se compreende o principal sonho de Verônica: os olhares persecutórios de sua "fantasia", diria o psicanalista. De sua realidade cotidiana – digo eu.

Tem mais. Verônica viveu seus primeiros anos em clima de aprovação de nudez e contato corporal – em família. Seus irmãos aceitam com prazer gestos de carinho, banho em comum, massagens e contatos corporais gostosos. Mas para Verônica é mais difícil. Suas relações originais com o pai, na primeira infância, foram péssimas; cada vez que o pai chegava em casa, Verônica se refugiava onde fosse.

Verônica, porém, está se fazendo menina-moça e em outros sonhos e conversas vão aparecendo as primeiras pulsações sexuais.

E assim o drama se completa. Verônica, quando sente o menor impulso de aproximação em relação aos meninos, alguma coceira nos seios ou na xoxota, sentirá o quê, se não medo – quase pânico?

Se pelos "pecados" da mãe o castigo foi esse, quais os castigos para seus "pecados" pessoais? Na certa, muito maiores.

Mais: seus perseguidores são, ao mesmo tempo, os que a desejam – e aí o caso se faz sobremodo grave. Aparentemente ela só pode desejar... seus perseguidores, que a perseguem... porque ela os deseja!

Verônica não pode conversar com meninos das proximidades porque todos reparam e olham com aqueles olhares de pesadelo.

Enfim, animada com o exemplo de sua mãe, Verônica tem muito de desafio e superioridade na atitude – principalmente quando sai à rua, fechando assim o ciclo de suas desgraças. Além de fatos relativos à mãe, Verônica acrescenta suas atitudes de provocação e com isso as coisas se eternizam.

Enfim, os vizinhos invejam tanto Rose quanto Verônica, pelo que eu sou e faço por elas.

"Por causa" de sua sem-vergonhice – assim fala a inveja moralista –, Rose e Verônica "subiram" na vida.

Não é o cúmulo?

O caso de Verônica, movida por tantas forças divergentes, é uma boa ocasião para se discutir a noção de *ambivalência*, o fato de amar e odiar, desejar e temer, querer e não querer AO MESMO TEMPO a mesma situação ou pessoa. Para meus textos didáticos isso é um sintoma – algo doentio.

Meus textos didáticos são vítimas de dois preconceitos monumentais de nosso mundo:

– as pessoas *têm* de saber o que querem (*têm* de ser decididas);
– atitudes ou sentimentos opostos – É LÓGICO! – se excluem.

Os textos "científicos" e "objetivos" obedecem, enfim, ao preceito que é raiz e sustentáculo do mito familiar: "Ele (ela) TEM de ser tudo para mim – para sempre –, só ele (ela)".

LOGO – assim reza o Catecismo da loucura coletiva –, LOGO, tenho de saber o que eu quero, tenho de ser o BOM, para SEMPRE!

No entanto, é fácil mostrar a tolice dessas proposições tanto no plano subjetivo quanto no objetivo. A todo momento sentimos apelos e impulsos contraditórios, e é evidente que preciso "sacrificar" um desejo para realizar outros. Isso é fato, mas os sentimentos não se comportam com lógica, faça eu a escolha que fizer; ficarei sempre SENTINDO a perda do que sacrifiquei. O sentir, portanto, é... ambivalente.

O argumento objetivo diz assim: será que existe no Universo algum ser ou situação que seja apenas e sempre BOM – sem nenhum inconveniente, defeito ou perigo? Se todas as coisas são boas e más, se fazem bem de um lado e mal de outro, se são vantajosas e inconvenientes, então *a ambivalência deverá ser nosso estado habitual* e a solução do problema consiste em aceitar a coexistência dos contrários, de que SOMOS FEITOS de contradições. É preciso aprender a viver assim, em vez de fazer como sempre fazemos: tentar evitar (negar) o contrário – com o que existimos permanentemente como METADES de nós mesmos.

Como seria fácil um mundo maniqueísta em que todas as coisas fossem exclusivamente boas ou más, brancas ou pretas, certas ou erradas!

A essa perspectiva simplória da realidade pode-se dar o nome de infantilismo moral, embora eu me sinta sempre mal ao falar que uma coisa é "infantil". É essa outra péssima colocação da psicanálise, que infelizmente ganhou voga. A criança é infantil e perversa, além de oligofrênica e delirante. Os adultos, porém – principalmente os que fazem psicologia –, são maduros, sábios, afetuosos, conscientes...

Nunca ouvi falar, por exemplo, em infantilismo intelectual, do que padecem todos os seguidores menores dos iluminados, os que propagam a fé sem inová-la, que repetem as verdades do mestre sem saber do que estão falando, que apelam continuamente à autoridade do chefe, que eternizam as falas do guru, que mumificam as intuições do iluminado... Fazem-se senhores da verdade alheia e, brandindo-a, ameaçam a todos com ela. "Olhem como meu pai é forte..."

AS VIRGENS PRUDENTES

Seria preciso um escritor de gênio, de bom humor e de grande lógica para escrever uma história imaginária da Humanidade, baseada no fato de a mulher *não ter* o hímen, essa minúscula estrutura anatômica sem função conhecida, mas bastante poderosa, quando aliada à infinita estupidez humana, para influir poderosamente na história dessa mesma Humanidade.

A importância social, individual e até econômica desse detalhe anatômico faria estourar de rir um historiador de outro planeta, ou o deixaria mais perplexo do que Hamlet.

Todo indivíduo interessado mas confuso em relação a palavras hoje em dia técnicas, provenientes da Psicanálise, tais como primitivismo, arcaísmo e infantilidade, poderá ganhar considerável clareza, em relação ao significado desses termos, se considerar os infinitos usos e abusos, os costumes, as tradições e os conceitos relativos ao hímen.

Nunca na história da Humanidade uma diferença anatômica tão pequena, outrossim tão estrategicamente situada, deu lugar a maior número de crenças, práticas, convenções e superstições. Não estou pretendendo ser irreverente e muito menos blasfemo. Estou apenas dando forma inusitada a fatos de todo evidentes. Em nenhum outro campo de atividade humana poder-se-á mostrar com tanta clareza o quanto o costume se faz para o homem não uma segunda, mas sim primeira natureza.

Não consigo encontrar fundamento natural, simples ou claro em relação a todos os costumes sociais organizados em torno dessa membrana. Dito de outro modo, o hímen não serve para nada, não faz parte de nenhum sistema orgânico, não influi em nenhuma função fisiológica ou psicológica, sexual ou não sexual.

Talvez por essa mesma razão, isto é, completa ausência de função definida, haja tão monstruosas instituições organizadas em torno dele: talvez por isso mesmo o hímen sirva para demonstrar, de modo categórico e indiscutível, o quanto a sexualidade humana é organizada em bases não sexuais...

Como pequeno obstáculo ao início da atividade sexual, o hímen ainda pode e eventualmente deve ser considerado, principalmente nos casos raros, mas possíveis, de exuberância do hímen, hímen imperfurado ou, eventualmente, de hemorragias de certo vulto quando do seu rompimento. Excluídas essas alternativas, tudo o mais que se diz, se faz, se pensa e se escreve sobre o hímen é inteiramente construção superajuntada ao fato primário, e de todo desligada de qualquer propósito, função ou relação direta com a sexualidade propriamente dita.

O hímen não é um órgão anatômico; o hímen é uma instituição social.

Sob esse aspecto, o hímen pode ser considerado o *maior símbolo* da Humanidade, demonstrando, pela sua influência, o quanto o homem é um animal que vive – e morre – de símbolos.

Nunca nenhum outro objeto tão insignificante se fez tão significativo.

12
HISTÓRIAS EDIFICANTES

FALA UMA ESPOSA

Gaiarsa,

A conversa com um velho amigo que não via fazia muitos anos levou-me às reflexões que se seguem.

O amigo em questão gostava muito de escrever peças de teatro. Como ficamos muito tempo sem nos ver, eu não sabia qual tinha sido sua produção e perguntei-lhe. Ele trazia um ar tristonho, saudoso do tempo que passou, pensando no futuro e, logo, não vivendo. Já não escreve desde o dia em que chegou em casa com ideias sobre uma peça e sentou para escrever. Quando ia começar, sua mulher *mandou* que fosse mexer uma polenta que estava no fogo. Até hoje ele continua mexendo a polenta.

E eu me pergunto por que, quando "amamos" alguém, vamos tirando dele a capacidade de criar, de agir, de sonhar.

Será possível que existe em nós um desejo de fazer quem nos ama deixar de viver?

E é bem assim: quem ama tem de se dar por inteiro! Tiramos a vida de quem está ao nosso lado, claro que tiramos! Não permito a quem "amo" nada que não seja em função do que *eu* quero: quero você a meu lado, não fale com quem ou de quem eu não conheça, não vá a lugares que desconheço, não beije seus amigos e nunca mais vá para a cama a não ser comigo! Ame somente a mim, que já tirei sua vida, já te guardei na minha redoma, onde te vejo sempre!

E eu fiz e faço e deixo que façam comigo todo esse horror?! Não é possível que eu tenha vivido tanto tempo assim sem pensar que *não é amor*. Aliança nada mais é do que um elo, um pedaço de corrente com que te aprisiono, te impeço os movimentos, e assim estou te amando.

Acho que, se hoje estivesse livre da obrigação de estar ao lado da mesma pessoa com quem estou, não estaria em condições de amar bem. Porque o que tenho – e acredito que a maioria, infelizmente, também tem dentro de si – é só uma arapuca que desgraçadamente insistimos em dizer que é amor.

Um grande abraço.

ESCÂNDALO ENTRE OS LIBERTOS

Laura, mulher madura, bem definida, forte, atraente, inteligente e capaz. Dirigia uma escola para crianças. Era casada.

Um belo dia começou uma aproximação entre ela e o pai de um aluno, aproximação que foi aumentando até se fazer um caso amoroso e, depois, um escândalo amoroso. Deixam, ambos, os companheiros anteriores, e passam a viver juntos – aprontando toda a papelada para conviver "dentro da lei".

O que aconteceu logo em seguida?

Metade dos alunos foi *retirada* da escola e os outros diretores EXIGIRAM a renúncia de Laura.

E um romance que começara auspicioso – bem mais significativo do que as ligações anteriores – morreu no berço – porque ninguém deixa viver o amor que não seja infeliz.

Só por isso. A inveja é demais – é insuportável! Por que ele pode ter se eu desisti de tudo?

Note-se o dado: METADE dos pais retirou seus filhos desse ninho de corrupção moral (não se sabe muito bem de quem – se dos ofensores ou dos ofendidos).

O fato não tem mais de dez anos – está, pois, em plena onda de "liberação sexual..."

É um dever MORAL – e coletivo. A sociedade (nós todos) *precisa* perseguir o amor pois ele – se vivesse – na certa a destruiria.

MEU QUERIDO TITIO BONZINHO

Entram no consultório uma moça vistosa, vital (boas cores, boa postura, boa cara), visivelmente grávida; a tiracolo, a mãe, ainda jovem, meio constrangida, meio que levada pela filha. Sentam-se e mentalmente penso assim: "Tédio, tédio, tédio; vou começar a ouvir todas as reclamações sensatas e sábias da mãe. A moça também vai ter de ouvir boazinha, vai se mostrar envergonhada porque *deve* se mostrar envergonhada..."

Graças a Deus eu me enganei. O começo da conversa foi difícil porque a moça declarava crises de ansiedade e, aparentemente, nada havia que explicasse o mal-estar.

Ela era enfermeira de primeira categoria num dos hospitais mais conceituados de São Paulo. (Sabem o que fez o Grande Hospital com sua dedicada funcionária quando ela engravidou? Ela foi discretamente chamada a uma sala e lhe foi dito: não podemos aceitar aqui uma enfermeira que seja mãe solteira. Nossos refinados, exigentes e "livres" fregueses ficariam muito mal impressionados com o fato. Portanto, escolha: ou você pede demissão ou usa uma aliança na mão direita!!!)

A mãe, ante a filha capaz e economicamente independente, pôs-se ao seu lado, mas não estava muito feliz. Fazia força para ser uma mãe compreensiva e o conseguia de certa maneira...

Mas não estava convencida.

A moça morava com três companheiras em um apartamento. Uma das companheiras aceitou bem o fato, mas a outra passou a mover contra ela uma guerra tenaz e sistemática, baseada por inteiro no pressuposto moralista: quem é mãe solteira (quem transgrediu sexualmente)

NÃO TEM O DIREITO DE SER FELIZ.

Se for feliz, é uma cínica sem caráter... Portanto, deve ser maltratada.

Lindo, não é? Esta Humanidade liberta é mesmo de lascar. Mas o pior da história (que é sempre igual) foi o comportamento do tio bonzinho, modelo de mansidão, de pai extremoso, de cidadão honesto. Durante três horas da visita de sua sobrinha, esse coração sensível e de costumes ilibados comportou-se o tempo todo – o descarado – como se ela não estivesse na sua casa...

O normopata é deveras odioso. Covarde até o fim, é capaz de torturar a própria mulher amada ao "ter razão". E o faz com um profundo sentimento de dever cumprido, "com todo direito" de ser podre até o fim, de despejar sua imensa frustração em ondas de vômito sobre o infeliz que "está errado".

Na vida comum as pessoas usam invariavelmente o jurídico "Tenho razão!" – para torturar e, se houver oportunidade, liquidar o infeliz que errou.

Glória a Deus nas alturas, e, se Ele for justo, inferno eterno para o moralista – que, aliás, vive num inferno desde que se moralizou.

Eu sei. De algum modo fui moralista sexual em outros tempos. Não cheguei a ser cruel com os demais, mas era superior – e desprezava aqueles fracos que não conseguiam controlar seus impulsos bestiais...

Dessa vez os homens lavraram um tento. Laura tinha dois amigos, um dos quais pai da criança. Ele não quis casar – nem ela –, mas assumiu o filho numa boa – sem complicações legais. O outro amigo pôs-se praticamente a serviço da mãe porvir.

Palmas para eles – os mais humanos até agora.

O outro lado bom da história foi o resultado positivo da consulta.

A moça não ligava sua ansiedade à reação patológica de seus próximos. Na medida em que eu manifestava minha indignação ante a reação de sua amiga e do querido tio, ela começou a se dar conta de quanto sua gravidez perturbava os próximos, que simplesmente SE VINGAVAM da moça feliz e autônoma que queria uma criança – e não queria um pai.

A inveja que as pessoas têm da felicidade alheia é espantosa.

Na verdade, a criança era tão querida que foi planejada – ao contrário de 99% das crianças que vêm ao mundo.

Saíram tranquilas – e não voltaram mais. Dado o caráter da moça, creio que, se nosso encontro houvesse sido inútil – se sua ansiedade continuasse –, ela voltaria. Durante a entrevista descrita pude perceber o quanto nossa relação ia se ampliando e aprofundando. Ela apreciou meu trabalho e na certa simpatizou comigo.

Se não voltou, é porque a ansiedade acabou. Treinada em autonomia profissional e econômica, bastou o esclarecimento e seu espírito de luta fez o resto. Sabendo pelo que brigava, ela brigou bem.

13
A MONOPOLIGAMOMANIA DA HUMANIDADE OU COMO A GUERRA COMEÇOU

PREÂMBULO – RECORDAÇÃO DA GENÉTICA

O gen (gene) é a unidade básica da hereditariedade. Arranjos diferentes dos genes (nos cromossomos) fazem moscas, águias, baleias e todos os seres vivos, "cada um segundo a sua espécie" (Jeová). No nosso caso, os genes distribuem-se por 23 pares de cromossomos presentes no núcleo de todas as células do corpo – menos o ovo e o espermatozoide. Cada um destes recebe ao acaso apenas um de cada par de cromossomos.

Na fertilização, os "meios" cromossomos do pai e da mãe se juntam e surge o novo indivíduo, de novo com 23 pares de cromossomos em todas as suas células. O ovo forneceu ao novo indivíduo um cromossomo X, e o pai, um X ou um Y. Se do pai veio outro X, o ser será mulher; se Y, homem.

Os seres humanos são os *meios* que as células sexuais usam para fazer... mais células sexuais. Ou seja: um ser humano é o modo pelo qual os genes sobrevivem e se reproduzem. É a esse nível que se deve compreender a Evolução. Cada indivíduo é uma experiência viva e única de certa combinação de genes, mistura particular de DNA (ácido desoxirribonucleico), um "pulo no escuro". Se a experiência é bem-sucedida, o indivíduo vive e pode se reproduzir, permitindo que seus genes entrem em novas combinações – nas novas gerações. Se a combinação foi infeliz, o indivíduo não sobrevive ou não consegue reproduzir-se, e seus genes desaparecem da... mesa de jogo!

A Evolução busca a replicação dos genes. Os genes que governam o impulso a ter filhos dominarão definitivamente os que regem o desejo de NÃO ter filhos. Somos todos filhos de filhos de filhos – centenas de gerações. Os genes que por acaso "preferiram" não ter filhos acabaram... sem ter filhos. Desapareceram!
É assim que na evolução a reprodução é essencial.
Bastam esses reparos para compreender que a evolução exige MUITO tempo.
Geneticamente, ainda somos os colhedores-caçadores que andavam pela Terra em pequenos e poucos bandos há um milhão de anos.
Se a vida na Terra for *um dia*, então as primeiras cidades foram há 16 *minutos e meio* e a Revolução Industrial ocorreu há *14 segundos*, o que não é tempo nenhum para as mudanças genéticas fundamentais. Assim como o coração ou o pulmão, os instintos e as qualidades que nos constituem pouco mudaram nos seus milhões de anos de existência[11].

A MONOPOLIGAMOMANIA

A discussão parece eterna: o homem será "naturalmente" polígamo ou monógamo? E a mulher?
Antecipando nossa tese, diremos que *todos* os homens e *todas* as mulheres desejam
casar-se
e
ficar solteiros
– ao mesmo tempo e
para sempre!

Primeiro vamos "provar" que a monogamia é natural; depois, "provaremos" que a poligamia *também o é*. Vamos examinar a evolução do gênero zoológico *Homo*.

---

11. "The sexual deal: a story of civilization", de Jo Durden Smith e Diane de Simone, revista *Playboy*, edição de fevereiro de 1982.

A monogamia tem tudo que ver e só tem que ver com a proteção da prole

– a fim de que a espécie cresça e se faça senhora do Universo. É o que qualquer ser vivente pretende por determinação de seus genes.
Proteger a prole foi e continua sendo uma das mais duras batalhas da vida. Todos os predadores – e são muitos – preferem os filhotes, por óbvias razões. Sua agilidade é precária, sua velocidade e sua força são poucas, são "ignorantes do mundo", expõem-se tolamente movidos pela curiosidade insaciável.

Eles precisam aprender depressa, por isso são irrequietos, curiosos e ousados – para sua própria desgraça!
De outra parte, há desvantagens em atacar adultos. Qualquer bicho tem suas defesas e mesmo um leão pode até conseguir seu almoço, mas talvez tenha de pagá-lo com feridas fundas que levarão vários dias para cicatrizar. E eu tenho para mim que leão não gosta de se machucar – tanto que sempre que pode manda a leoa caçar.

Portanto, "Vamos aos filhotes" é o grito da Natureza, fundamento real e terrível daquele símbolo estranho e cruel relatado no Evangelho: a Matança dos Inocentes.

Como proteger os filhotes, tão indefesos e tão apetitosos? Eis a questão.
A primeira resposta da Natureza – falemos dos vertebrados – foi a produção industrial de ovos, dezenas ou centenas de milhares de ovos de uma só vez. Ovos ao Deus dará, soltos no mar, sem movimento próprio, gotículas apetitosas de concentrados proteicos ricos em vitaminas... Das centenas de milhares de ovos de peixe sobram muito poucos adultos. Creio que um por mil já é muita sorte. Mas, como o mar é deveras grande, os peixes sobrevivem apesar do desperdício fabuloso de matéria viva preciosa.

Depois os répteis que inventaram dois modos de proteger a prole. O ovo vem com uma casca bem mais resistente e a *fêmea* cava um buraco na areia para desovar, cobrindo depois os ovos com areia. O número de ovos, nessas espécies, cai verticalmente; uma centena já é bastante. Mas mesmo entre répteis e batráquios, uma vez nascido o filhote, ele que se defenda, porque os predadores de há muito incorporaram na sua programação alimentar os lugares e as épocas nas quais a reprodução acontece. Na época em que os filhotes saem da casca, eles encontram milhares e milhares de predadores prontos para aproveitar-se da fartura. É uma festa cujo prato principal são filhotes.

Em seguida, as aves. Os naturalistas nos dizem que a maioria delas é monogâmica, vitaliciamente.

As aves dedicam aos filhotes cuidados muito especiais, trabalhosos, de alto consumo energético, que não poderiam ser feitos por uma só. Como encubar ovos (dando-lhes calor – consumindo energia) durante tantos dias, sem comer, sem sair do ninho? Alimentar de três a seis ou mais filhotes é um trabalho insano porque, de regra, as aves consomem, por dia, uma quantidade de alimento igual ao próprio peso. Seu metabolismo é bem acelerado em relação ao nosso. Sua temperatura normal está em torno de 40°C. Seria impossível para uma ave "mãe solteira" cuidar de sua prole.

A defesa do território e a construção do ninho são outras tarefas a clamar por um trabalho de equipe – ou por uma *simbiose intraespecífica* envolvendo uma divisão de trabalho entre macho e fêmea.

Esses fatores convidam as aves a se fazer... burguesas! Têm seu "terreno", têm seu "lar" (ninho), têm seu maridinho, sempre o mesmo, sempre cooperativo e fiel... O que mais? Só faltava uma TV no ninho! Sugestão para a Rede Globo!

As aves dedicam no mínimo um quarto de suas vidas à reprodução, têm poucos filhotes por vez e boa parte deles sobrevive. Já é um arranjo bem melhor do que o dos peixes.

Para essa forma de reprodução, só se forem dois a cooperar, só uma simbiose – a bem da espécie! A monogamia entre as aves faz-se clara. Tantas atividades feitas a dois, melhor se os dois forem sempre os mesmos. A formação de uma nova dupla a cada período reprodutor envolveria um aprendizado completo – tudo de novo.

Aí houve um salto qualitativo: o ovo desenvolvendo-se durante um bom tempo *dentro* do organismo materno – surgiam os mamíferos. Se considerarmos o desenvolvimento de um animal como função da velocidade e da diversidade da divisão e diferenciação de células e tecidos, então poderemos dizer que *mais da metade* do desenvolvimento dos mamíferos ocorre *dentro* da mãe.

Mesmo assim, mesmo entre os leões livres da Natureza, a mortalidade infantil – quem diria! – é de 96% (segundo criador de leões do Zoo Safári de São Paulo). Os leõezinhos morrem de doenças, às quais os adultos resistem melhor. Morrem de fome – um leão adulto pode viver 20 ou mais dias sem comer, mas os filhotes não. Morrem, enfim, comidos por predadores, ou às vezes pelos próprios leões adultos. Os leões são um dos poucos exemplos de canibalismo entre os animais.

Os famosos equilíbrios ecológicos mantêm-se, é claro, porque o número de animais *que morrem – ou são mortos* – é mais ou menos igual ao dos que nascem.

Depois vieram os primatas. Eles também têm uma gestação longa, mas possuem, principalmente, uma longa infância, bem próximos da mãe. Até os 2 anos de idade um chimpanzé é "nenê" e fica em contato muito próximo com a mãe 90% do tempo. A mãe inteira fez-se um útero protetor. Os machos do bando pouco ou nada fazem pela prole. Como em tantas outras espécies, cuidar da prole é tarefa de um dos sexos, geralmente da fêmea, o que a torna bastante vulnerável. Gestação e lactação consomem muita energia. Cuidar de si e de um filhote – nas horas de perigo – é bem mais complicado do que cuidar apenas de si mesmo.

Boa parte do instinto materno – entre os animais – é uma formação reativa ante as agressões aos filhotes. As mães, maiores e mais experientes, veem-se repletas de forças excepcionais quando suas extensões – seus filhotes – são ameaçadas. A melhor mãe é a que sente mais raiva e a que briga melhor – noção meio estranha se posta em paralelo com o Mito da Grande Mãe, que é acima de tudo nutritiva, acolhedora e amorosa. A Grande Mãe é TAMBÉM KALI – a deusa da destruição – e quanto!

Foi preciso casar chimpanzé com passarinho para que surgissem no mundo, ao mesmo tempo, a Monogamia e a Humanidade.

INTERMEZZO

E os insetos? Os insetos são os senhores do mundo porque nenhum outro grupo animal (nem nós) *cuida tão bem dos filhotes*, sobretudo os insetos sociais.

Dos milhões de espécies de animais vivas hoje, os insetos comparecem com 700 mil!

O número de insetos – contados um por um – é, com certeza, milhares, talvez milhões de vezes o número de todos os animais reunidos.

Repito: porque nenhum outro grupo de animais cuida tão bem dos filhotes. Eles o protegem, aquecem, ventilam e alimentam em verdadeiras creches coletivas. Todos os insetos da colônia são "funcionários" dessas creches e vivem em torno dos ovos das larvas e dos recém-nascidos.

Voltemos aos homens. Hoje, com a análise de grande número de culturas, vão sendo estabelecidos dados que até há pouco eram questão de estimativa pessoal ou de ideologia. Análises desse tipo mostram que a divisão de tarefas entre homens e mulheres pode e deve ser considerada característica biológica da espécie. Quase que universalmente o homem caça, constrói, fabrica ferramentas, armas e instrumentos musicais! A mulher, na imensa maioria dos casos, encarrega-se dos filhos, de colher, cozinhar, tecer, costurar, preparar bebidas e alucinógenos!

A outra consequência da divisão de tarefas foi a especialização, o desenvolvimento em certa direção – a de lutar, por exemplo –, garantindo de outro modo a sobrevivência do filho, da mãe e do grupo.

"Homem e mulher são especialistas. Em suas diferenças está a raiz de sua cooperação. Em sua cooperação, a raiz da civilização. Somos tão necessários e complementares hoje como o primeiro óvulo e o primeiro espermatozoide que existiram."[12]

Fomos e somos a mais perigosa espécie animal até hoje surgida no mundo. Brigamos tanto e tão bem que estamos seriamente ameaçados de liquidar a nossa espécie!

---

12. "The sexual deal: a story of civilization", de Jo Durden Smith e Diane de Simone, revista *Playboy*, edição de fevereiro de 1982.

As crianças, pois, ficavam bem protegidas no centro do bando, junto às mulheres. Foi o primeiro "interior" que conhecemos. Nele se goza de bastante segurança – na selva! Os machos bem desenvolvidos ficam na periferia; na vanguarda e na retaguarda quando o bando se move.

A monogamia veio ampliar esse esquema de segurança, unindo entre si apenas um homem e uma mulher – na defesa de seus filhos. De que modo a Natureza conseguiu intensificar a tendência monogâmica?

Primeiro, intensificando o sexual e o erótico na espécie humana; depois excluindo o cio, tornando possível a atividade sexual a qualquer tempo – o que não acontece com nenhum outro animal. O desenvolvimento sexual dos seres humanos é o mais acentuado entre todas as espécies animais. Anatômica e funcionalmente, somos "hipersexuados" e esse desenvolvimento – acreditam os antropólogos – gerou e depois reforçou as ligações do casal. Creem eles que os cabelos finos e longos, a pele macia, seios e nádegas grandes, "a beleza" feminina, em suma, foram selecionados porque reforçavam o elo de atração.

Outro lado da questão igualmente importante: a "guerra" entre machos na época do cio é o maior perigo a ameaçar a espécie. Essa é, na realidade, a única situação na qual animais da mesma espécie lutam perigosamente uns com os outros, podendo até se matar.

Esse modo de existir *opõe* o indivíduo à sociedade como perseguido e perseguidor – DENTRO (e fora) DE MIM – como caça ou caçador...

Esse Contrato Sexual – um para cada um – gerou ou fortaleceu muito a divisão interna entre consciente e inconsciente.

Vale a divisão para cada um e vale para todos (para análise social).

Mas o melhor é que esse "contrato" – talvez o primeiro – foi, como todos os contratos humanos, uma peça de teatro. Um "vamos fazer de conta que é assim" – quando todos sabem/veem que

NÃO É ASSIM!

Condição primeira de socialização: Cegueira Coletiva Voluntária

Perigo à vista!

Acreditam muitos antropólogos que a mudança biológica básica da espécie humana – o primeiro grau da humanização – ocorreu com o fato de o macho assumir a paternidade, a função de proteger e prover a prole.

Essa diferença entre os sexos ampliou-se devido a seu valor biológico de sobrevivência dos filhotes. Aos poucos se estabeleceu uma SIMBIOSE entre homem e mulher, isto é, estreitaram-se os laços entre eles, que se faziam cada vez mais complementares (claro que ao *mesmo tempo* multiplicavam-se as oportunidades de conflito e começavam as brigas de marido e mulher...).

A biologia moderna, como se vê modelarmente em *Life tide* – várias vezes citado –, está começando a perceber que o estabelecimento de simbioses é um dos caminhos mais promissores da Evolução. A célula, tida como unidade primeira do ser vivo durante três ou quatro séculos, é compreendida hoje como uma simbiose. Cada organela celular teria sido primitivamente uma forma elementar de vida – capaz de sobreviver autonomamente!

Os simbiontes formam um organismo "superior" em sentido próprio – "melhor" (mais apto) do que cada um dos simbiontes isoladamente. É muito mais fácil – diante dos processos da Evolução – gerar um superorganismo por simbiose do que desenvolver cada *um* dos simbiontes até terem as qualidades do organismo simbiótico. Enfim, a simbiose permite-nos definir também, com certa precisão, o que significa DEPENDÊNCIA – conceito extremamente obscuro em psicanálise.

Na verdade, entre as mil exigências contraditórias do social – e a psicanálise não conseguiu evitar a contaminação de suas teses com os fatos que estudava – estão duas, frontalmente opostas: autonomia e dependência.

A Autonomia ou a Independência estão sendo cantadas e elogiadas em todos os textos de psicologia e... política (o que já é uma aproximação bastante suspeita).

São ditos tolices e sacrilégios em nome de certa autonomia que tem muito que ver com a NEGAÇÃO do outro. Os homens dependem muito uns dos outros pela complexidade das relações sociais e econômicas que nos SOLIDARIZAM a cada momento, em todos os momentos e em todas as coisas.

Essa solidariedade é ignorada, omitida ou menosprezada a cada linha que se lê de psicologia.

Inconscientemente, os autores embarcam em uma fantasia de onipotência ao tentar conceituar "sóbria e realisticamente" o que seria a "Independência" e criticar, com superioridade e ironia, seus pobres clientes que sofrem, todos, de megalomania (o terapeuta não, é claro. Claro não sei para quem).

O homem nunca dependeu tanto do homem quanto nas sociedades "evoluídas".

A outra conceituação viciada é a de dependência, tida como legítima, ou até necessária, representada pelo casamento – ligação emocional ESTÁVEL –

DE DEPENDÊNCIA RECÍPROCA "ETERNA"

(também a psicanálise aceita essa ligação como permanente e, bem no fundo, como "sagrada").

O senso de realidade, tão falado em psicanálise, é bem e é demais o senso de

REALIDADE CONVENCIONAL

dentro da qual a Família é o castelo mais inexpugnável.

Se não houvesse Papai e Mamãe "educando" a gente durante 20 anos, não haveria psicanálise – com toda a certeza.

No casamento sofre-se a dialética precária entre uma autonomia impossível e uma dependência degradante.

Por esse longo e tortuoso processo histórico, a monogamia foi se firmando como "certa" e vigorando *nominalmente* em grande número de culturas. Nominalmente porque ao lado da monogamia "oficial" SEMPRE existiu a infidelidade conjugal – não raro enfrentando ameaças poderosas, até mortais. Esse é o primeiro argumento pró-poligamia.
O segundo nos é fornecido pelo sociobiólogo.
Diz ele: cada ser vivo e todos eles procuram

REPRODUZIR-SE

o mais possível – o mais que conseguem,
de corpo e de comportamento (e de ideologia!).

MAIS: esse conseguir sempre mais é o princípio da evolução dos seres animados, o fator mais prezado e preservado pela Natureza, o critério primário de "valor" de um indivíduo ou de uma espécie.

Pansexualismo é isso, e a pressão reprodutora é a maior força de expansão da vida. Deixado a si e com meios adequados de sobrevivência, qualquer ser vivo em prazo relativamente curto encherá o Universo com indivíduos da mesma espécie.

Para mim essa força se tornou clara quando li um teste de inteligência que dizia assim: "Em um aquário há certa espécie de peixe que se reproduz a cada 24 horas. Sabendo-se que em 15 dias eles enchem o aquário, pergunta-se: em quantos dias eles encherão *metade* do aquário?"

Resposta: em 14 dias, porque no 15º dia, ao se dividirem, eles encherão o aquário *em um instante!*

Se admitirmos uma célula com 10 milésimos de milímetro de diâmetro, cultivada em laboratório e multiplicando-se a cada meia hora, 550 vezes (o que já foi verificado), teríamos, após quatro *meses* do processo, um volume de substância viva igual ao do Universo. E, é claro, a humilde celulazinha teria digerido toda a substância do Universo.

O terceiro argumento é a *experiência* do encantamento amoroso, quando nesse "Estado de Graça" nos sentimos animados, interessados

nas coisas, generosos, felizes, alegres e saudáveis. Nada nos falta nesse momento. A sensação é de que permaneceremos assim para sempre. Na verdade, sentimos então que *esse* é nosso estado "natural". "Deveríamos" viver assim o tempo todo. *Fomos feitos* para isso, é nosso ideal, nossa missão e o sentido da vida...
Não é?
Por que, depois, somos tão infiéis a essas horas divinas?
Por que as esquecemos tão facilmente?

POR QUE VIVEMOS NEGANDO O QUE MAIS NOS IMPORTA?

Essa experiência pessoal é hoje duplicável – até onde possível – por experiências com animais, que constitui nosso quarto argumento a favor da poligamia.

"De há muito se sabe que a mudança frequente de parceiro sexual parece exercer uma influência rejuvenescedora nos seres humanos. Em animais experimentais a mesma influência foi assinalada. Em um estudo, ratos velhos recebiam regularmente ratas jovens como parceiras sexuais. Os ratos velhos passavam a se mover como ratos jovens e subia no seu sangue a taxa de testosterona (hormônio sexual masculino). (O estudo foi realizado a fim de verificar se a mudança frequente de parceiro sexual prolongaria a duração da vida. Não prolonga, mas *a qualidade* da vida parece que melhorou.) Quando macacos machos tinham ao alcance a mesma ou as mesmas parceiras sexuais, seu interesse sexual ia diminuindo. Mas, ao ser expostos a novas fêmeas, sua libido crescia a níveis próximos à de machos jovens. Resultados semelhantes ocorreram com macacas quando recebiam machos jovens."[13]

Há mais uma razão – das mais surpreendentes – para a... poliandra (vários homens para uma mulher).

---

13. PEARSON, D. e SHAW, S. *The life extension companion*. Nova York: Warner Books, 1993.

No resumo que fizemos de M. J. Sherfey[14] está bem claro que a mulher, para realmente se satisfazer, *necessita de orgasmos múltiplos até a exaustão!*

Nesse caso, ou os homens aprendem a atrasar MUITO o orgasmo, ou desenvolvem boas técnicas de carícias ou se resignam a participar *com outros homens* do prazer de uma mulher.

Mais adiante discutiremos melhor a questão...

Convém deixar claro: a monogamia É uma tendência forte na espécie humana. Pensar em desfazer ou excluir de vez a família será para sempre – ou por muito tempo – esforço em vão. Só nos resta complementar ou desenvolver a família – não destruí-la.

---

14. Veja: GAIARSA, J. *Sexo, Reich e eu*. São Paulo: Ágora, 1985.

14

FEROCIDADE OU COMO A GUERRA CONTINUOU OU ORIGEM INFANTIL DO DELÍRIO JURÍDICO DA HUMANIDADE

(A mania de todos de justificar, justificar, justificar...)

Cena do drama: três crianças, um menino de 8 e duas meninas de 9 e 10 anos. De cada quatro vezes que estão juntos, em três *pelo menos*, antes mesmo de *qualquer* coisa acontecer, ou a pretexto de qualquer coisa que esteja acontecendo, eles estalam uns contra outros frases cortantes e incisivas, xingamentos gritados com caras muito ruins e modos ainda piores.

Lembram a peça teatral "Entre quatro paredes" (Sartre) ou "Navalha na carne" (Plínio Marcos). Lembram, também, o Pentágono e o Kremlin ou você e tua cara-metade... É isso que penso diante deles, levado pela minha irritação e minha impaciência. De momento parece que é com eles, *somente* com eles. Eles é que são péssimos... Esses maus pensamentos são meu primeiro esforço para não *ver* o mal, mal que doravante chamarei de ferocidade (de fera).

As crianças comportam-se *como aprendizes* no uso de giletes e espinhos – olhares e tons de voz que se sucedem muito rapidamente de desprezo, aversão, nojo. Vozes vibrantes de acusação, rancor, superioridade, vingança, prepotência... Mas não adianta pensar que são só elas. Muitas outras crianças – para não dizer todas – fazem assim e são assim – muitas vezes.

OS ADULTOS TAMBÉM!

Bons ouvidos e boas cenas de filmes e novelas mostram bem o quanto nos dizem os teólogos sobre "exibição de poderio" – comportamento dos mais frequentes entre todos os animais que têm alguma espécie de vida social. Essa exibição mantém a ordem do bando. A escala social se estabelece por força de lutas, mas, a partir do momento em que um apanhou ou foi machucado o suficiente, daí para a frente ele não enfrentará o oponente. Basta que este chegue e esboce um movimento de fazer-se maior ou mais alto – exibição de poderio – e o outro se afasta, rápido. Também entre nós – basta ter olhos e ouvidos para ver e ouvir – esse comportamento está presente quase que o tempo inteiro. Mesmo em momentos de envolvimento e intimidade surgem as pontas e as lâminas. Finas, finas. Só um olhar rápido, só um azedo no tom de voz ao perguntar "Onde está a toalha?", só uma impaciência no gesto. Só. Mais nada. "A imponderável leveza do ser!"

Nas conversas usuais, o "Eu sou bom nisso" e "Ele é péssimo em tudo" ocorrem tão frequentemente quanto "Mas o que ele faz não é normal!", "Ele não devia", "A culpa é dela". (Meu Deus, como é que eu posso ser tão bom num mundo feito de gente tão ruim?)

Somos deveras palhaços e nossa maior desgraça é levar a sério e institucionalizar essas palhaçadas. Como palhaçadas, seriam até divertidas. Levadas a sério, fazem a loucura perigosa que vivemos.

Depois de me declarar o bom e declarar mal ao outro, passamos a "provar" quem é que tinha razão porque fez "direito", "certo", e o outro fez errado, malfeito. Começa o delírio. As palavras sobrepõem-se aos atos, aos sentimentos e às intenções. O homem se verbaliza e na mesma medida se desrealiza.

VIRA IDEIA – PALAVRA – SOPRO em vez de
SER GESTO – OLHAR – PESO
ou
FORÇA – ALERTA – POSIÇÃO.

Portanto, as "crianças terríveis" – "O que é que há com meu filho, doutor?" – estão apenas imitando e dramatizando o que veem e ouvem dos adultos, assim como os modos como são tratadas.

É a famigerada "agressão reprimida" (dos pais!), tão falada em psicanálise, tão obscura e tão difícil de resolver.

Mas atrás das crianças que afiam constantemente suas giletes (para se fazer adultas) e treinam constantemente espetar seus espinhos com precisão cirúrgica – ou de torturador – existem muitos outros fatos paralelos e uma história deveras longa.

Nessa obra-prima do ensaio biológico inteligente que se chama *The lives of a cell: notes of a biology watcher*[15], Lewis Thomas resume a história dos Iks – um povo que a civilização desenraizou e replantou, longe, em outra vida.

Os Iks, conforme descritos por um antropólogo que os odiou e temeu, podem ser resumidos assim: sua única alegria é a desgraça do próximo... Carrancudos, maldosos, traiçoeiros, desconfiados, enredadores, ladrões, chantagistas, verdadeiros torturadores psicológicos. Monstros. Quase iguais às nossas crianças – mas em tamanho adulto – e sem nenhum dos mil e um disfarces (transparentes!) que nós – chimpanzés astutos – usamos há tanto tempo que já

SOMOS

este disfarce. Aprendizes de feiticeiro!

Mas o dr. Lewis é bem mais humano do que essa triste história da desumanidade. Ele nos faz reparar – sempre com gentileza e elegância – que nós condenamos em particular o que aprovamos coletivamente.

Entre "civilizados" – tão difíceis de definir quanto os "maduros" e os "normais" – a guerra econômica, política e militar é exatamente

---

15. THOMAS, L. *The lives of a cell: notes of a biology watcher*. 7. ed. Austrália: Penguin Books, 1978.

assim: para os meus, o Paraíso; para os outros – os inimigos e os estranhos –, que se danem. "O problema é deles." Se é de outra família, de outra firma, de outro time ou de outro país, então é lógico que vou abusar deles e explorá-los quanto puder. Aí pode. Lembremos os exemplos edificantes de todos os colonizadores e seus modos deveras civilizados de saquear os nativos... Lembremos também as guerras de hoje, o Oriente Médio e a África do Sul, a América Central e a exploração escandalosa e odiosa que CONTINUA a ser feita do Primeiro Mundo (primeiro em quê?) contra os outros dois – entre ricos/poderosos/organizados e pobres/impotentes/desorganizados.

Mas pode-se fechar mais o foco. Já o *vizinho* é tão suspeito! Também os parentes da noiva do meu filho! No fundo, também meu marido!

É bem velha e bem funda a nossa Ferocidade. Ouçamos o Oráculo – a suprema sabedoria da Natureza, compassiva e harmoniosa. Como vive/morre/mata essa piedosa vida – tão falada e tão querida hoje?

Vive caçando, quebrando espinhaços, cravando dentes, dilacerando com unhas, estraçalhando a presa, engolindo a presa devagar e ainda viva, enganando, disfarçando e atraiçoando milhões de vezes por minuto... A Natureza *nada tem* de honesta, nobre, direta. Mesmo na floresta, onde a paz é tão aparente e tão audível, as plantas guerreiam entre si a mesma guerra implacável. Entre os animais a guerra dura segundos ou minutos; entre as plantas, semanas, meses, anos. Mas a guerra é parecida.

A Natureza é violenta. Nós, os animais,

SOMOS FEROZES.

Além de ferozes, estúpidos. Criamos, com arte inconsciente, as "melhores" circunstâncias pessoais e sociais para *excitar – ou exercitar –* essa ferocidade ao máximo. Há no mundo mil guerras individuais, familiares e sociais, além das que figuram nos jornais – político-militares.

O Sistema mantém-se à custa da raiva/medo de todos diante de todos, que se vigiam e policiam o tempo inteiro. O que sai da linha é comido – se não for muito forte, ou veloz, ou esperto. Para a Grande

Mãe Natureza, o conselho é: "Sobrevive e vê se te reproduzes, e, se melhorar, tanto a sobrevivência quanto a reprodução, ótimo! Quanto aos meios, o problema é teu, a moral também é tua, não minha. O que dá certo eu conservo e multiplico – mesmo que para você seja feio, errado, não se deve. Se o outro te abre caminho ou serve aos teus propósitos, você é melhor do que ele e ponto-final".

Diz mestre Caetano que a Natureza não tem culpa nem perdão. Como se vê, eu também acho.

Revoltemos. A Ferocidade dos animais. Atualmente, a TV mostra com frequência a caçada, desde leoa e corça a morcego e mariposa, cobra e rã, formiga e joaninha. A caçada é sempre fascinante, pela agilidade, pela velocidade, pela astúcia, pelo inesperado. Mas quando um vence a câmera muda de quadro (muda de assunto...). Não é nada bonito ver um bando de leões arrancando pedaços de uma zebra ainda viva, que se agita e zurra desesperada enquanto vai sendo despedaçada.

Como caçadores (em bando), fomos de longe muito melhores do que os leões, pelas nossas armas e pelos nossos planos. Caçamos *bandos* de mamutes – os elefantes pré-históricos. Fomos capazes de matá-los *a pau* e pedra e, depois – ou durante –, cortá-los em pedacinhos. Hoje comemos bifes. Outros matam e esquartejam para nós...

Durante um milhão de anos exercemos abertamente nossa Ferocidade – e a desenvolvemos, cultivamos, cultuamos.

É justo:

Foi nossa Ferocidade que nos deu a posse da terra e o domínio sobre todos os outros animais.

Há apenas 10 mil anos – um centésimo do tempo de existência do tempo de nossa Ferocidade – domesticamos animais, inventamos a agricultura e começamos a nos juntar em grandes cidades.

Que fazer com a Ferocidade que nessas novas condições não servia mais à sobrevivência do bando? Antes, comprometia-a e ameaçava--a. Não se inativa em dez milênios um conjunto de comportamentos tão vitais e elaborados quanto nossa competência agressiva, na qual temos um milhão de anos de treinamento. Creio que o primeiro uso da agressão foi como mostramos em pormenores no capítulo sobre a Monopoligamomania Humana: paz na terra aos homens casados, cada um com a sua, porém todos cobiçando a do próximo, e todos se vigiando e controlando para impedir o encontro que todos desejam.

O segundo uso da agressão foi a geração de classes e hierarquias sociais em permanente relação de medo/raiva umas ante as outras.

Mas aqui prefiro apelar para os entendidos[16]:

"Uns poucos caçadores-coletores existem ainda hoje, mas muitos desses grupos estão atualmente em vias de adotar a existência sedentária, e isto oferece uma oportunidade importante para se observar alguns aspectos fundamentais da mudança." Alguns !Kung estão agora passando por esta transição, e eles têm sido estudados de perto. "Há uma contradição fundamental na transição que os !Kung atravessam agora", diz Richard Lee, "e esta se dá entre *compartilhar*, que é central ao modo de vida caçador-coletor, e *economizar*, ou a prudente administração de recursos, que é igualmente central ao modo de vida agrícola e pastoril. O alimento, no acampamento !Kung é imediatamente compartilhado de modo igual entre os residentes e os visitantes; essa mesma atitude para os pastores em relação a seus animais, ou para os agricultores em relação a suas colheitas, rapidamente os arruinaria. Muitas famílias estão sofrendo por causa destas demandas conflitivas."

Um acampamento !Kung na floresta é uma coleção compacta e entrelaçada de sete ou mais abrigos arranjados simplesmente em círculo, todos com a frente voltada para o centro. Patrícia Drapear descreve a vida ali da seguinte maneira:

> Todos no acampamento podem enxergar (e com frequência ouvir) todos os outros, virtualmente o tempo todo, pois que não existem locais privados para onde as pessoas possam se retirar. Mesmo com o cair da noite permanecem em espaço visualmente aberto, dormindo sozinhas ou com outros membros da família ao redor das fogueiras, fora das cabanas.

16. LEAKEY, R. *A evolução da humanidade*. 2. ed. São Paulo: Melhoramentos, 1982.

A intimidade é uma característica onipresente nesse tipo de acampamento. As pessoas contam casos, resolvem disputas, compartilham o alimento – tudo acontece no interior desse foco intensamente social. A vida na aldeia agrícola é diferente. Aqui as casas estão espalhadas e frequentemente ao lado de um curral de gado. As entradas das casas não estão mais voltadas para a vida da aldeia. As pessoas não estão mais em contato íntimo umas com as outras.

> Com o fluxo de alimentos nos regimes nômades de vida, circula *um fluxo de emoções e sentimentos*. Esse fluxo fica ESTAGNADO na aldeia agrícola.
> (Richard Lee, citado por Leakey, p. 229)

Seria fácil ver, nessa declaração, toda a teoria da estase de energia, de Reich.

"Os caçadores-coletores nômades mudam frequentemente de acampamento, exploram alimentos disponíveis em várias áreas. Alguns podem arrumar suas coisas e separar-se dos restantes, *a fim de resolver uma tensão perigosa entre membros do grupo*. Os nômades são livres para se deslocarem à vontade, pois seu armazém de víveres está em todas as partes da Terra[17]. Isso não acontece com os cultivadores. Limpar a terra, semear, cuidar das mudas novas e colher, tudo isso exige que o cultivador se... plante! 'Quando o meio de vida das pessoas está enraizado nos campos, elas ficam *presas à terra* de uma maneira que os caçadores não estão', comenta Richard Lee (p. 229-30)."

> Este ponto é certamente crucial para a compreensão do que é, talvez, a implicação primordial da produção agrícola de alimentos, frente à coleta nômade: logo que as pessoas se comprometem com a agricultura, *elas se empenham em defender a terra que cultivam*[18]. Fugir em face de alguma hostilidade é enfren-

17. Acrescento: para o nômade, toda propriedade (coisas) é um peso a mais para carregar de cá para lá, a cada pouco...
18. O que permite atribuir ao homem um "instinto territorial" de função bem diferente, se confrontado com o mesmo instinto em outros animais.

tar uma certa perda: um ano de trabalho pode estar investido no campo, e isso não se entrega facilmente. Assim como a terra requer defesa, os agricultores tendem a adquirir propriedades, tanto pessoais como comunais, que precisam ser vigiadas e defendidas. Mesmo sem a evidência da História Humana, poder-se-ia esperar um aumento substancial de choques militares entre grupos vizinhos após A Revolução Agrícola. (*Ibidem*, p. 230)

O autor descreve também a "ornamentação" de Cerro Sechin – uma das primeiras cidades do Novo Mundo: 300 blocos esculpidos mostrando todos os horrores dos suplícios e mutilações infligidos aos inimigos. Depois prossegue: "Esta iconografia do poder, como a antropóloga americana Joyce Marcus a denomina, torna-se um *tema comum* e irrefutável *em todas as civilizações* emergentes do mundo"(*Ibidem*, p. 219).

Ao mesmo tempo aprendíamos os muitos modos de absorver ódio no grupo familiar e as encrencas entre vizinhos, tribos, Estados, nações... Era fundamental para a Natureza

CONSERVAR

a Ferocidade, primeiro porque
ela é nossa força, e segundo porque voltada de uns para os outros ela

MANTÉM TODOS ALERTA.

A Mamãe Natureza positivamente não gosta dos distraídos (dos inconscientes). Ela os come e eles não se reproduzem mais. Só o Homem criou condições de peculiar "segurança social", dentro da qual é possível existir sonambulamente. O iluminado – e o impulso NATURAL que leva à iluminação – é, a essa luz, nossa vontade/necessidade de nos fazer animais

DESPERTOS

como todos os outros.

A Mamãe Natureza parece não ter a menor compaixão dos seres vivos – não se importa com o sofrimento individual. Se você está vivo, desconfiado e pronto para brigar ou se defender, tudo bem... Mas durante essa longa história apareceu a linguagem e aos poucos o homem foi sendo engolido por ela.

Portanto, crianças que brigam, como namorados que brigam, estão apenas se acendendo reciprocamente. Com ameaças de espinhos e giletes, é difícil continuar dormindo.

Mas os adultos não conseguem ficar de fora e entram, e são atraídos e arrastados a todo instante pelas crianças – esses inferninhos egoístas e vociferantes!

"Mãe, ói ele!"
"Para!"
"Mãe, ele me empurrou."
"Mãe, olha a cara que ele está fazendo pra mim."

A mãe entra e começa o tribunal. Se o deixarmos evoluir, uma vez em cinco ele acaba bem, quatro vezes em cinco ele não acaba – nunca. Porque o discurso da justiça é interminável.

Primeiro porque, é evidente, eu tenho sempre razão – e a defendo... ferozmente (contra esse estúpido...). Segundo, porque nove de cada dez brigas – de crianças ou de adultos – começam sem que ninguém saiba exatamente

QUANDO (quem começou!).

Já dissemos: é um jeito, são olhares, tons de voz – toda uma cena que JÁ É DE BRIGA (Guerra Fria). Os DOIS estão se rodeando e prontos para se engalfinhar. Nesse campo agressivo, *qualquer* fósforo provoca a explosão – que de regra

tem POUCO OU NADA

que ver com o discurso jurídico seguinte.

Mas muitas vezes o melhor justificador "ganha" a briga.

Andamos um bom pedaço entre resolver no braço e resolver na palavra. A criança de poucos anos ainda empurra, bate, pega, sem escrúpulos nem vergonha. Mas, se há algumas crianças convivendo, entre elas a própria briga vai aos poucos se *ritualizando* em jogo de ameaças, de gestos e caras e gritos que resolvem a maior parte das pendências. A essa altura o cenário está pronto para a passagem final, dos gestos de briga ritualizados às palavras – mas sem esquecer os *tons de voz* que guardam todas as intenções, ao mesmo tempo que mostram todas as intenções primitivas, como empurrar, bater, pegar, machucar...

Foi assim que chegamos à discussão jurídica – interminável de saber ou de "descobrir"

QUEM FOI O CULPADO.

Porque CONTRA esse, tudo que se fizer é justo, certo, Sagrado e de acordo com nossas mais antigas

TRADIÇÕES.

Assim nasce o bode expiatório – espero que o leitor saiba que é dele que estamos falando. O bode é a mais nefanda criação simbólica da Ferocidade humana porque ele

MERECE

ser criticado, condenado, banido,
espancado, torturado e morto.

É JUSTO!

Salve a bomba – justo prêmio para esses animais tão desumanos.

A FAMÍLIA DE QUE SE FALA E A FAMÍLIA DE QUE SE SOFRE

Quando você, leitor, é maltratado, ignorado, desprezado sobretudo por alguém que você ama – ou de quem precisa –, qual é seu primeiro pensar?
"Como vou fazer para atingi-lo, para ferir fundo e forte?"
Não é?
Buscar um culpado é buscar um objeto de AGRESSÃO permitida.

São três as "classes" alimentares da Natureza, classes deveras naturais. Os autótrofos (bactérias, algas, fungos e todos os vegetais), capazes de *gerar* substâncias orgânicas a partir de substâncias minerais, ar, água e luz do sol. São o "povo". E há os heterótrofos, que precisam ingerir substâncias *orgânicas*, pois não conseguem produzir todas as de que necessitam. Estes, por sua vez, se dividem em duas classes. Os herbívoros, para os quais os vegetais são suficientes (classe média...), e os carnívoros (classe alta, os poderosos), que não vivem se não comerem carne (se não comerem "os de baixo").

Quero crer que a "intenção da vida" – a direção da Evolução – é a contemplação/experiência da *própria* sensibilidade – a de cada um. Quero propor um argumento para mim inspirador, capaz de iluminar vivamente a questão poder (e luta) e prazer.

A Natureza, dissemos há pouco, desenvolveu o conflito entre as classes alimentares para que todos os animais se MANTIVESSEM ACORDADOS – porque estariam constantemente AMEAÇADOS.

Creio que a evolução da Ferocidade humana, conforme a delineamos há pouco, visava, ao mesmo fim, na certa vários degraus *acima*, à obrigação *natural* de cuidar-se, de estar atento – vigilante.

Claro que o sucesso não foi total, mas parece que pouco a pouco a Humanidade está tomando consciência de si – na marra, à custa de sofrimentos deveras monstruosos na quantidade e na qualidade.

A HISTÓRIA DA HUMANIDADE
é um MARTÍRIO
e uma TORTURA.

Era preciso – quero crer – o ódio e o medo acesos para que muitos se *mantivessem* acordados – atentos e inventando.

Mas, graças a Deus, hoje estamos em condições de propor – e experimentar – uma nova forma de consciência alerta.

O desfrute do prazer entendido como
CULTIVO DA SENSIBILIDADE.

Um novo – ou velho – hedonismo.

Novo – hoje temos condições técnicas para viver todos seguros e quase sem trabalhar. Isso já era meio verdade para os cidadãos gregos, amantes da liberdade, mas que tinham escravos...

Novo – *hoje sabemos* da sensibilidade espantosa dos animais, não raro mais sensíveis a certos estímulos do que os reagentes químicos mais... sensíveis àquela substância.

Novo – a biônica avança a largos passos mostrando a cada dia como os animais são hábeis, precisos, exatos, "perfeitos".

O prazer pode nos manter despertos, por toda a eternidade, pois é IMPOSSÍVEL experimentar dois conjuntos de sensações/emoções IGUAIS, como mostramos em outro lugar deste livro.

A questão é cultivar a SENSIBILIDADE para as

DIFERENÇAS,

o que é o contrário de todo o desenvolvimento intelectual que se propõe em nosso mundo, desde a lógica da cartilha até a universidade, passando por todos os caminhos da educação.

Os "tijolos" de toda construção intelectual são os CONCEITOS, isto é, conjuntos de objetos *iguais ou muito parecidos, ao menos sob um aspecto.* Conjuntos aos quais damos nomes. A essência da inteligência está em DESCOBRIR (perceber?) *semelhanças ou igualdades* entre os dados sensoriais que recebemos.

Dar nome é classificar, como o quer Foucault. Classificar é descobrir ou escolher um atributo e verificar quantos, quais, quando e onde o aceitam.

Por isso o produto mais moderno da inteligência foi a máquina, cuja essência é a

REPETIÇÃO

deveras incansável.

Ou seja: a produção de coisas tão iguais quanto se possa imaginar – ou querer.
Conceitos realizados – concretos: *produzem* iguais.
Quando, e se realmente, *todas* as nossas relações com o Universo físico estiverem reguladas automaticamente, então poderemos viver o paraíso na Terra. Poderemos nos desarmar.
Individualmente, muitos de hoje já chegam perto dessa vida. Estou sempre acordado porque estou sempre interessado, porque estou sempre EROTICAMENTE (prazenteiramente) ligado a tudo que acontece (inclusive ódio e mágoa e amargor e quanto mais).
A "finalidade" da Evolução talvez seja como está prefigurado no templo mais alto do Tibete, segundo relato de Lobsang Rampa:
"Fiquei muito chocado quando entrei pela primeira vez em um templo cristão e me deparei com um Deus crucificado. Quando fui admitido ao templo secreto do Tibet – para me consagrar monge –, vi sobre o altar, como figura da divindade, um casal humano mantendo

RELAÇÃO SEXUAL."

O prazer pode nos manter mais despertos e atentos do que o medo e a raiva.

Não é apenas "melhor". É outro modo de estar desperto – de viver permanentemente iluminado.

Deliciosamente Iluminado.

ANANDA

O reverso da Ferocidade é a Individualidade – a força que cada um tem de permanecer vivo e andando do seu modo, quer a pessoa perceba, quer não. Falo até da própria marcha – cada um de nós tem um modo inconfundível de andar.

A individualidade – o centro dinâmico da personalidade – é, na certa, maior do que a inteligência conceitual, usada pela individualidade para compreender as coisas. Mas certamente há outros modos de conhecer – não apenas pela organização das semelhanças, pelos conceitos, modos igualmente importantes de se orientar, escolher e decidir o que fazer a cada momento da vida.

"Quem" faz essa escolha? A maior parte das pessoas, durante a maior parte do tempo, vai vivendo à deriva – muito mais acontecendo do que decidindo.

DIALÉTICA DA TRANSFORMAÇÃO
(ou A eterna dança do acaso com a necessidade)

Um paradoxo e um mistério da vida: sou muito o que está escrito nos meus cromossomos.

E sou único.

E qual o mais veemente desejo de meus cromossomos? Multiplicar-se (ME) ao infinito!

Mas na perseguição de seu desejo obsessivo, meus cromossomos têm de se combinar com outros – da fêmea.

Senão não se multiplicam! Mas aí se fazem

DIVERSOS!

E cada um destes diversos é, de novo,

ÚNICO.

Cromossomos – cromo-somos – somos coloridos...

Ferocidade é a mais flagrante e poderosa expressão da individualidade, instrumento primário do tão falado instinto de conservação, de sobrevivência, de defesa.

Sem esse ingrediente – sem assimilar sua ferocidade –, a individualidade é frágil, deixa-se levar, desnaturar e degradar.

Ferocidade é o Anjo Negro da Individualidade.

O QUE ACONTECEU COM OS CAÇADORES?

O prazer/fascínio do homem pela caçada é visto em qualquer filme da TV. É só caçada, de mocinho e bandido, de espião e espião, de soldado contra soldado, de gângster e agente federal, de detetive e criminoso e quantos mais personagens, todos na caçada, em diferentes cenários, de diferentes épocas, com armas as mais variadas, de um para um ou de muitos contra muitos...

É só caçada que se vê no cinema, na TV, nas histórias em quadrinhos, nos desenhos animados, nos romances. Caçadas de vida e morte ou caçadas de espertos e otários, ou de namorado e namorada...

Um dos ingredientes dos mais atraentes da conquista amorosa é claramente a caçada.

Na verdade, são sempre três caçadas: ele a caça e ela o caça – ainda que não pareça... *E ambos são caçados por todos.*

Gosto de considerar a estrutura social – o palco emocional – algo feito de medo/raiva.

Desmembrando: todos vigiam a todos para que ninguém transgrida. Vemos tudo que há para ver e, num instante, quem se aventura a transgredir tem de precaver-se muito a fim de ter certeza de não ser visto ou descoberto – o que já envolve mil truques de caçador, ou de caça! Creio que nosso sistema de controle social seja feito por todos na base da própria frustração: como eu não posso (como os outros não me deixam) fazer o que me apraz, ou o que me é necessário, assumo espontaneamente a tarefa de não deixar ninguém fazer também.

Nasce a vigilância de todos da frustração de todos.

"Por que ele pode e eu não?" resume muito da vigilância de todos sobre todos, a fim de que ninguém viva feliz... É fácil ver que o sistema é autossustentado – cibernético.

Depois, todos ameaçam a todos. Qual é a ameaça mais frequente e a que mais contribui para a permanência do sistema? A fofoca, seguida de outras sanções mais efetivas, como prejuízo de salário, de emprego, de exclusões variadas.

A fofoca é a maior ameaça do superego, conforme se vê, modelarmente, na frase que é a mais poderosa razão de todas as mães: "Minha filha, o que *dirão* de você?" Fazemos muito pouco do que desejamos e precisamos, por medo de sermos falados. "Se mamãe souber" é a mais poderosa das inibições[19].

Não creio estar falando somente da maldade humana, *mas de um sistema biológico de controle do comportamento individual pelo grupo*. Também entre os animais o diferente é perseguido, maltratado e, no limite, excluído – ou morto.

O patinho feio é a história de todos os mutantes. Tão estranho quanto possa parecer, o patinho feio é... Jesus Cristo.

Trata-se de COAGIR todos os membros de um grupo a se comportar uniformemente – ou concertadamente – quando necessário. O variante perturba demais a ação do grupo como equipe, tanto no ataque como na fuga, ou na manobra defensiva.

Quando alguém faz fofoca, ele está sendo *um agente da unidade grupal*, isto é, ele tem ao seu lado ou representa A MAIORIA, e por isso sua força é muito maior do que a força do indivíduo (do transgressor). É por isso que tememos a fofoca – muito.

É o *bando* contra nós.

Sabemos dos evolucionistas que a *maior parte* das mutações gera indivíduos *menos aptos* à sobrevivência. A maior parte dos transgressores – em termos humanos – é condenada à extinção...

---

19. GAIARSA, J. A. *Tratado geral sobre a fofoca*. 9. ed. São Paulo: Summus Editorial, 1985.

Logo, medo/raiva são deveras o tecido inconsútil (sem emendas!) da solidariedade social...

Vamos somar os dois termos da equação que resume o fator principal das forças sociais de agregação (de massificação e uniformização de comportamentos).

TODOS VIGIAM A TODOS
TODOS AMEAÇAM A TODOS.

Logo,

Vive cada um caçando a todos.
Vivem todos caçando a cada um.

A caçada, pois, NÃO cessou quando o bando assentou. "Introverteu-se" – passou a existir e atuar DENTRO do bando – nas relações interpessoais.

15
BRIGA DE CASAL

Não conheço rancor pior do que o matrimonial. Conheço em mim – e é terrível sentir e não poder se livrar dele. É tão ou mais terrível visto em outrem – quando estamos juntos do casal que se odeia ou quando um deles, ao falar conosco, é retomado pelo rancor.
"Solta as unhas do meu coração
que ele está apertado..."
diz Chico, nosso iluminado
– que nos ilumina.

A *cara* das pessoas, nessa situação, fica de uma feiura moral que apavora.
O clima em torno dos dois infelizes é literalmente irrespirável, sobretudo por acreditarem, ambos, que têm razão... Como é difícil jantar com um casal amigo em um de seus piores dias! Como constrange!
Amarra, o rancor matrimonial, acima de tudo, amarra.

AGARRA,

pega você de qualquer jeito, imobiliza-o, como se você tivesse caído numa teia de aranha. Quanto mais você se mexe, mais se amargura e mais raiva sente.
Raiva – que faz brigar; mágoa – que faz chorar. A mistura das duas é o rancor, um ficar balançando muito e muito tempo entre o homicídio e o suicídio.

E cometendo ambos o tempo inteiro.

Por isso esse rancor é, na minha escala, o pior dos sentimentos humanos.

Mesmo o ódio que assassina ou tortura é um sentimento MAIS CLARO. Digo: a pessoa FAZ PORQUE QUER – de algum modo.

O rancor ninguém quer – é um dos infernos interiores; mas ele não nos solta. Bem examinadas as queixas e acusações de um e de outro, o evidente era a separação, antes que a morte de espírito (que é o rancor) acabasse por matar também fisicamente um ou outro. Mas não pode. Mamãe sofreria muito. E os filhos?

Todas as desculpas e explicações, as mais santas, do maior respeito para com o próximo, são dadas

PARA CONTINUAR SE ENVENENANDO HORA A HORA

com os filhos sempre aí – crime de se pôr no jornal por seu nível de horror. Mas não vai.

Para muitos isso ainda é bom (melhor do que a separação...). Muitos casais conseguem evitar brigas feias, e muitos outros, após muitas brigas, chegam a uma paz armada (de caras!) ou a uma paz desanimada.

O problema, na certa, não é de poucos – tanto que dificilmente alguém não saberá do que estou falando... Em mesas-redondas sobre Família na TV, falam todos *como se* a maior parte das Famílias fosse ótima, devendo-se cuidar compassivamente daqueles poucos infelizes que por azar sofrem de um mau casamento. Essa pseudoestatística é mais uma defesa da ideologia – mentirosa como todas as outras.

A maior parte dos casamentos, durante a maior parte do tempo, é de precária a péssima.

É preciso – e fácil – compreender o drama das quatro paredes, que não são apenas as de uma casa. Mesmo quando saem, os casais continuam entre quatro paredes – as da convenção entre marido e esposa: *não podemos* nos interessar verdadeiramente por ninguém mais além de nós dois.

Outra vez o elo garantido e, pois, corruptor. Quero esclarecer o que significa corrupção. Gilberto Freire, em *Casa grande e senzala*, comenta sabiamente a respeito da luxúria do colonizador português ante as escravas negras. E pondera: é difícil saber se o português era perverso ou se a existência e a posição do escravo – por si mesma – não convidam a extremos. O escravo NÃO TINHA DIREITO A RESPOSTA NENHUMA QUE NÃO A MAIS ESTRITA OBEDIÊNCIA; não havia *feedback* na relação senhor-escravo. E o dono, sem o contrapeso do outro, se perdia, levando a escrava consigo.

No casamento é difícil acontecer algo que imponha uma separação imediata. "É muito difícil" significa: em qualquer tipo de serviço remunerado, ou em qualquer tipo de contrato de trabalho, quando uma das partes começa a não cumprir o contrato, a outra logo protesta; se as falhas se repetirem, logo se cogita a separação dos contratantes. Em caso de família, é preciso que alguém falhe 10 mil ou 100 mil vezes antes de comprometer a chamada ESTABILIDADE DO VÍNCULO.

Essa é a causa – real – da "loucura a dois", conceito profundo e situação BEM COMUM, mas presente na mente do especialista apenas como curiosidade diagnóstica.

TODO casamento é, de certa forma, uma loucura a dois – nos sentidos que estamos qualificando. De regra, começa-se o casamento com uma boa disposição para acertar o entendimento entre ambos. Boa quer dizer: *além* das possibilidades, e além do ritmo de mudança possível *para cada um* dos cônjuges. Além na quantidade e na qualidade, inclusive com muitos esforços em direções, não raro, por demais fora ou longe do caminho de quem faz o esforço (a promessa). Ele não conseguirá o que se propõe e, com facilidade, sentir-se-á diminuído aos próprios olhos (e também aos olhos do outro) por causa desse insucesso, tanto de um para o outro como do outro para o um. Iniciamos o casamento brincando de casinha e aí ficamos, até começar a sentir o peso das... prestações (da casa, do carro, de sexo, de gentileza, de paciência...). Prestação é igual a horas de trabalho – horas durante as quais alugo minha pessoa para executar tarefas determinadas por outrem. É a alienação do e no trabalho, tão justamente acusada como a principal responsável pela desumanização do homem. Já não se diz com a mesma força que uma pessoa pode se desincumbir *de sua paternidade* de forma igualmente alienada, automática e impessoal.

Algo semelhante acontece com a mulher – a que fica em casa. Também o trabalho doméstico é alienante, na medida em que a mulher se comporta como *quem cumpre um dever*, em vez de sentir-se como *quem cria um mundo próprio* (a casa).

O fato de aceitar o casamento, *a priori*, como coisa que DEVE durar MUITO – haja o que houver – é péssimo. As pessoas – e o casal – começam aceitando DEMAIS umas das outras, com o pensamento: "Estamos começando. Paciência. Daqui a pouco a gente se acerta".

De início, pensam ambos que esse esforço bem-intencionado só pode ter "boas" consequências, o que já é discutível; mas esse comportamento tolerante (meio à força – pressão social) tem *também* más consequências. O que temos de animal e de criança rebela-se contra essa puxada de coleira – *que é muito brusca: logo* que se casam, os dois *têm* de se entender, *depressa*...

Vários desencontros dessa ordem, durante alguns meses ou nos primeiros anos, e a relação a dois começa a tingir-se de um certo descontentamento misturado com meia resignação. "Casamento é assim..." Por vezes, bastam esses desencontros iniciais e os dois começam a se opor de forma crescente, até alcançar o nível do ódio matrimonial – grave doença dos matrimônios normais: a loucura a dois, precisamente.

Estão loucos ENTRE SI; basta que estejam em presença e logo se colocam mal, somando os mal-entendidos que ocorrem a cada pouco. Basta que chegue um estranho e, com ele, *os dois se comportam bem*. O lento desenvolvimento de uma relação muito estreita entre os dois – anos a fio – gera um clima próprio desse relacionamento (ou uns poucos climas, sempre os mesmos); gera, sobretudo, uma sobrecarga semântica no vocabulário comum aos dois. Para ele-e-ela, certas palavras ou temas valem ou pesam muito; outras, muito pouco. Com o tempo, gera-se entre os dois um DIALETO próprio – de palavras, de tons de voz, expressões de rosto, gestos, posturas, papéis.

Estão, a essa altura, FECHADOS ENTRE SI.

Entre irmãos – pela mesma razão do convívio frequente – ocorrem processos semelhantes, mas não tão ruins, porque entre irmãos *espera-se* que se separem. Marido e mulher, não.

Outro aspecto importante deve ser levado em conta nas desavenças conjugais, porque a guerra (e o amor) não é de um para um, mas de dois para dois.

Toda cena de novela de TV começa *mostrando* os personagens e só depois começam as falas. Na vida é igual – mas sempre esquecemos disso, comportando-nos como se *só as falas* existissem.

Estou dizendo que no casamento O DESEMPENHO DRAMÁTICO é tão importante quanto o diálogo verbal propriamente dito – ou mais.

Os personagens não verbais – que veem/respondem "sem pensar", ou antes de pensar – são muito mais ativos que os personagens verbais. Na verdade, estão sempre aí – enquanto a palavra pode não estar.

Mais importante do que isso: as "declarações" não verbais são MUITO MAIS VELOZES do que o processo verbal, com chance permanente de ocorrer sempre primeiro e, por isso, de liderar SEMPRE o diálogo. As pessoas que convivem longamente, sabemos,

APRENDEM BEM A DETERMINAR/CONTROLAR
O COMPORTAMENTO DO OUTRO.

O fato é inegável e muito falado popularmente, sob a forma de: "Quem manda lá em casa – eu ou minha mulher?"

Na verdade, os dois SE manipulam de um modo que

- é altamente eficiente (o outro acaba sempre voltando, deixando passar, aceitando, resignando-se);

- O AGENTE, DE REGRA, NÃO SABE DIZER COMO OPEROU para conseguir o rompimento ou reatamento.

Os participantes não têm consciência do *feedback* do outro – que governa suas respostas. Dito de outro modo: pensa-se, de regra, que o importante é *o que ele disse* e *o que ela disse*. Mas hoje há prova direta – cinematográfica – de que as expressões não verbais – numerosas e velozes – governam o entendimento ou o desentendimento entre as pessoas, MUITO MAIS do que as palavras. Comportam-se AMBOS como dois bonecos com barbantes de suspensão, mais os barbantes que amarram um ao outro, de forma que, quando um se move, o outro também se move – ou comove. O que DIZEM, depois de amarrados desse modo, de regra é pouco relevante, até meio ridículo.

COMO TODO MUNDO SABE,
"Em família, a gente briga por causa de cada bobagem..."

Há, pois, entre marido e mulher, uma rede de influência recíproca *difícil de ver, por ser muito rápida,* mas que atua poderosamente sobre – ou entre – ambos. Com ela ou sobre ela, espalham-se as palavras, cujo sentido já vem fortemente sublinhado pela rede de olhares, pelas ações e pelos tons de voz... O que menos importa, de regra, é o tema ou o assunto da briga.

Depois, para os *quatro* personagens (dois nas falas e dois na gesticulação) há *dois* palcos, o da ação entre mim-e-você (entre José e Maria) e o da Família (entre o Senhor Marido e a Senhora Esposa); a família, no caso, como Instituição Social, como unidade reprodutora "autorizada", ligada, pois, a todos os valores de seu mundo.

O marido DEVE e NÃO DEVE uma porção de coisas. A única realmente clara é a fidelidade.

Os outros "deveres" dependem da educação e do temperamento... da esposa! Ela é quem dirá se ele deve ou não deve, ao sabor de seu gosto, de suas necessidades e dentro dos limites de sua formação familiar.

Com ele – o marido – acontece exatamente o mesmo.
Mais claras se fazem as coisas se, em vez de deveres, falarmos de papéis.
Um marido DEVE ser atencioso, sério, honrado, bom pai, bom de cama...
Uma mulher DEVE ser paciente, tranquila, compreensiva, afetiva, solícita, obediente...
A toda hora, na guerra doméstica, ele ou ela mudam de cenário ou de palco e, de regra, NÃO PERCEBEM QUE MUDARAM. Em vez de falar "Eu gosto assim", "Eu quero assim", "Assim me dá medo", "Assim me machuca" (é a fala do José), o José fala: "Você DEVE (fazer o que eu gosto ou o que eu quero)" e "Você NÃO DEVE (fazer o que me assusta ou magoa)". É a fala do Senhor Marido!
A convenção matrimonial permite, justifica e me estimula a

> TRANSFORMAR MINHAS NECESSIDADES E CARÊNCIAS PESSOAIS EM DEVER – do outro!

A cobrar ou a exigir dele, como meu direito, aquilo de que preciso ou sinto falta. Não SOMOS TUDO um para o outro? Não *temos* de ser tudo?

Como os deveres matrimoniais – afora a fidelidade – são bem indeterminados, cada um põe neles o que lhe faz falta e cobra do outro, quer ele tenha ou não o que ou com o que pagar.

O matrimônio consagra o direito de exigir e abusar do outro sem que ele possa se defender – e com PLENA aprovação social.

Nessa confusão de palcos – o individual e o coletivo – cozinha-se, aos poucos, o que faltava de veneno à outra fonte de confusão, à discussão entre dois que, na verdade, é uma guerra entre quatro.

É muito ruim sentir a influência "mágica" do outro, e não menos estranho é exercer – sem que se saiba como – influência sobre o companheiro. Se vou contar a história a meu amigo, conto-a do meu modo – e ele concorda comigo. Se ela conta a história à mãe, à amiga ou à vizinha, todos concordam com a... vítima!

Há um último lado nas quatro paredes, tragicômico como todos os outros. Ninguém mais do que marido e mulher sabe QUANTO as pessoas se repetem. Em visitas, jantares, férias, fins de semana, na visita à casa ancestral, eis, os dois, com seus costumes e particularidades tão interessantes para o estranho, a repetir a todo instante frases feitas a respeito de situações feitas, a repetir a anedota, o relato dramático do acidente ou da operação, o "pensamento" político, a demonstração de cultura, o refrão predileto – tudo sempre igual. O companheiro, de três, uma: ou aprende a ignorar (a distrair-se quando "ele" começa "aquela" história), ou aprende a apreciar as ligeiras diferenças entre um relato e outro (solução das mais felizes), ou começa a se irritar desde o momento em que acorda até a hora de dormir – cada repetição é uma alfinetada a mais.

Marido e mulher não têm segredos – costuma-se dizer. É péssimo que não tenham; como não têm segredos, não têm surpresa – portanto, não têm interesse um pelo outro. "Já sei tudo que ela vai dizer..." Virgínia Satir, mulher madura e muito experiente em guerra doméstica (terapia familiar), põe no centro dessa guerra

SENTIMENTOS DE DESPREZO E DE DESVALOR

de um para o outro e de cada um por si. Esse desvalor tem como raiz principal a diferença – *impossível de ser desfeita* – entre o que as pessoas

CONSEGUEM no casamento e o que elas (e o outro)
ACHAM QUE DEVIAM conseguir (foram condicionadas
a achar).

Estou dizendo que *grande parte dos sentimentos de desvalor e desprezo, por si ou pelo outro, nasce na família*, na qual, segundo se diz, só existem amor e respeito de todos para com todos.

É fácil compreender como nasce e como cresce esse desprezo. Ele é consequência do que acabamos de dizer. Como ele DEVE muitas coisas (e nem sabe quantas – nem ela!) e faz muito poucas, é claro que ele é... desprezível.

"Sabe, ele não é um bom marido..."

Para ela as coisas se passam de modo igual, e eis os dois a se olharem com maus olhos. O pior da situação é que os dois, *ao mesmo tempo*, passam a desprezar *a si mesmos* – pelos mesmos motivos (porque não fazem o que deviam fazer). Mas não é fácil aceitar plenamente o sentimento de desprezo por si mesmo – e então ele é negado. O que torna a pessoa MUITO suscetível ao desprezo do outro...

Entre pais e filhos o desprezo não é menor.

Pai e Mãe, quando contrariados, pensam – e muitas vezes dizem – coisas pesadas contra esses bichos indolentes e entediados que são seus filhos.

Os filhos, na adolescência, iniciam o revide, julgando os pais quadrados, obsoletos, ridículos...

Falta o fundo do poço.

De um lado e, como se diz, desde sempre, ninguém é perfeito. Todos manifestam vez por outra reações de mesquinhez, confusão, insegurança, contradições, horas sombrias, pensamentos de vingança, de rancor, impotência, desamparo.

De outro lado, é costume social dos mais enraizados que todos se mostrem e se declarem ótimos e perfeitos em tudo que fazem, pensam e sentem...

Toynbee começa seu famoso tratado de história com a frase lapidar (a ser escrita na lápide – na sepultura) "Todas as civilizações se julgaram eternas" e, na voz dos seus privilegiados, a melhor possível.

Em *nossas* lápides gostaríamos de escrever o mesmo...

O mesmo vale para as famílias (a dela é sempre tão precária...) e os indivíduos.

Em contrapartida, nenhuma conversa social é sobre os defeitos dos presentes, e quando, entre dois, surgem alusões nesse sentido, reagem todos como se fosse uma gafe social ou concluem – acertadamente – que os dois estão brigando...

Por isso também – creio – nasceu a psicoterapia: para começar a falar dos "podres" de cada um e da Família (é quase a mesma coisa).

> No casamento é FATAL que *ambos* projetem, um no outro, a própria SOMBRA.

A sombra (Jung) é a soma de tudo que no pequeno mundo de cada um é tido como mau, vergonhoso, errado, sujo, pecado. A sombra é o oposto da *persona* – nossa brilhante imagem pública –, como nós gostaríamos que ela fosse.

Segundo esse elo maldito, ao cabo de certo tempo um vê o outro como o portador de defeitos não raro monstruosos, pois aos defeitos de cada um vêm se somar os defeitos do outro. O que as pessoas dizem às outras nas piores horas! Se ele é quietarrão e ela, tagarela, ao cabo de certo tempo ela se verá falando o tempo todo pelos cotovelos – ele chegando quase ao autismo; quanto mais ela fala, mais ele silencia e, quanto mais ele silencia, mais ela fala. Ou então, ele é cada vez mais autoritário e ela, cada vez mais submissa, e quanto mais ela se submete mais ele exige, e quanto mais ele exige mais ela se submete. O mesmo se diz de outros pares de contrários, ingenuidade e esperteza, avareza e prodigalidade, gentileza e grosseria, amplidão e pequenez de espírito, e quanto mais.

Esse tipo de ligação é obscuro para as vítimas (e muito evidente para as visitas...); ao mesmo tempo, poderoso, gerando os piores momentos da vida em comum.

Além disso – ou por isso mesmo –, são eles praticamente impossíveis de desfazer, por ser muito inconscientes para os dois e muito "aprovados" por todos. Para resolver esse lado das desavenças conjugais, seria preciso que os dois desenvolvessem até o limite a capacidade de aceitar, assimilar e integrar os piores aspectos da própria personalidade.

Na situação conjugal esse processo é praticamente impossível, pois TODOS os preconceitos a respeito do que Marido e Mulher "devem" ser confirmam e reforçam essas projeções recíprocas. Todos *confirmam* que o errado está certo!

É conhecido – e frequente – o caso de casais com 20 ou mais anos de casamento que morrem um logo após o outro. Não sei se é de amor, de acomodação ou de envenenamento pela própria sombra... Quando tentamos assimilar nossas forças sombrias, a morte é sempre uma possibilidade.

A "análise" dessas projeções recíprocas só é conseguida se os dois se separarem por um tempo considerável – muitos meses. Durante o casamento, em minha experiência pessoal e clínica, essa análise é *impossível*, e o elo maldito, *indestrutível*. A situação agrava-se mais: duas pessoas casadas conhecem uma à outra como ninguém mais. O viver dia a dia muito próximo em mil circunstâncias diferentes vai tornando cada vez mais difícil para qualquer um dos dois "disfarçar" suas fraquezas, seus vícios, tolices, cismas, manias – as pequenas ou grandes misérias de todos nós.

Não é preciso que tudo seja dito. Muito é apenas visto. De fato, nem a mãe sabe tanto dele quanto a esposa – que em certos momentos é muito mais crítica e implacável do que a mãe. Tudo isso está no *olhar*.

Esse conhecer de "podres" reforça demais a noção do *eu bom, ela ruim*. "Às vezes ela é tão esquisita!" e vice-versa. É instintivo esse processo de projeção – de *se ver no outro e apenas no outro, convencido de que ele é eu*, mas sem que eu *queira ou consiga* saber disso!

Porque a imagem que eu SINTO de mim é muito diferente da imagem que o outro VÊ de mim.

Precisamo-nos sentir mais, no olhar direto e desarmado – mas atento –, no contato de pele e na dança dos movimentos. Creio que assim nos entenderemos melhor.

~

"Ter consciência" – até quando?

A consciência é limitação, é prestar atenção a algo *bem determinado*, que com isso "se ilumina", como dizem os existencialistas.

E depois que CERTO objeto, pessoa ou situação ficou iluminado, o que se faz com isso? Há o óbvio: a consciência não pode iluminar cada vez mais, ou seja, a tomada de consciência NÃO É aditiva. Não tem sentido dizer "Um dia terei em cada momento consciência permanente de tudo".

Os conteúdos ou objetos da atenção SUBSTITUEM-SE interminavelmente, e quem reúne ou *integra* o que vamos percebendo *com certeza não é a consciência*. Consciência quer dizer *percepção nítida* de uma *pequena parte* da experiência, ou melhor: o número de objetos da experiência global do aqui e agora é sempre *maior* do que o número de objetos que *cada um* percebe dessa experiência.

Se pedirmos a umas tantas pessoas que nos contem um filme a que acabaram de assistir, certamente obteremos divergências consideráveis de relatos – sobre A MESMA experiência.

Se, depois, reunidas as mesmas pessoas, as convidarmos a assistir *de novo* ao mesmo filme, é certo que verão, todas, bem mais do que a primeira vez. Mas a rigor não viram *mais*. Viram *diferente*. Pois os *novos relatos* – provavelmente mais amplos – continuam a divergir, talvez até mais do que da primeira vez. Quanto mais complexos os relatos, maiores as diferenças. O pseudoquantitativo (ver *mais*) tira-nos do que acontece – diferenças qualitativas – e coloca-nos no caminho do... paraíso.

Ainda hoje é fácil ler em relatos científicos menores que, "presentemente, restam pontos obscuros nesta ou naquela área mas, com o prosseguimento das pesquisas, um dia saberemos tudo...".

É a forma ingênua – para não dizer tola – da árvore do Bem e do Mal, cujos frutos, segundo a serpente, dariam a Adão e Eva o conhecimento de todas as coisas... Estranhas semelhanças, deveras, entre Ciência e Religião...

Em brigas de casal, na primeira etapa as pessoas FALAM muito; em cada discussão surgem novas acusações, justificativas e desentendimentos. Escolhidos os alvos, ou as brigas assumem aspectos estereotipados – sempre AS MESMAS brigas; ou os interessados – um, outro ou ambos – VÃO DEIXANDO DE FALAR um com o outro.

Mas essa "paz" externa é acompanhada de numerosíssimos diálogos INTERIORES nos quais o outro interiorizado ou "ouve" tudo que eu tenho a dizer, ou diz o que eu gostaria que ele dissesse.

Esse diálogo matrimonial serve – bem ou mal – para que os cônjuges "tomem consciência" de numerosos pontos de suas personalidades e de suas histórias familiares pregressas. Esses pontos, bem trabalhados, poderiam contribuir bastante para um melhor entendimento. Mas, de regra, não é o que acontece. Sabemos que a "obrigação" em família é, primeiro, aguentar calado até onde dá para aguentar e depois, com muito atraso, vomitar de volta todo o excedente. O outro, em vez de compreendido, sente-se agredido e injustiçado – reforçando com isso sua posição antagônica.

Tanto por esse processo como pelo outro – do diálogo *interior* –, vão se reforçando e intensificando
AS CARAS E AS ATITUDES
de oposição de ambos.

Como se os longos diálogos interiores fossem *ensaio* para formar personagem de peça teatral.
As vozes são cada vez mais ríspidas, ou frias – ou mortas. As caras, cada vez mais crispadas e mais prontas para... morder.
Os dois, ao longo das divergências que apareciam NAS PALAVRAS, foram afiando suas armas, até conseguir espetar espinhos envenenados nos lugares mais sensíveis e dolorosos um do outro. Um olhar, um tom de voz, uma certa palavra – é só o que resta da velha briga dramática e jurídica. Mas como atinge, como enfurece, como humilha!
Sobraram só giletes, espinhos e pontas de anzol.
Na medida em que o falar conseguia CADA VEZ MENOS, as *atitudes*, as vozes e as caras endureciam CADA VEZ MAIS.
E assim se juntam o começo e o fim desse discurso, sobre a tomada de consciência.
Até certo ponto, convém falar, tentar o entendimento verbal. Na medida em que esse entendimento vai se fazendo cada vez mais impossível, as pessoas vão PERDENDO a consciência do que DIZEM,

mas vão, ao mesmo tempo, intensificando as divergências no plano das atitudes, dos olhares, das vozes ferinas ou bruscas...

Na verdade, se um, outro ou ambos *continuarem falando* – mas com outros, com mamãe, com o amigo, com a terapeuta –, a fala faz-se cada vez mais repetitiva, vazia, sem emoção verdadeira, sem consciência. *Nesse* caso, a relação NÃO MUDA. Há períodos nos quais É PRECISO CALAR-SE e ficar APENAS no sentir

E NO OLHAR.

Aí, e então, a agressão ganha eficácia e transforma a relação.

Se a pessoa verbaliza persistentemente, as transformações de posições e atitudes são poucas e lentas.

"Tudo continua como sempre foi"
(a segurança da desgraça BEM CONHECIDA...).

O leitor, espero, está percebendo o tema – FEROCIDADE. O homem é o mais feroz de todos os animais. Por isso tem a posição que tem no mundo vivo: rei incontestável.

Sempre negada – porque somos todos ótimos –, nossa ferocidade envenena tudo em volta e ninguém entende mais nada. Se somos tão bons, como é que nossas relações pessoais e sociais são tão ruins?

O ódio crônico – reprimido ou não – aguça as reações de ataque que se fazem cada vez mais atentas, precisas, implacáveis e

RÁPIDAS

– quando sentiu, já acabou – mais uma ferida ficou.

AGARRADOS E COBRADORES

Por que as pessoas são tão fixadas e cobradoras umas em relação às outras – cobrança de amor eterno e exclusivo, principalmente?

"Você é a única", "Vamos nos amar para sempre", "Nada poderá nos separar..."

Primeiro, o que há de verdade nisso? Há que essas frases, se forem tidas como declaração de certo *sentimento presente* aqui e agora, são verdadeiras, todas elas magistrais e para sempre resumidas pela voz do poeta (Vinicius):

Que não seja imortal, posto que é chama
Mas que seja infinito enquanto dure.

Na verdade, o envolvimento amoroso, quando bem presente e ativo, já foi chamado – com muita felicidade – de "estado de graça". Duas características desse estado fazem que ele possa ser tido como modelo de paraíso: durante sua vigência, a sensação imediata é a de que NADA NOS FALTA (temos tudo).

Diziam os teólogos medievais que, no Paraíso, Deus proveria cada bem-aventurado com tudo que ele desejasse e sentisse como mais prazenteiro – mas prazer eternamente renovado. Que outro modelo pode ser apontado, capaz de dar essa SENSAÇÃO – ou esse estado de consciência?

Depois – e isto é deveras notável – o estado de graça amoroso parece infenso à saciedade; ela não enjoa nem cansa.

Se nada me falta e se o bem que experimento não enjoa nunca (não mata o desejo), então temos, aí e assim, um Paraíso concretamente experimentado.

É tão bom que ninguém perdoa ninguém quando o estado
se dissipa.

Procuram ambos, imediata e veementemente, o que *o outro* fez ou está fazendo para anular o estado de graça.

Se o bem "roubado" é tão valioso, é lógico que o esforço para recuperá-lo é o maior de que a pessoa se mostra capaz. E o grande amor vira uma briga cruel.

"Meu bem, meu mal", diz mestre Caetano.

Até aqui a verdade do sentir.

Mas logo se acrescentam a esse fundo de verdade exigências do palco social: o que os outros verão e pensarão de minha ligação? Deixar de ser amado é sentido, neste palco, como casamento fracassado!

Mas há uma poderosa pressão NEGATIVA atuando sobre todos – OBRIGANDO a cobranças intermináveis.

É tão difícil e perigoso ter *vários amores* (simultâneos!) que
O MEDO
(de ter de procurar e se expor)
nos leva a
EXIGIR
do outro que seja
TUDO
para mim. (Como seria bom se fosse!)

Quantas vezes ouvi esta frase: "Como seria bom se em vez de amar meu amante eu pudesse amar a meu marido" ou "Por que não amo assim a meu marido?"

E o negativo: "Não aceitei porque não era o lugar", "Não era a pessoa", "Não era a hora", "Eu não estava preparado", "Não tenho estrutura" – mil maneiras de tornar pseudofóbicas as medidas ditadas pelo medo de transgredir.

Tem mais. Mesmo quando em estado de graça, por vezes acontece de encontrar outra pessoa que desperta – que poderia despertar – a chama sagrada. Quase que invariavelmente desviamos o olhar (o pensamento – e o sentimento) para evitar complicações.

Somos por tradição sagrada tão miseráveis de sentimentos amorosos que, em havendo um, já nos sentimos mais do que milionários e renunciamos com demasiada facilidade a qualquer outro prêmio lotérico (de amor).

Será "natural" essa monogamia? Será gratuita essa renúncia? Depois de renunciar não vamos cobrar nada por ela?

Penso em algumas mulheres bonitas das quais cuidei. Em todas era muito forte o sentimento de "Posso o que eu quiser; tenho a meus pés uma corte permanente de escravos dóceis. Por que hei de me contentar com um só?"

Esses pensamentos são inevitáveis quando a pessoa – na passarela das ruas – é *continuamente* olhada com admiração, prazer ou desejo. Se sou tão valiosa, por que me perder dando-me a um só? Sentimentos parecidos ocorrem ao rapaz rico e a todos que gozam de posição favorecida – e invejada.

Só se resigna verdadeiramente à monogamia quem não tem outra chance...

Esse é o par dialético – aparentemente cínico – do discurso e da prática monogâmica.

Mas vamos além pelo mesmo caminho, examinando nosso primeiro amor – a mãe (nossa!).

Todo mundo sabe o que Freud disse do Complexo de Édipo. Acrescento, de minha parte, mais uma componente social – coletiva – que OBRIGA A CRIANÇA A AMAR SOMENTE A PRÓPRIA MÃE.

TODA pressão social vai nessa direção. Se uma criança começa a gostar de uma vizinha ou de um tio, logo se sucedem as manobras, todas elas grávidas de ciumentas razões pelas quais uma criança NÃO PODE amar a outra "mãe".

O mesmo se diz dos segundos casamentos, quando há crianças em jogo. ESPERA-SE que as crianças reajam ao máximo CONTRA a nova mãe, e toda rebeldia de um filho, nessas circunstâncias, é tida como natural e inevitável. "Sabe, NÃO É A MÃE dele..." (logo, ele tem O DIREITO – a obrigação – de se rebelar!).

Sem contar com o pavor cósmico das mães quando a criança sai pelo portão afora. Pavor que na selva ainda tinha certa justificativa, mas na cidade tem muito menos. Logo será lembrado o rapto – para justificar o medo das mães e fazê-las CONTINUAR a ter medo para sempre. Se fôssemos evitar tudo que pode ser perigoso, nos fecharíamos em cofre-forte de banco suíço. Na verdade, o risco de atropelamento por automóvel é infinitamente mais "certo" do que o rapto ou o assalto – mas não impede as crianças de sair às ruas.

Mas sei bem demais que NÃO ADIANTA QUERER TRANQUILIZAR AS MÃES.

Mãe tranquila é tão rara que quando aparece todo mundo desconfia. Deve ser relaxamento. Ela nem morre de medo, nem morre de culpa. Ainda que pareça estranho, mãe tranquila é tão raro quanto relação sexual tranquila.

A fim de avaliar melhor a força dos apegos familiares, lembro o espetáculo indizível das Unidades de Cuidados Intensivos dos hospitais, onde vemos velhos já mortos, cortados e recortados por mil cirurgias feitas *apenas* por amor (!) à Família (amor CARÍSSIMO), cheios de tubinhos e máquinas estranhas.

Parece o lugar da mumificação dos antigos egípcios. Um horror. Só para poder dizer "Fiz tudo que podia para que meu pai não morresse". Essa culpa familiar gera um progresso médico da pior espécie: como conservar moribundos e agonizantes.

Comércio de múmias para atenuar sentimentos de morte. Amém.

De outra parte, o par dialético desse horror: velho (velha pior ainda) NÃO PODE AMAR. É um escândalo, uma vergonha. Velho só pode morrer devagar, mais nada.

E OS QUERIDOS FILHOS, COMO FICAM?

As crianças sofrem mais do que os adultos, pois VEEM MUITO – NA CARA E NOS MODOS (maus modos) DE PAPAI, DE MAMÃE – OU DOS DOIS.

Essa de que "brigamos entre nós, mas as crianças não sabem de nada" é uma mentira perigosa. Primeiro, porque a criança vê muito mais do que os adultos (ainda não encheu demais a cabeça com palavras – que atrapalham MUITO o que se vê). Depois porque a criança vê *que estão disfarçando;* só enganam quem faz – e quem quer ser enganado. Enfim, e o pior: se a criança dissesse em palavras, seria assim: "Vocês não confiam em mim, vocês mentem, vocês não sabem o que estão fazendo, não tenho mais confiança em vocês".

Que crianças? De que idade? Na certa, todas – desde recém-nascidas –, cada uma em sua medida, mas, em todas, em medida muito maior do que os adultos acreditam. Há crianças, depois, que infernizam o universo com a guerra entre elas, a mãe e o pai. São anúncios... gritantes de conflito, competição e agressão.

As crianças são odiosas porque encenam invariavelmente o que está acontecendo entre os adultos próximos.

Não podem fazer outra coisa. Começamos a suspeitar que a *imitação* – intencional OU NÃO (feita "por querer" ou "sem querer") é a ÚNICA forma de aprendizado de comportamentos complexos – de aprendizado de atitudes, posturas, papéis, "modos sociais" (quais não são?).

A criança imita tudo que vê a fim de "compreender", a partir do que sente, aquilo que imita.

Pode imitar um trem pelo barulhão e pelo espanto, pelo apito, pelo resfolegar da máquina, pelos movimentos da árvore de transmissão e seu ritmo, pelo ruído de passagem de trilho a trilho... Só depois de ter feito TUDO isso – e mais (ter entrado, passeado por dentro, andado de trem) – é que ela "sabe" o que é um trem.

Os personagens humanos são os mais fáceis de imitar (de se identificar com) pelas óbvias semelhanças de forma e de funcionamento. Por isso a criança é sempre um porta-imagem do que está acontecendo em torno dela. O principal do aprendizado infantil está em "aprender a ser gente", a obter mil "representações" de "como gente é", como é a dança dos gestos e das caras, dos tons de voz, dos olhares... Tudo isso se aprende – ou se modela – por imitação.

A criança, pois, sofre inevitavelmente os climas emocionais da casa; primeiro porque vê, depois porque depende da Família – e teme por ela.

Mais cedo ou mais tarde muitas delas aprendem a viver na guerra e até a explorá-la – exatamente como fazem os adultos.

É uma coisa que "não fica bem" dizer: "Na minha separação fiz o que pude para destruir a imagem dele (do marido)". Não se deve, mas é o que se faz tantas vezes.

Negamos a agressão e daí para a frente continuamos a agredir sem saber.

É uma animosidade, uma malevolência, um irritado, um azedo, um despertar de culpa – tudo por causa daquele louco! Depois, antes da separação, os salseiros semanais de hora quase certa e com começo, meio e fim claramente determinados. Gente que quer experimentar "emoções fortes", porém sem risco nenhum – sem mudar nada. Está muito bem como está, apesar da gritaria.

A criança ainda não compreende essas encenações dos adultos; para ela tudo é sério, é pra valer.

Criança deixa todo mundo acreditar que a engana, mas dificilmente se engana em matéria de emoções dos adultos próximos. Repito, é primário, é biológico: o grande é meu modelo, vou aprender a ser como ele, a falar como ele fala. Creio que é preciso mentir e esconder muito das crianças, antes de elas começarem a ficar descrentes.

Para mim, nada dói mais do que isto: criança descrente dos adultos.

Note-se com força: o discurso a favor da família dá por subentendido que a criança "não sabe" o que acontece com os adultos (são coisas "muito sérias", que ela não consegue compreender); se os adultos NÃO FALAREM do que se trata, ela continuará sem saber de nada; a guerra dos pais, se eles não a mostrarem aos filhos, não será percebida por eles.

Logo, conclusão óbvia dos falsos pressupostos: mesmo casais que se dão mal não precisam se preocupar com o efeito disso sobre os filhos. Criança não percebe nada, é bobinha, muito queridinha, mas, na verdade, não é de se levar a sério... (sorrisos). Crianças são tão fáceis de enganar... (Tradução: o adulto se engana tanto sobre as crianças...)

Como se vê, rede de pescador segura mais água do que isso.

TODOS esses pressupostos são muito discutíveis – para dizer com moderação.

E então o barco vai a pique: se só filho de casal separado tivesse neurose, psiquiatra não teria cliente. Quero dizer: para cada "infeliz" que veio ter a mim e cujos pais se separaram, havia não nove, mas 99 cujos pais NÃO haviam se separado...

Entre casais amigos e conhecidos, a mesma coisa.

Por que estavam envenenados esses filhos de família? Por quê, se não pela atmosfera doméstica?

As crianças absorvem todos os problemas dos pais pelos olhos e tons das vozes. Dos tons muito mais do que das palavras propriamente ditas. Se o marido diz "FDP" à mulher, em tom carinhoso, a criança nem percebe; se ele disser AMOR com um grito, a criança cai da cama!

Depois, eu, na minha perplexidade, não compreendia por que, no Mito (cristão) da Salvação, havia aquela estranha página de horror – Herodes e a Matança dos Inocentes.

Agora não estou mais perplexo. Nós os matamos paciente, cotidiana, cuidadosa e "justificadamente".

Epitáfio (do casamento)

Mas eu sei por que o ódio/desprezo matrimonial é o maior de todos. A Família é a maior válvula de segurança das instituições sociais injustas, opressivas e exploradoras.

O casal absorve "legitimamente" – "é natural" – todo o descontentamento, a frustração e o rancor pessoal com a vida, com o trabalho, com o chefe, o salário e quanto mais. Com nada disso posso brigar. Então brigo com minha mulher e com meus filhos. E o Lar – de paz e amor – vira – sabemos – um lugar de gritarias, xingamentos ou, quando há um pouco mais de educação, indiretas, ironias.

Claro que a Senhora Esposa e os Queridos Filhinhos entram na dança, pois todos eles têm, TAMBÉM, suas razões para "desabafar" em casa.

E assim a Família absorve a MAIOR PARTE DAS EMOÇÕES NEGATIVAS GERADAS PELO SISTEMA SOCIAL.

Não fosse ela, a sociedade (o sistema) explodiria.

Por isso ela é protegida por todos os poderes constituídos. É estranho o paradoxo.

O Lar é o lugar da paz, mas em casa é TAMBÉM voz corrente o "Temos o direito de explodir, oprimir, xingar, até bater". Desabafando em casa, conseguimos aguentar tudo que aguentamos fora de casa.

Não sei de ninguém que não tivesse dito essas coisas – tão importantes e terríveis.

Além dos desabafos (!) que envenenam o clima doméstico, nele surgem todas as diferenças de educação e todos os jogos de poder destinados a coagir o outro a ser como quero ou preciso.

Aos poucos, chegamos ao fundo do poço. Como ela "não faz o que devia" – como me sinto insatisfeito ao seu lado –, vou aos poucos me convencendo de que ela é a culpada de todos os males que há no (meu) mundo.

"Se não fosse ela", eu seria ou poderia ser feliz. O que me dá o DIREITO – mais do que ambíguo – de maltratá-la, de "dizer-lhe as verdades", de "pô-la no seu lugar".

Ela – democraticamente – faz muito parecido.

E vivem infelizes para sempre.

Vivemos papagaiando e balbuciando mil frases de amor pela Humanidade – cristianismo, comunidade, caridade, humanismo... Mas quando começo a amar o próximo (aquele que está perto de mim aqui e agora) logo começa o drama dos pode e não pode, deve e não deve.

NÃO QUEREMOS SABER O QUE QUER DIZER AMAR
MAIS DE UMA PESSOA POR VEZ.

Não que o fato não exista; o que não existe é categoria aceita de expressão e comunicação coletiva para esse fato.

E a coisa alcança limites de perplexidade porque quase todos têm experiência de vários amores – na Família, precisamente!

Mães com dois ou mais filhos e já temos aí toda uma história. Vem logo o chavão clássico do amor IGUAL por todos os filhos – tolice número um, negação da individualidade. Depois os irmãos que se amam entre si (ninguém diz que TAMBÉM se odeiam). Claro que se amam – não são irmãos? E papai e mamãe, será que poderiam permanecer frios ante tanto amor doméstico? TÊM de se amar – é claro. E lógico.

Mas todos – TODOS – sabemos ser essa apenas uma pequena parte dos sentimentos presentes em uma família. É a parte das boas intenções FALADAS que, aqui como alhures, têm pouco que ver com o que as pessoas fazem.

E a vítima é sempre a criança para a qual *se fala* da igualdade, enquanto ela está *vendo* a desigualdade – mas não pode falar disso com ninguém; todos dirão que ela está enganada, que os pais SEMPRE amam aos filhos e SEMPRE se amam...

Pergunto-me, bem no íntimo: será que a dificuldade de amar *aos* filhos não tem essa mesma raiz envenenada? NÃO SE PODE AMAR MAIS de uma pessoa por vez!

Muito da panela de pressão que é a Sagrada Família provém dessa fonte.

NINGUÉM SABE COMO É AMAR VÁRIAS PESSOAS
AO MESMO TEMPO – NEM NA FAMÍLIA!

Logo ocorrem favoritismos, preferências, escolhas, competições, comparações, perseguições, exigências, TUDO MUITO DIFERENTE DE PESSOA (filho) A PESSOA. Justo castigo para quem diz só saber amar uma pessoa (o marido) e, depois, os outros (os filhos) "todos por igual".

Oh, céus! Como podemos depois desejar um mundo melhor se desde o berço o amor começa a ser tão complicado, disfarçado, mentido, explorado?

Outra situação – aparentemente bem diferente – leva-nos ao mesmo ponto – nossa incapacidade de amar. Quem ama mais de uma pessoa muitas vezes se surpreende e embaraça ao ver-se dizendo coisas muito parecidas a pessoas muito diferentes. Não me refiro ao conquistador cínico que tem frases feitas para impressionar as damas (que se impressionam muitíssimo com bonitas frases). Falo de alguém razoavelmente honesto – que de fato sente amor por mais de uma pessoa.

Se a história desse personagem fosse transformada em filme, ao ver as várias cenas, as pessoas ririam, mesmo que o ator fosse ótimo. É a situação que provoca embaraço; a qualquer momento espera-se que a pessoa – uma delas – seja "descartada" em benefício da outra... Enquanto são duas, tudo parece irreal e instável.

No entanto, é certo que TODOS nós amamos várias pessoas, não só da família, como amigos, crianças, namoradas. Todos vivem o fato, mas ninguém quer ou consegue dizer assim: AMO VÁRIAS PESSOAS AO MESMO TEMPO. Ao dizê-lo, a pessoa se sentiria dividida e é isso exatamente o que ouvi mil vezes em grupos de terapia.

Repito: TODOS nós amamos VÁRIAS pessoas ao mesmo tempo e NÃO CONSEGUIMOS PENSAR NISSO. Claro, logo começam as distinções especiosas, das quais o "É namorado" ou "É apenas amigo" são os versos mais comuns da opereta. Enquanto continuo dizendo que meu amor NÃO TEM definição (social), ninguém fica feliz ao meu lado.

O sentimento por uma das pessoas – *admite-se sem discussão* – TEM DE SER falso ou enganoso. Só podem sobrar – soçobrar – o Senhor Marido e a excelentíssima sua esposa respeitável e ÚNICA.

Por isso, ainda, as escolhas de amores e amizades são sempre difíceis – ficando as pessoas anos a fio a se perguntar se "ele me ama – ou não".

Concebendo qualquer relação como Eterna (nos moldes do *casamento*), torna-se deveras difícil – para não dizer impossível – escolher quem vai comigo até o fim da linha.

Se fosse só um passeio – geralmente é –, seria bem mais fácil.

É preciso – como tantas vezes ocorre no casamento – que meus amores sejam ruins – uma aventura de uma vez só, prostituta, menina das massagens para homens; aí pode. Mas, se há uma relação pessoal, se há um sentimento maior de pessoa a pessoa, aí tocam os alarmes.

Quanto MELHOR a qualidade do amor entre duas pessoas não casadas, pior a perseguição, tanto a ostensiva quanto a secreta, dos olhares furtivos ou de condenação, da fofoca, do desprezo.

Seria bom, ao menos, que não vivêssemos dizendo que amamos. Nosso mundo é extremamente adverso ao amor. Ele o persegue onde quer que apareça e em qualquer tempo.

Eu acreditava que uma parte dessa perseguição era proteção ao amor conjugal – sem mais. Hoje estou convencido de uma verdade maior e pior: é perseguição a qualquer

MOMENTO DE FELICIDADE AUTÊNTICA (AMOROSA).

Pasmem, senhores: MESMO QUE ESSA FELICIDADE SEJA CONJUGAL – legítima e sacrossanta.

As pessoas não sentem inveja quando alguém DIZ que seu casamento é feliz; as pessoas sentem inveja e fazem depressinha algo contra sempre que

VEEM

duas pessoas genuinamente felizes.

"O que foi que te aconteceu?", "Viu passarinho verde?", "Esses namorados são impossíveis", "Você parece um adolescente bobo."

A coisa alcança limites absurdos na filosofia existencialista: se você não está angustiado, é porque você está alienado.

Logo, a condição humana é a INFELICIDADE OBRIGATÓRIA. Por que o amor é tão reprimido em nosso mundo?

Porque ele é capaz de DERRETER estruturas de caráter, que são IDÊNTICAS às estruturas sociais. As classes sociais envolvem situações, haveres e ATITUDESIMODOS. Lembram-se de Pigmalião – o do B. Shaw? Um linguista treina uma florista A FALAR bonito e a ter "bons modos" e ela chega a ser apresentada à rainha... Mudar de jeito é mudar de mundo – de classe, de "posição".

É grande o número de mulheres que desistiu de pensar/sentir amor/sexo. De tanto fazer que desdenham, de tanto disfarçar e negar,

terminam acreditando na negação. O desejo feminino é frágil porque é sempre malfadado, sempre demasiadamente disposto à desistência.
O aprendiz de feiticeiro reeditado.
Que estória mais triste.
Que história mais triste.

TRÊS POEMAS FINAIS
1 – MEU MARIDO – DESGRAÇA DO MUNDO
    1 – Meu marido é a causa de toda a minha desgraça
    2 – Se ele *quisesse* (é tão fácil *para ele* querer), eu seria tão feliz... (Para mim é tão difícil...)
    3 – Tudo que eu NÃO faço (nem sou) é *por causa* dele.

Não faço, na verdade, porque não tenho coragem.
Mas digo aos outros e a mim mesmo que a culpa é sua –
Você não deixa.
Então você me despreza (e eu me desprezo) porque sou covarde duas vezes:
    – primeiro, ao não fazer
    – segundo, ao dizer que *você* não deixa.
Teu desprezo é justo e inevitável.

2 – MEU AMOR – MEU PINICO
Se alguém declara amor, sua amada, na vez seguinte, quase que fatalmente lhe dirá
    – Então me aguente
e desabafa, se queixa, cobra, controla,
se exibe, exige.
    – Chega, tá? Não aguento mais. – Mas você disse que me ama!
(Portanto, *tem de* me aguentar.)

3 – FAMÍLIA: AGUENTE
Porque amor e casamento estão indissoluvelmente ligados – no mais íntimo de todos nós

– nos costumes e sobretudo NAS FALAS cotidianas.
E no casamento todo mundo aguenta – é a primeira lição do cidadão. Quando é que vamos começar a nos preocupar em
DAR PRAZER E FAZER FELIZ
a quem amamos?
Sabeis por que ninguém começa?
É porque se eu começar a perceber – e a me persuadir – que
TER PRAZER COM GENTE
é fácil
é só se envolver e acariciar.
Então vai se criando entre nós
UMA SOLIDARIEDADE SEM TAMANHO, UM PERIGO MUNDIAL.
Cuidado!
SEPARAÇÃO E MORTE

O tema SEPARAÇÃO mereceria volumes.
Nada é mais doloroso para as pessoas do que as separações familiares de pais e filhos, de marido e mulher. Vivi algumas separações amorosas. Sofri com todas elas e quase digo que a experiência de nada me valeu; não aprendi a me separar. Foram sofrimentos bem diferentes, todos penosos, mistura de rancor e mágoa que todos conhecem – como se a OBRIGAÇÃO do outro fosse ME fazer feliz para sempre. Como ele não fez, maldito seja! Não sei qual o limite entre o drama e a imbecilidade.
De nós todos.
Quando lidamos com um absurdo desse tamanho e tão generalizado, só podemos estar lidando com um preconceito (com a ideologia). Desde que nascemos nos é dito de mil maneiras diferentes que Família NÃO SE SEPARA.
Na verdade, aprendemos assim: a maior desgraça que pode acontecer a qualquer um é a separação familiar.
Filhos de pais separados são olhados – ainda hoje – pela maior parte das pessoas como infelizes irrecuperáveis.

É espantoso o quanto as pessoas se NEGAM de sofrimento *pessoal* ligado à família para vê-lo – em forma de falsa compaixão – nos filhos de pais separados.

Esses filhos não são mais nem menos infelizes do que os filhos de famílias que permaneceram unidas; apenas seu sofrimento é diferente, e como todos temem a separação os filhos de pais separados funcionam como bodes expiatórios e símbolos de tudo que as pessoas mais temem. São maltratados exatamente nessa medida.

"Você me mostra, por simples presença, que uma desgraça imensa paira sobre mim; por isso eu o abomino – seu infeliz..."

E assim os cidadãos honestos de todos os mundos fazem o possível para que a criança em questão SE TORNE a mais infeliz possível – para "provar" a tese de que a separação conjugal é A DESGRAÇA.

As pessoas normais são tão boazinhas...

Há MUITO mais linchamentos no mundo do que os que aparecem de vez em quando nos jornais.

O filho de pais separados é cronicamente linchado pela maioria dos adultos que passam por ele. Por isso é infeliz. Por ser posto na posição de pária e de ameaça. Claro, o titio bondoso que acolhe a sobrinha mãe solteira é um santo – mesmo que torture a infeliz pela vida toda, que abuse, cobre, desabafe, inveje... "O tio dela é tão bom! Perdoou tudo e ainda a deixou morar com ele."

Por temer tanto a separação, o homem ocidental é um pusilânime ("alma minúscula") diante da morte – que é a separação máxima.

Mas há mais apegos além dos familiares agindo nesse caso. Há nossa tradição simiesca: "Quando tudo balança, agarre-se a seu galho – e não o solte".

Esse profundo conselho biológico é a raiz de todos os nossos apegos.

O mais frequente temor instintivo do homem é o da queda. Todo macaco que caiu do galho no mínimo levou um susto, provavelmente se machucou e com um pouco de azar foi comido.

Por isso, agarre-se! – esse é o brado da Natureza dentro de nós. E as pessoas – sabemos – vivem agarradas primeiro à Família, depois ao dinheiro, ao trabalho, à TV, à posição e a quanto mais.
Mas instintivo fora de lugar pode funcionar mal – ou às avessas. Quero dizer o seguinte: a primeira e a mais fundamental defesa de TODOS os animais em *qualquer* circunstância é AFASTAR-SE – fugir – DE QUALQUER ESPÉCIE DE AMEAÇA OU PERIGO.
Fugir, entre os animais, é profundamente "sábio" – salva a vida. Para os homens, perdidos em seus sonhos confusos, fugir é vergonhoso. Querem todos acreditar e querem todos fazer que os outros acreditem que somos muito corajosos, cavalheirescos, heróis (na CONVERSA são todos assim).
Nada mais frequente, porém, nem mais paralisante, do que o medo. A psicanálise inteira nos diz que a pior doença de TODOS é a angústia (para mim, sinônimo de medo).
O que falta no mundo, mais do que conhecimento ou consciência, é coragem – precisamente. Coragem de renunciar, de desistir, de fugir, de mudar.
Preferimos ficar – e apodrecer. A gerontocracia a nos governar que o diga. Caem literalmente de podre – e de nenhum outro modo.
Creio que seja claro para todos: em Família pode-se dizer ou fazer o que se quiser,

CONTANTO QUE NÃO HAJA SEPARAÇÃO.

Nas suas brigas, os casais fazem coisas espantosas um ao outro. Nas brigas, a "loucura a dois" que é todo casamento, aparece um RANCOR indescritível, o pior sentimento que conheço. Ele é tido como natural (!), e tudo que os dois loucos fazem um ao outro – os dois filhos assistindo – escapa a toda descrição.

Em relação a ninguém mais no mundo temos sentimentos tão ruins como na relação com as pessoas com as quais convivemos – e dizemos amar.

A Família é, TAMBÉM, o maior esgoto emocional do mundo...
O pior da situação é que todos os normopatas circundantes ainda dizem "compreender" – e basicamente ACEITAM – todas essas loucuras cruéis, fanáticas, perigosas e destrutivas.

Diz a Grande Mãe: "Aguente, filha querida. Não se separe, pelo amor de Deus. Pense em seus filhos".
Amém, Satanás.
Tenho para mim que a pior maldição que já pesou sobre a cabeça de cada um de nós é precisamente a ideia martelada em nosso cérebro desde que nascemos: meu filho, isto aqui (o casamento) é *para sempre, viu?* Você JAMAIS vai poder sair daqui, ouviu?
E o corvo disse: "JAMAIS, JAMAIS, JAMAIS".

A criança só tem então o caminho da adaptação, da resignação – ou da rebeldia, quando ainda lhe sobra um pouco de espírito.
As pessoas não parecem compreender que o Eterno e o Incondicional da Família *são idênticos à escravidão*.
Presença obrigatória vitalícia – faça a pessoa o que fizer. *É o pior* tipo de situação que se pode oferecer às pessoas. NADA então – depende do que eu faça. Posso ser repreendido e até castigado, mas SEI que JAMAIS me deixarão, e então abuso – e me vingo. Com a aprovação de todos.
O incondicional dos preconceitos familiares é uma das formas de impedir *a regulação das relações pessoais*. Elas já estão determinadas desde o começo – e não têm escapatória. Não adianta muito o que eu faça ou o que eu deixe de fazer. Tudo está garantido – e para sempre!
Não sei como se pode educar crianças dentro dessa irresponsabilidade cósmica, na qual os papéis sociais impedem quaisquer respostas ou decisões pessoais.
Tem mais. Se vou ao Zoo Safári, posso até descer do carro e chegar mais perto de um leão. Saciado e preguiçoso, é pouco provável que ele se dê ao trabalho de me machucar. Mas se ele estiver em jaula de circo, de 3 × 2 metros, aí eu não entro na jaula. É perigoso.

Casamento é assim. Já se falou demais nessa situação, mas é preciso repetir: o casamento tem semelhanças demasiadas com uma jaula ou gaiola – e isso contribui poderosamente para que ele seja péssimo. Ou o casamento se abre ou ele vai continuar neurotizando a todos – produzindo "cidadãos" para consumo do Estado. A psicanálise – TODA – disse apenas isto: Neurose igual à Família– ou vice-versa. Ainda: Neurose é falta de educação – falta de relacionamentos saudáveis, positivos, inspiradores, amorosos.

Dirão muitos: mas isso é a família neurótica – precisamente –, a exceção, o azar. Digo que isso é *qualquer* família, e o castigo do filho da boa família é tão ou mais terrível do que o castigo do filho de pais separados.

Não estou dizendo que a família seja *apenas* isso. Ela é *também isso* – mas disso não se fala. É *proibido* falar em público.

NAS FALAS, as pessoas – vamos repetir – dizem que não é assim, que a gente pode se separar, que quando termina o amor deve-se desfazer o casamento e mais outras ideias pias, cavalheirescas e bem--intencionadas mas *que não são feitas quase nunca* – são MUITO difíceis de fazer. Logo, liberdade de fancaria de *show*, de Palco Social. Separar-se é tão sofrido quanto permanecer casado.

Falamos acima: paga a esposa pelo que fez a mãe, e paga o marido pelo que fez o pai.

Exemplo: a filha/esposa "aprendeu" com seu pai certas coisas sobre dinheiro – geralmente *dado*. No casamento a história continua, pois ainda hoje as mulheres que trabalham fora de casa são minoria. A esposa dificilmente perceberá que o dinheiro "dado" pelo marido não é dado, mas *ganho* por ela – pelo trabalho. Ela tende ou a abusar – pois não sabe o que custa ganhar – ou a viver a vida toda meio constrangida e sem saber como resolver o caso – sem consciência do valor de seu trabalho.

Ajudando sempre a piorar a situação, existe a educação usual – por demais diferente para o menino e para a menina, criando entre os sexos uma distância que vida nenhuma conseguirá transpor. Para a imensa maioria dos homens, as "coisas de mulher" serão para sempre muito estranhas – e meio ridículas. O mesmo vale para elas: os homens são tão esquisitos...

Na medida em que o casamento dura, vão os dois se defrontando com as "esquisitices" do outro: aumentando a distância e a estranheza – quando não passando para a inimizade, a intolerância e as brigas.

Destas, as mais frequentes são as que terminam com os DOIS dizendo um ao outro: "A culpa é sua. Você é que deve".

Como ambos dizem e sentem assim, fica declarado o impasse – que de regra NUNCA MAIS se resolve. Entraram na engrenagem dos papéis complementares, um estimulando o outro e ambos reforçando ambos.

O céu pode se abrir se os dois conseguirem dizer: "O que está acontecendo *conosco*?" ou "O que é que NÓS estamos fazendo um COM (CONTRA) o outro?" Caso contrário, jamais se resolverá o mal-estar das más caras, dos péssimos olhares, dos reparos azedos ou cáusticos, o clima de guerra fria permanente – que é tão comum nas famílias. Estou para ver famílias que NÃO tenham complicações sérias e CRÔNICAS – quando examinadas *bem de perto*.

CIÚMES

Comecemos com os bichos. De regra, entre animais que vivem em grupo, o macho dominante – ou os poucos machos dominantes – vigia ciumentamente suas fêmeas – nos períodos de cio, quando menos. Os machos jovens que se guardem – se ousarem. Se percebidos e alcançados – pelo pai ou irmão da moça! –, serão maltratados de verdade.

O que diz mestre Wilson – o da sociobiologia?

Genoma em preservação. Qualquer animal e todos os animais tendem, acima de tudo, a procriar ao máximo, a multiplicar-se ao infinito. É a paranoia reprodutora, base de todo sentimento de grandeza e de todo elo de poder.

Não de prazer – note-se; o sublinhamento deste é obra humana, é cultura.

Aos vivos compete perpetuar-se – o que desejam com força deveras desmesurada e em proporção geométrica, como Malthus disse.

No homem, pois, e também, rege o genoma. Pior que "FDP" é "Corno – tua mulher deu pra outro. Teu genoma furou – vai sustentar o filho do outro, seu bobo". Quanto veneno nesse preconceito tão gloriosamente latino-americano.

O mais forte, pois, procria mais; e a espécie brilha com as cores da bandeira americana – que outra? (Wilson é americano.)

Nessas horas existe diferença entre ciência e ideologia?

Voltando ao ciúme, ele tem – como se vê – nobre origem animal: preservação DA MINHA família e "o resto" que se arrume. Que façam como eu fiz e faço.

Estranho, não é? Apesar das dúvidas ideológico-científicas, Mr. Wilson refere-se TAMBÉM a coisas que existem. O apego familiar, por exemplo.

Este livro fala, de regra, das histórias mais comuns. Mas se pegarmos os 10% da beirada de baixo, então o que se vê é de cortar o coração – ou de deixá-lo pendurado, sangrando, no arame farpado da instituição.

Digo da esposa que está no pronto-socorro, com vários cortes de paulada na cabeça. Foi o marido. Casados há 20 anos – "tudo bem". Um encolher de ombros: um "Melhor com quem do que sem ninguém". Bêbados – os dois. Que mais? Vinte *anos!*

Filho explorador há 25 *anos* e a velhinha – pobre velhinha, todos a compreendem – ajudando, ajudando, ajudando. "É meu filho... (Não tenho mais nada pelo que viver)."

A dama de Wilson diria, nessa hora: "É meu genoma, é meu genoma..."

Outra prova da força do genoma: pesquisas de opinião a respeito de ciúme deixam invariavelmente reticências sobre sua legitimidade, com uns laivos de certo ou errado.

Os mais otimistas acham mesmo que ele seja à prova de amor.

No entanto, basta um exame ligeiro de histórias cotidianas de ciúmes – não as piores, certamente! – para concluir: o ciúme é uma forma evidente de agressão/controle ou ameaça/controle.

Não digo que a pessoa *queira* controlar – as pessoas se assumem pouco; digo que seu comportamento leva a esse pressuposto. Submissão ou brigas homéricas.

O mundo verdadeiramente começaria a andar se um número apreciável de famílias fosse treinado e depois pusesse em prática a seguinte regra de ouro:

Neste doce lar NINGUÉM, nem papai, nem mamãe, nem o filhinho, pode REPETIR A MESMA BRIGA
mais de 30 vezes
(contadas a partir deste edital).

Se parlamentarmos um pouco sobre as fraquezas que a família gera em seus membros, concordo em trocar 30 vezes por 100. Mas aí chega. Ninguém é mariposa para teimar até morrer queimada – espero. Só isso. Se a velha briga parasse, nem que fosse com mordaça – nos dois! –, aí a briga esquentava mesmo, e as pessoas começariam a dançar, isto é, a se mexer – a viver, enfim. Por enquanto é quase sempre balé clássico – tudo igual ao que começou a acontecer no primeiro ano da vida em comum.

A DEFESA CONTRA A CRIAÇÃO É A REPETIÇÃO.

Cada vez acho mais: se falta um bom amor para ser feliz, então vale uma briga quente a favor do que eu acredito – e o empenho de ir em busca (se encontrar). O ciúme vem a calhar quando as pessoas já não têm muito a trocar, mas têm de ficar ali (não conseguem sair). Nada mais vivo – na sepultura do amor – do que a desconfiança, o desprezo, o policiamento recíproco – o jogo de Tom e Jerry.

Muitos anos atrás chega ao hospital no qual eu trabalhava uma mulher "completamente louca". "Imagine, doutor" – dizia o marido (ambos madurões) –, "cada vez que chego em casa, ela me segura na porta e me manda desvestir peça por peça de roupa. Ela examina, cheira, depois cheira a mim – por inteiro. O senhor não acha que ela está completamente louca?" Apesar dos meus então verdes anos, dessa vez não fui ingênuo demais. Perguntei, com jeito "de homem para homem": "E o senhor, merece ou não o ciúme?"

Ele, com a cara mais inocente do mundo, responde: "Claro que eu tenho minhas meninas; sabe como é, doutor! Mas eu nunca disse pra ela e sempre tomo banho depois..."

Alguém consegue se colocar nesse foco de ambiguidade? A mulher tinha a mais total certeza das outras, mas a negação verbal do marido – mais seu desejo de acreditar – fazia o que faltava. E ela estava louca, de erotismo reprimido. O ritual de chegada é tão claro!

Primeiro ela o despe, depois o cheira e em algum lugar dela há uma pergunta: como é que ele chega sempre tão cheiroso?

Que amante seria mais amorosa?

Se ela não estivesse meio louca, a história seria muito engraçada. Mas ela estava – não podia acreditar no que lhe diziam, nem no que ela sentia!

Sua confiança na Humanidade estava seriamente abalada.

Ele: um psicopata? Nem de longe. Antes, um bonachão cheio de vida a cumprir bravamente – com todo respeito – sua obrigação conjugal, mas incapaz de conter seu gosto por mulheres.

O ciúme pode ser excelente substituto do amor (quando vivido com a convicção de ser amor). Se faço o diabo com ele – com meu amor! –, é porque ele é importante para mim. Logo, minha vida tem um porquê: eu o amo! Quando o amor começa a não ser mais sentido, quando a vida vai perdendo intensidade, a vibração – então pânico – e o agarramento: aí o ciúme é negação da falta de amor.

Visto por fora, o que o ciumento faz o tempo todo é torturar quem diz amar. Nesse caso, sou comportamentalista: acredito mais no ato do que no discurso. O ato é agressivo – se é! Feito para doer mesmo, da mesma dor que dói no peito do ciumento. Uma facada.

"Te amo tanto!" Depois, a vigilância policial. É emocionante. Será que tem ou será que não tem? Quem? O Telefone. O Bilhete. O Perfume. O Cabelo... Não é sensacional? Não parece 007?

A DRAMATIZAÇÃO É A DEFESA CONTRA O TÉDIO.

O ciúme às vezes é social – vergonha da audiência, lesão de amor-próprio.

A única vez que, na área profissional, levei uns empurrões de uma pessoa – marido de uma cliente – foi tão estranho que nem me ocorreu reagir – e ele parou. Os dois com "educação superior". Antes do casamento ela me consultara, bastante preocupada precisamente com o ciúme dele e o medo de ser descoberta – ela não era mais virgem.

Creio – não lembro bem – que me pus ao lado da confissão antes do casamento. Mas ela não disse nada, e ele descobriu na noite de núpcias – com exame ginecológico *ad hoc*.

Nunca mais a tocou e torturou-a dois anos a fio, a ponto de ela tentar suicídio cinco vezes. Não se separava "para não desgostar a querida mãezinha" – era o que ele dizia.

Por que entrei eu na dança mais de dois anos depois? Ele veio me intimidar a fim de que eu não ousasse contar a história a ninguém! E também porque eu "devia" ter telefonado para ele após a consulta dela, dizendo-lhe que ela não era mais virgem!

Cada vez que ela fugia, ele a caçava.

Ele a espancava quase diariamente. Ela era um fantasma do desespero. Dois loucos? Não. Dois profissionais em exercício, maiores, universitários, nesta metrópole de São Paulo, em mil novecentos e...

Eram Marido e Mulher – pela Graça de Deus. A polícia não podia intervir.

Não se pensa que absolvo fácil e totalmente os indivíduos; certamente, não. O mais difícil e o mais delicado na apreciação do outro é o limite de seu querer, isto é, o que a pessoa faz, nos termos sempre pomposos da lei, quando em pleno uso e gozo de suas faculdades mentais.

Claro que esses dois infelizes eram um símbolo do que o casamento tem de mais negativo.

Mas tem. Quantos sabiam dessa história? Eu sabia. Fiz alguma coisa? Não. Nem me ocorreu.

Hoje eu talvez tentasse fazer alguma coisa. Com muito cuidado, porém.

Eram, no meu julgamento, dois personagens bastante medíocres – e isso tem que ver com o drama. Repito: a dramatização é a defesa contra o tédio. Esses infelizes são símbolos, sinais e sintomas – eu sei. Não estou fundando crítica social em casos escolhidos.

O ciúme é importante porque o palco social é implacável, não raro cruel, impiedoso, malevolente.

O ciúme – dizíamos – é uma animada aventura policial, na qual o criminoso é a pessoa amada. Quem se declara (juridicamente) vítima na verdade comporta-se como detetive e promotor, não raro com interrogatórios sob tortura psicológica ou física, ameaças claras ou vagas, desconfianças, interpretações deveras maldosas de uma pessoa com a qual vou continuar vivendo não sei até quando.

E as pobres crianças, o que acontecerá com elas se eles se separarem? (risos deveras amargos)

Muito forte no ciúme é o componente segurança social/econômica, o que diz respeito (ou desrespeito) mais à mulher. Perder o marido é perder companhia, *status*, e até ameaça de fome – pelo menos assim, de repente. As pessoas tendem a negar esse componente com uma ingenuidade tocante. "E só amor – mais nada." "Amor desprezado – é isso." "Por isso estou com raiva – aquele cafajeste miserável!"

Mas vamos misturando as coisas. TODAS as tentativas de formar comunidades alternativas de que tive notícia até hoje – talvez uma dezena – se desfizeram por causa de ciúme.

Nada se opõe mais à vida grupal do que esse sentimento.

Vendo sua força de dissociação, penso se Mr. Wilson não tem razão, se a batalha da Humanidade não é contra o poder "despolítico" (político e despótico) do genoma. Ou haverá outra explicação para nossa irresponsabilidade e/ou incompetência?

Outra raiz do ciúme já a entrevemos: é a possessividade, o pensar/sentir/comportar-se como se o outro fosse minha propriedade – como se fosse um *objeto* possuído.

O que nem sempre se esclarece após essa afirmação é que a posse, concebida cultural e juridicamente, é RECÍPROCA – dupla escravidão! No campo dos negócios com coisas que não são gente, nunca pode existir essa reciprocidade – claro.

No entanto, sempre que se fala no assunto, fica implícito que um é propriedade do outro, mas que o outro não é proprietário do um no mesmo ato. Curioso, não é? Mesmo quando se fala em "uso *da mulher* como objeto sexual", está implícito que o uso é de um pelo outro – mas não ao contrário, e menos ainda ao mesmo tempo...

Uma prostituta, por exemplo, está sendo usada pelo homem, ou está usando o homem? E uma mulher não prostituta, quando concede favores a um homem, será que não está "ganhando" nada em troca?

Veja-se que linguagem pavorosa. Não sei como dizer de modo decente essas coisas – que são cotidianas. Fica tudo parecendo bolsa de valores – ou loja. Mercantilização das relações humanas.

Quando se diz, por exemplo, que *o homem* usa uma mulher, ninguém estranha. Mas isso é metade do que acontece. A outra metade é *o deixar-se usar; ato feito* pela mulher.

Vivendo isolados, só sabemos isolar. Falta de relação. É disso que estamos falando o tempo todo.

Mas voltemos às raízes mercantilistas do ciúme. Essas são certamente culturais, porém bem próximas dos fundamentos naturais da cultura – verdadeiramente continuação do egoísmo do genoma (digamos que seja dele). Minhas propriedades não só aumentam minhas chances de sobrevida, como também garantem a sobrevida e o desenvolvimento de meus rebentos.

O amor ao próximo é uma solução tão evidente para os problemas do mundo que sua não realização TEM DE TER raízes profundas – ou motivos *atuais* poderosos, o que me parece linha mais promissora de se perseguir. Ou prosseguir.

Minha sobrevivência e a de meu genoma – eis aí. Ninguém sabe bem o que significa a força do genoma: como atuam os genes na modelagem da anatomia e do comportamento é uma das questões palpitantes da moderna biologia. Mas avaliar – como estamos fazendo – a força do genoma pela resistência de todos à formação de comunidades é o sonho eterno da Humanidade; a avaliar por aí, então o genoma é indestrutível e, a fim de salvar uma dinastia, podem bem ser destruídos todos os genomas – inclusive vegetais!

Nada se opõe mais ao "Somos todos irmãos" do que o "É meu/É minha".

É muito verdade: o que me pertence é uma extensão de mim. Basta ver a reação de quase todos quando sua propriedade é atingida para se convencer disso. É a propriedade como garantia de vida em primeiro lugar; como poder disponível, depois.

Quase ninguém sabe: uma das características da nossa espécie é a capacidade de TROCA. Nenhum animal, até hoje, foi observado fazendo uma troca de coisas.

Na posse, mais a troca, vai muito do poder de muitos sobre muitos. Daí o fanatismo da posse, tão desesperador para todos os que ainda querem acreditar na Humanidade.

Por exemplo, os homens internacionais do dinheiro e seu "direito" ao lucro, mesmo que este esteja custando a vida de milhões de pessoas. Em um mundo deveras justo, uma exigência desse tipo jamais seria feita – ou pensada. Mas, hoje, "é lógico". Dei do meu, tenho de receber – é NATURAL!

Liga-se o ciúme com o poder de uma forma inextricável – aí a desgraça.

Aliás, vê-se assim no muito como no pouco: não é o ciumento um verdadeiro senhor de escravos ante aquele de que se tem ciúmes? É seu dono, pois determina seu comportamento.

O poder – como o sexo – é muitíssimo falado em nosso mundo; fala-se de poder isoladamente, como se fosse essência mágica, com efeitos independentes das pessoas e situações envolvidas. Como se um só tivesse o poder e fizesse com ele o que bem desse na veneta – como se nada se opusesse a esse poder. Noção igual à do sexo isolado, do isolamento pessoal – a famosa solidão... Tudo isolado e sem relação.

O outro tem sobre mim o poder que eu *permito* (muitas vezes desejo) que ele tenha. Só existe senhor (Sartre nos ensinou) onde existem escravos.

É hora de falar da briga que coexiste com todo amor, na vida, na psicoterapia, no ciúme acima de tudo.

Parece fácil aceitar em nós um duplo movimento dialético, segundo o qual em um momento desejo fundir-me com o outro – de algum modo renuncio à minha individualidade – faço-me um com ela; em outro momento a individualidade se reafirma – e com ela a distância, a diferença, a distinção clara entre mim e o outro: voltamos a ser dois. Creio mesmo – é uma fé profunda – que a cada fusão amorosa a própria individualidade se funde – se desfaz – para se refazer, OUTRA, quando volto a mim.

Quando volto a mim, já sou outro...

Porque – aparece em todas as linhas deste livro – *a função* do amor é a metamorfose, a transformação. Como a das borboletas, que se vestem de noivas para casar e morrer! Por isso o amor amolece e o orgasmo derrete – para que se faça possível a recristalização.

Por isso o amor perfeito nos faz ter sentimentos como se fôssemos adolescentes, e sensações como se fôssemos crianças.

Se não é assim, não é amor. Amor é o sentimento/estado de consciência que me revela, ao mesmo tempo que me transforma. Ou que me revela como criação contínua.

Nossa identidade última é um centro dinâmico jamais idêntico a si mesmo.

Qual pode ser a forma daquilo que se transforma sempre?

Logo, o amor DESTRÓI – o que o ocidental não compreenderá jamais. Nosso imoderado desejo de segurança – pois somos muito raivosos e medrosos – leva-nos a crer que haja um estado, um lugar, um jeito que nos dará a tão sonhada certeza/segurança. É o Mito do Paraíso – o de que as coisas TÊM UM FIM.

Na falta desse sonhado porto seguro, ancoramos provisoriamente (porém, para sempre) no casamento – como se ele fosse o fim tão esperado.

"E foram felizes para sempre..."

O amor destrói – de um modo particularmente assustador, pois que mágico. Não é um separar pedaços com violência, não é parecido com um cortar ou um quebrar. É parecido, isso sim, com a digestão: vamos sendo lentamente *dissolvidos*, como o peixinho capturado pela anêmona, pela água-marinha – ou pela cobra...

O poder do amor é suave, mas irresistível, porque atua a favor do desenvolvimento. Na verdade, é o estímulo adequado para a transformação.

Só o amor PODE fazer crescer nossa Humanidade (como pode também, se mal vivido, destruí-la).

O exemplo e o modelo mais fáceis de ver são os casais. Um em dez – se tanto – constrói-se a vida toda; nove em dez destroem-se a vida toda.

O processo vivo não para; se não integra cada vez mais, desintegra cada vez mais; ou, o que é pior e mais frequente, reforça cada vez mais, enrijece cada vez mais – faz ficar cada vez mais igual, mais desesperadamente o mesmo.

Em vez de ir gerando a individualidade continuamente, ele vai reafirmando o ego – o eu habitual – cada vez mais. Casca cada vez mais grossa – o que vai transformando insensivelmente a proteção em ataúde, o casulo em prisão perpétua.

O modelo das borboletas será para sempre o paradigma do amor – invertido:

Entre elas, é a borboleta que nasce da lagarta para amar – e morrer; em nós é o amor que desperta a borboleta que ama e voa.

"Psique", em grego, segundo Jung, significa alma e *também* borboleta. Uma das imagens eróticas tradicionais na literatura chinesa é, outra vez, a borboleta. Porque nos mais altos níveis de prazer amoroso o corpo, mas sobretudo a respiração, parece adejar e palpitar como borboleta ao vento – a pairar.

Os suspiros e ais – quando suaves – lembram demais esse pairar leve sustentado pelo vento – da respiração anelante.

Sem destruição não há criação. Sem Kali não há Brama – nem Buda. Kali, eternamente negada e posta para fora – porque em nossa ignorância o amor é só o bonito do estado de graça; Kali retorna depois de uma semana, dificilmente depois de um mês, e instala seu reino de divisão, discórdia, luta e machucaduras/mágoas.

Não queremos a transformação, mas sim ficar para sempre no seio da grande mãe acolhedora dos automatismos e preconceitos coletivos. *Queremos* a irresponsabilidade – a inconsciência. E então Kali, sob a forma do anjo de espada flamejante, posta nos portais do Éden, surge "do nada" e mantém-nos afastados do Paraíso.

Nada mais importante no amor do que saber brigar.

Do que saber se separar, aceitar a separação – saber se distanciar quando é a hora; e voltar, quando se propõe outra hora de comunhão. Em briga de casal, pelo modo como as pessoas *começam* a briga, pode-se ver em ato quando não vai dar em nada (além de sofrimento amargo e inútil). Se de início estão com face, jeito e olhar de ódio, de acusação, de cobrança, de desprezo – qualquer que seja o motivo da briga –, é evidente que chegarão a nada de positivo, a nenhum entendimento.

Seria melhor, nesses casos, denunciar a má vontade recíproca – que "está na cara" – e deixar a briga para outra hora – quando os ânimos estiverem amansados. Mas o gostoso da Kali – destruir e ferir – TAMBÉM é um prazer – e muito atraente, e as pessoas sentem, na verdade, alguma espécie de satisfação em atacar e ferir a quem amam.

É o prazer do tigre quando enterra os dentes no pescoço da gazela e sente o sangue quente escorrendo pelos lábios – após a corrida desabalada em busca do alimento...

É o prazer de destruir o que está *me prendendo*.

É o prazer da liberdade – de novo conquistada ou simplesmente presente.

(É o tema do animal que sempre pode se afastar e do casado que nunca pode se afastar.)

Prazer da destruição: todos o sentem, mas ele é tão ou mais negado do que o prazer da comunhão. Aparece depois, ampliado até a loucura, no que as pessoas fazem umas contra as outras nas guerras (mundiais ou domésticas).

A FAMÍLIA DE QUE SE FALA E A FAMÍLIA DE QUE SE SOFRE

Mau é o Nazista, o SNI, o Marginal. Eu? Eu sou tão bom! Na guerra pode. Aí pode tudo – tanto nas guerras coletivas quanto nas guerras de amor. Pode demais. Todo impulso negado se realiza desmedida e inoportunamente; o ego só sabe negar esses impulsos, e quando eles surgem ele é arrastado – na verdade, é dissolvido pela raiva quente, que traz consigo, ela também, *um forte sabor de vida*.

Deixo-me tomar demais pelo desejo – e logo depois a separação se impõe como defesa da individualidade. Quero sempre deixar de ser eu mesmo – mas não é fácil. O caso cresce de violência quando sou por demais eu mesmo – SEMPRE eu mesmo. Sabemos: as fúrias da paixão nunca são tão furiosas como quando encontram um personagem rígido, inflexível, "virtuoso" (moralista).

Mas o pior ainda está por vir. Quando começa a se atenuar a comunhão, de regra resistimos, querendo prolongar o que é tão gostoso; por isso tentamos ignorar distâncias e divergências continuam a se empilhar. Aí surge o pretexto; na verdade, qualquer pretexto servirá se estivermos no "ponto". Declarada a divergência, ela MUITO RAPIDAMENTE se amplia: de diferença faz-se oposição, acusação, agressão.

O ego, comprometido e assustado com sua gradual dissolução, reage com excesso, reafirma-se graúda, grosseira e até estupidamente. Agride e machuca, "provando" ser mais forte do que o elo amoroso, o qual, no mesmo ato, é negado; e mais forte do que a pessoa amada – vista, então, como uma estranha sem função, desprezível, ou um inimigo perigoso, do qual é preciso defender-se a qualquer custo. Lembre-se sempre: a pessoa amada tem muito poder de me ferir – fundo!

Cultivar o amor consiste, acima de tudo, em ir descobrindo quando e quanto dá para se encontrar. Ainda: quanto tempo dá para ficar perto e feliz; quando é hora de afastar-se um pouco, por um tempo ou para sempre.

Aceitar que meu amor possa não estar me amando neste momento é um alto índice de maturidade afetiva. Ou, o que dá na mesma, mas é talvez mais claro ainda: mesmo quando amo, não o faço 24 horas por dia – nem todos os dias.

O sentimento vivo varia e, na verdade, *toda constância muito acentuada em matéria de amor nos leva a suspeitar de uma sintanatose* – dois que estão se matando. Muitas vezes estão levando um ao outro para uma ligação fechada, com extensa negação do mundo e dos outros.

"Nós dois contra o mundo" – Bonnie e Clyde... Dois MUITO juntos SÓ PODEM estar negando o mundo – e com medo de que o mundo se vingue. Negar a coletividade é tão grave quanto negar a individualidade – nem mais nem menos. Alguns casais se fecham em amor ou assim dizem; outros se fecham em medo/ódio – e aí *não* dizem que são necessários um para o outro. Mas são. Desejam matar-se e vivem para isso.

E na psicoterapia? Por que lembramos sempre a psicoterapia? Porque sou terapeuta há 50 anos. Porque a psicoterapia é um método de estudo quase científico de emoções e ligações humanas em condições diferentes das usuais. São ligações de regra duradouras (muitos meses a vários anos), com foco constante na consciência, no que está acontecendo a um deles – o paciente (mas é claro – menos para o psicanalista – que ele está tão envolvido quanto seu paciente). O foco, na verdade, está na relação entre ambos – quando a psicoterapia está acontecendo de verdade.

Há muito estou planejando um ensaio sobre as insuspeitas e estranhíssimas semelhanças entre o sr. Terapeuta (o dos livros e dos congressos) e a Mãe. Os dois estão, tipicamente, obrigados a deveres igualmente impossíveis. Exige-se do Santo Terapeuta que seja compreensivo, paciente, compassivo, que contenha todas as suas emoções e sentimentos, que se dedique ao paciente como Florence Nightingale (como SE DIZ que ela se dedicava). Deve perdoar tudo, nunca reagir, jamais ter raiva ou enfadar-se com seu pimpolho – digo, com seu paciente. Deve em suma requerer, LOGO DEPOIS DE FORMADO, um processo de santificação na Santa Sé, do já beato João de Deus.

Vá ser Santo assim não sei onde.

O pior é que se exige essa perfeição ANTES de começar – logo depois de formado. Essas coisas são bonitas, úteis e desejáveis (ninguém nega), mas EXTREMAMENTE DIFÍCEIS DE CONSEGUIR; são excelentes como metas a atingir, mas absurdas como exigências atuais; são algo a ser alcançado pouco a pouco ao longo da vida toda em havendo muito empenho. Se fosse assim, vá lá; tanto as mães como os terapeutas seriam não apenas possíveis, como até simpáticos.

Mas NO FIM.

Tive uma paciente bastante esquizofrênica que um dia, após mil ensaios incompletos, pendurou-se de cabeça para baixo em meus ombros, pelos joelhos – eu de pé –, com as costas junto às minhas. Ficou ali um tempo longo e depois concluiu: assim está certo, está tudo no lugar... Fazia parte de seus pensamentos exóticos *o acreditar que todas as coisas estavam de cabeça para baixo...*

Eu acabei concordando com ela. Em nosso mundo ridiculamente idealista – na verdade, coletivamente infantil – todos TÊM DE TER competência, compreensão e capacidade *antes* de começar o que quer que seja.

Tudo ANTES de começar. Têm todos de saber sem aprender. Não está tudo de cabeça para baixo ou, ao menos, *ao contrário?*

Somos todos santos inspirados pelo Espírito Santo em tudo que fazemos – sabedoria infusa (ou confusa...).

Aprender não pode. Tem de saber antes. Errar é perigosíssimo: é preciso acertar sempre e da primeira vez. Experimentar com gente é pecado mortal.

De onde vem tanta loucura, Santo Deus?

Minha esquizofrênica tinha toda a razão: está tudo ao CONTRÁRIO. Mas voltemos.

Dizíamos da estranhíssima semelhança existente entre a mãe ideal e o terapeuta ideal; estranhíssima porque o terapeuta luta, acima de tudo, contra apegos familiares, e, deles, claro que o mais tenaz e profundo é sempre a ligação com a mãe.

São, pois, rivais. Funcionalmente inimigos. Mas idênticos na crença de possuir poderes de santidade incondicionais.

Trágicos ou ridículos – as mães e os terapeutas?

De novo a inversão dita idealista, mas, na verdade, a tolice coletiva em ação: com essa obrigação de saber sempre tudo antes, o que se consegue verdadeiramente é IMPEDIR O APRENDIZADO – parece ser a função de todos os processos sociais preconceituosos (e dessa Ideologia). É como se o processo tivesse por finalidade manter as pessoas SEMPRE preocupadas sobre se estão certas ou erradas; e, num segundo tempo, manter as pessoas em guerra permanente umas contra as outras, os "certos" contra os "errados" – para que os poderosos possam dominar com maior facilidade. Porque essas tolices verbais servem de organizadoras da agressão – e aí não são mais tolice. São crueldade. Quando alguém "está errado", todos os próximos "têm o direito" de apedrejá-lo; nada organiza "melhor" a agressão humana do que esse palavrório moralista, pseudojurídico – razão e pretexto para explorar, agredir e inclusive eliminar "os que estão errados".

O terapeuta, depois de criticar de alto a baixo a família – de cujos laços ele procura desembaraçar o infeliz que o procura –, deixa-a reentrar pela porta dos fundos; aviva-se nele a imagem da mãe e surge o desejo de querer ser, como elas, sobre-humano, dando o que pouquíssimos têm e dando daquilo que é preciso uma vida toda de esforços e tentativas para conseguir.

Mas ele acha que já tem – desde o começo. Porque a técnica exige. Logo, ele DEVE ter.

Ele não é o técnico? Não "está formado"?

Risos, risos e mais risos; pela lógica imbecil do Protocolo da Inconsciência Coletiva e Compulsória!

Ai de quem diz que o rei está nu – porque no mesmo ato ele declara que são todos mentirosos! E aí os mentirosos o lincham.

Portanto, um terapeuta

NUNCA

tem raiva, muito menos odeia;

e NUNCA

tem desejos, *sobretudo* desejos sexuais!

Como "não se deve", todos os fiéis do Catecismo do Bom Terapeuta não têm testículos nem coração – esterilidade afetiva e erótica.

Mas, segundo todos os Catecismos da Inconsciência, é assim que ele contribui para o desenvolvimento da afetividade, da sexualidade e da capacidade de briga do paciente...

Depois disso, fica por demais claro por que todos os textos de psicoterapia falam dos "perigos" da sexualidade e da agressão – os dois problemas máximos DO PACIENTE!!!

Do terapeuta não. Ele se iniciou, mortificou e purificou com a análise didática. Agora é perfeito, um espírito cheio de infinita compaixão pela Humanidade (a 100 dólares por hora – 1996).

Falando sério: tenho para mim que a agressão negada pelo terapeuta tem TUDO que ver com as INTERPRETAÇÕES que ele faz.

Essa de "atenção flutuante" é a melhor escapatória para negar a agressão e os desejos do terapeuta. Se alguém *conseguir* essa atenção, é certo, *por força da própria teoria psicanalítica*, que NELE – nele e não só no paciente – emergirão os SEUS DESEJOS relacionados com o aqui e agora da sessão. Logo, são os desejos do terapeuta que ditam a interpretação.

Certa vez, em conferência de um figurão europeu de psicanálise existencial, eu estava na mesa. Ele descrevia a situação analítica do ponto de vista do terapeuta e apontava – a meu ver, com toda a razão – o quanto ela é difícil, exigente e incerta!

Na hora dos comentários, pergunto a ele *quanto custa* para o terapeuta esse sacrifício (maior que o de mãe...); perguntei *três vezes* e desisti, para não ser importuno demais. Ele não entendeu minha pergunta.

ELE NÃO TINHA CONSCIÊNCIA DO QUE LHE CUSTAVA FAZER O QUE FAZIA.

Queixava-se como mãe e punha-se de vítima como ela. Lembro uma de suas frases favoritas: "C'est une ascèse, c'est une ascèse..."

Imagine com realismo a vida de um psicanalista: seis a oito horas por dia sentado em ampla passividade, alguém falando coisas, principalmente de si mesmo; coisas não raro por demais repetitivas, porque já é costume, porque se o paciente paga na certa aproveita o fato de estar sendo ouvido com atenção (supõe-se). Ou o terapeuta reprime e acaba sendo usado pelos seus impulsos tanto quanto o paciente, ou ele aceita suas próprias associações livres e então ele está usando o *seu sentir* para dizer o que diz.

São os desejos do analista – e seus temores – que regem a interpretação. O que mais, se não isso? Será ele movido pela pura objetividade nele infundida pelo Espírito Santo (seu analista didático)?

Depois que aceito me torturar do modo como a situação analítica tortura o TERAPEUTA, só posso me vingar do paciente que, aparentemente, é quem exige esse sacrifício de mim. E isso sem contar com o pior: MUITAS VEZES tratamos, principalmente no início da profissão (e depois também, se temos pouca procura), de quem nos é indiferente – até antipático.

Se aprecio meu cliente ou me simpatizo com ele, uma parte de meu sacrifício está equilibrada; mas, se ele não me toca nem me diz nada, então o trabalho é uma tortura, E NÃO CREIO QUE SEJA HUMANO DEIXAR DE REAGIR DE ALGUM MODO CONTRA O OPRESSOR (O CLIENTE!).

A meu ver, essa dinâmica explica bem mais *da teoria e da prática psicanalítica* do que a "observação objetiva", que é o esconderijo universal de todos os cientistas quando defendem ideologia. Falo do caráter deprimente e humilhante da maior parte das interpretações, e da própria nomenclatura psicanalítica das emoções.

Canibalismo oral, sadismo anal, desejo de morte contra o pai e mais amenidades do dicionário *ideológico* da psicanálise, TUDO tem que ver com a situação analítica, dentro da qual o infeliz terapeuta se obriga a um comportamento difícil – *a uma opressão solicitada e permitida!*

Depois será preciso encher páginas sem fim para explicar por que se interpreta isso e não aquilo, como interpretar, *timing*, a topologia, a dinâmica DO PACIENTE (só dele).

O terapeuta não está aí. Não tem coragem de estar aí. Mas acredita que está ajudando o outro a vencer seu medo (de quem?).

A teoria de Freud e sua nomenclatura deprimente – nada clara nem necessária – podem muito bem ter essa explicação. Se eu me reprimo durante a sessão, alguém vai pagar por isso – e não em dinheiro! O terapeuta vinga-se sem perceber e na certa negando o fato de pés juntos.

É realmente estranho – e ridículo. Não cuide da psicanálise da agressão *do terapeuta* contra seu paciente.

Igualzinho a mamãe e eu. Como poderia eu dizer que minha mãe tinha muita raiva de mim? Nunca. Eu assumia a culpa – dela. Odiar meu pai? Mas como? Meu pai me odiar? Só se eu fosse um monstro.

E por aí afora, todas as amenidades que estão nos levando para o inferno porque ninguém odeia ninguém (mas todos se perseguem e muitos se matam).

Kali! Kali! Venha nos iluminar! Venha fazer que aceitemos nossos ódios, a fim de que eles deixem de atuar – como o fizeram até hoje – das sombras, de repente, sem querer, "porque *ele* me fez perder o controle".

E o que isso tem que ver com o ciúme?

Tem tudo. Vimos que, *pelo comportamento*, o ciumento TORTURA quem DIZ amar. Logo, o ciúme é uma agressão – a ponto de ser motivo-padrão, aceito, de assassinato, "crime passional", que nove vezes em dez é crime de ciúme (atenuante legal de assassinato!). O ciúme é, pois, uma manifestação CULTURAL de nossa inibição de agressão. Nossa, coletiva.

Mentimos tanto no campo da sexualidade quanto no campo da agressão. Após trocar e inverter todas as coisas, bradamos aos céus para que venham nos tirar da confusão e do desespero.

Pecamos contra o Espírito Santo: negação da evidência reconhecida como tal.

Nem Deus pode perdoar, como reza a dogmática Igreja Católica. Nem ele consegue nos tirar da rede enganosa que criamos. (Se o leitor não sabe do que estamos falando, releia o começo de *Sexo, Reich e eu*[20].)

---

20. GAIARSA, J. A. *Sexo, Reich e eu*. São Paulo: Ágora, 1985.

Esse ódio matrimonial, do qual o ciúme é um sintoma, se reforça pelo costume consagrado, respeitável e aceito, segundo o qual quase tudo que de mal eu sinto se deve à minha mulher (e reciprocamente). "Se ela não estivesse aí...", "Se ele morresse nessa viagem de avião..." (aí eu ficaria feliz).

Com o atribuir de minhas maiores desgraças à minha caríssima metade, viro revolucionário às avessas. Ela precisa mudar. ELA e não o mundo. ELA e não eu. E com esse ódio concentrado em casa – no lar, doce lar – não sobra ódio para mudar um mundo deveras injusto. Não é o mundo, não é a economia, não é a escravidão que nos faz infelizes. É minha mulher que *me* faz mal.

Diabólico, não é? Igualzinho à relação "terapêutica"!

Repito: todo o clima familiar mudaria se os dois infelizes que se estraçalham anos a fio começassem a fraternizar na desgraça comum – a situação infeliz do casamento (de qualquer casamento). Unidos no sofrimento, poderiam encontrar nele forças para mudar a situação. Ao se digladiarem, transformam toda a força de protesto social em uma historinha de infinita banalidade – torturante banalidade.

A agressão é nosso instrumento instintivo de modificação do mundo; se dirigida pela busca de amor ou pela defesa da individualidade, faz-se funcional, saudável e eficiente; quando não, temos a famosa "agressividade destrutiva", esforço espasmódico, sem direção e organização, que estraga e quebra, fere e mata – para nada.

Loucura autêntica – tantas vezes mostrada em filmes de guerra no momento em que o infeliz, sem saber por quem está sendo torturado, parte de metralhadora em punho, matando tudo que aparece na sua frente.

Nos Estados Unidos isso acontece periodicamente FORA da guerra. Alguém sai por aí dando tiros em qualquer um – oito, dez, 15 vítimas antes que chegue a eficientíssima polícia americana e mate o matador, com a mesma classe. Depois, tudo é transformado em edificante espetáculo cinematográfico, para diversão do povo.

Pensei durante muito tempo que o circo romano era, provavelmente, o pior espetáculo que a Humanidade já inventou. Levando em conta os filmes americanos de violência (90%) e os japoneses (que estão chegando), mudo minha opinião. O circo continua, e o principal "culpado" pelo circo de horrores é

O POVO

que vai apreciar a carnificina com olhar ávido (e invejoso?). Moralistas de todo o mundo, uni-vos! A vitória final está próxima. Destruiremos efetiva e definitivamente toda a vida do planeta – toda nossa infinita capacidade de prazer. E então dormiremos em paz. Para sempre.

Nosso prazer erótico é uma vergonha intolerável, justificativa mais do que suficiente para a existência da moral, com direito a matar e torturar.

O ciúme tem tudo que ver com o moralismo – ao qual se assemelha muitíssimo. Se estudarmos a vida de um inquisidor, veremos nele facilmente seu fanatismo homicida, cheio de um ódio transparente pela Humanidade – mais ainda pela mulher, alcançando paroxismos ante a tentação pessoal.

Bruxa! Bruxa! Bruxa!

Fogo nela antes que ela passe seu fogo para mim, mostrando em ato que meus sagrados princípios não bastam para me proteger do mal. Preciso destruí-la pois não tenho forças para resistir a ela.

"Chuva", do provecto Somerset Maugham: o pastor protestante que converte a prostituta, mas na noite da conversão não resiste e dorme com ela – para se suicidar na manhã seguinte.

Que bela lição para todos os moralistas do mundo. Por que não fazem o mesmo?

O ciúme depende, pois, e muito, de nossa agressão negada. Precisamos dar ao nosso ódio uma aparência de amor, a fim de deixá-lo atuar. "É por amor à tua alma imortal que eu te torturo", dizia Torquemada, o Grande Inquisidor.

"É para te livrar da miséria que te mato", dizia Lampião.

Quanta gente amorosa e caridosa neste mundo! E ninguém compreende o amor dessas pessoas tão sensíveis, tão ciosas e zelosas pela salvação de seus irmãos.

Começo a entender aos poucos os missionários – principalmente os protestantes. Quanto odeiam os "nativos" – porque os nativos os atraem mais do que tudo, com sua liberdade animal, sua indolência prazenteira, seus cantos alegres, suas danças ondulantes e sua sensualidade fácil e socialmente aprovada.

Não é deveras a reprodução da relação mãe-filho, naqueles casos que examinamos, nos quais o mau desempenho materno abala PARA SEMPRE a confiança da criança em QUALQUER ser humano?

O ciúme tem, pois, tudo que ver com o ódio. Mas se reconhecido e aceito pode se tornar uma força de transformação – como a inveja, aliás.

Hoje, minha posição pessoal ante a questão é a seguinte: se alguém chega a mim dizendo que sofre de ciúme, como quem diz "Sofro de uma doença", então posso continuar ao seu lado e fazer alguma coisa por ele – se houver o que fazer. Mas, se a pessoa afirma seu ciúme e diz que cabe a mim obedecer a ele, não quero nada, realmente nada com essa pessoa.

E, se me disser que seu ciúme é sinal de amor, fujo desse amor como se do demônio.

Mas será que existe ciúme "bom"?

Creio que sim. Estamos vendo que o ciúme é um ônibus de sentimentos diferentes; seria melhor falar dele no plural, "os ciúmes".

Se gosto muito de uma pessoa e sei que agora ela prefere a companhia de outra, posso ficar triste pela felicidade que não tenho. Triste, magoado, infeliz. Isso eu compreendo – e aceito como natural, ou inevitável. Posso sofrer, mas não vou torturar quem amo. Ou vou?

O ciumento, com seu controle, sabemos (e ele sabe), consegue afastar quem diz amar, e cada vez mais. É um comportamento de torturador – o próprio! A meu ver, essa situação caracteriza de vez o ciúme como emoção agressiva e não amorosa.

Desejar a companhia de uma pessoa querida, pedir por ela, tentar prolongá-la, fazendo-me o mais simpático que consigo, tudo isso me parece bom; são tentativas legítimas de conservar ou conseguir o que desejo, preciso ou quero.

"SEDUZIR!" ("se ducere" = trazer para si) é uma bonita palavra que a psicoterapia (e o código penal!) está tentando fazer que pareça feia! Nada mais legítimo. Vou tentar conquistar o que me importa – do jeito que for –, desde que esse jeito não afaste a pessoa de mim! No momento em que começa a restrição, começam a agressão e o distanciamento, real ou virtual. Distanciamento virtual é a desculpa do ciumento, que, após umas tantas cenas, fica permanentemente prevenida e desconfiada; significa que uma parede se estabeleceu entre ambos e nunca está inteiramente ali. Começa a se reduzir toda possibilidade de intimidade, de confiança, de entrega. Não vou me entregar a quem vai me torturar. O animal que graças a Deus existe em mim não vai deixar, mesmo se o social, que também sou eu, se impuser com suas noções de dever, obrigação, porque, afinal, é meu marido, porque, afinal, ele é assim, porque, afinal, o casamento TEM DE continuar de QUALQUER JEITO. É a asfixia recíproca: nenhum dos dois respira livremente – quando próximos.

Falta um passo: o jogo dos contrários mágoa/raiva, dito às vezes, impropriamente, amor/ódio. Em nosso mundo, o padrão dominante, o modelo aceito, é o de negar a mágoa e agir – ou encenar! – em função da raiva (que a mágoa desperta). Se eu o amo e alguém desperta amor em você, a sensação imediata é a de que vou perder a vida – de que meu coração está tão ferido quanto se fosse atingido por uma flecha que ficou encravada. Poetas e músicos dizem-nos incansavelmente sobre esse poder do amor e as feridas que ele faz no coração. Na respiração também. Quem está amando tem muito mais vontade de respirar – de abrir os braços e o peito – do que os que vivem o cotidiano automático.

Reconhecer que o outro tem o poder de magoar – de me ferir! O poder de me dar a vida ou de me deixar sem ela – que é mágica primária do amor; fazer-se capaz de reconhecer plenamente essa dor é um alto feito de coragem interior. É, no mesmo ato, uma profunda declaração de DEPENDÊNCIA.

Por ser tão perigoso – e humilhante –, as pessoas negam a mágoa de amor o mais que podem; ou, se não, fazem-se de vítimas – o que é outra forma de NÃO SENTIR a mágoa. É um "olhem" e não um "sinto".

Magoados, entramos primeiro em desamparo – em um não sei o que fazer para aliviar essa dor/vazio. Depois, quando a dor não cessa, vamo-nos enraivecendo contra quem nos magoou, e logo sobrevêm borbotões de pensamentos e fantasias contra ele, aquele bandido, carrasco, torturador, louco, maníaco, fanático, tarado...

O ciúme é uma vingança sentida como inteiramente justa. Ele é também, no mesmo ato, um ensaio desesperado de controlar o comportamento de quem nos pode magoar tanto.

Esse mecanismo transformador de mágoa em ódio opera em nosso mundo com alta frequência nas relações pessoais. O processo é, pois, um elo social – um jogo/ritual; combinado com outros semelhantes, ele constitui a trama social, o ponto – como de máquina de costura – que, junto a outros pontos semelhantes, forma o CONTEXTO social ("contexto" formou-se a partir de uma raiz etimológica também geradora dos termos têxtil, tecido e tessitura). São, ainda, processos sociais operando nos indivíduos, transformando seus sentimentos e emoções de tal forma que a expressão *individual* diminui ou desaparece, enquanto a expressão social – na qual me confundo com todos – se avoluma.

Sempre, em vez de se voltar contra o sistema, as emoções individuais voltam-se seja contra a própria pessoa, seja contra aqueles a quem diz amar – principalmente sua família.

Há muitas espécies – ou coloridos diversos – de mágoas, desde mágoas de amor que podem matar até mágoas de amor-próprio que podem levar ao assassinato...

Negar a mágoa é uma das maneiras mais seguras de negar a relação. Essa negação nunca é completa; a negação é da consciência ou do ego. A pessoa *diz-se* – e FICA dizendo – que o outro é isso e aquilo, que merece ser fuzilado ou torturado (como ele está se sentindo). Mas todo esse carnaval não exerce influência nenhuma sobre a mágoa – que continua ali, alimentando a raiva, como animal ferido que luta com uma flecha atravessada no corpo.

Note-se: a mágoa de amor não se refere apenas às relações homem/mulher – ou às relações amorosas entre pessoas de mesmo sexo; há mágoas fundas e persistentes no casamento, entre marido e esposa (que não são exatamente homem e mulher), assim como entre pais e filhos, irmãos, amigos.

A mágoa social – de amor-próprio ferido – pode levar – ou podia –, no Oriente, ao haraquiri. Veja-se por aí a força desse sentimento.

Mas ainda falta completar o ciclo dialético a aprisionar o ciumento e o objeto de seu ciúme.

Quanto mais o ciumento fecha a vigilância, mais cresce no seu companheiro a vontade/desejo de se livrar. Quanto mais cresce na vítima o desejo de livrar-se, mais cresce no ciumento a necessidade de controlar (não é questão só de querer se livrar; nenhum animal pode se permitir o luxo de estar preso – amarrado. É a situação do carneiro amarrado a uma corda como isca para atrair a onça).

Nessa situação a aliança no dedo – quando existe – prende e pesa mais do que a bola de ferro que se prendia ao tornozelo do escravo.

Há mais um lado do ciúme – esse, enfim, digno de respeito:

É VITAL encontrar com quem desenvolver e trocar nossas MELHORES qualidades – senão elas não se atualizam, não se realizam, não acontecem. Quando amamos uma pessoa, é com ela que desejamos/esperamos manifestar o melhor de nós mesmos. Frustrados nesse intento, começamos a brigar e eu procuro, por bem ou por mal, *coagir o outro a aceitar o melhor de mim mesmo!* (Se não encontro com quem manifestar meu melhor, *continuo* vivendo minha mediocridade – *condenado* a ela.)

Basta pensar um pouco sobre essa declaração para ver que ela é o inverso exato de tudo que se diz na teoria banalizante da neurose, segundo a qual estamos sempre fugindo ou nos defendendo dos outros, de nossas emoções, de nossos desejos.

A vida não pode ser só fuga-negação – defesa –, mil modos de NÃO SER. Ninguém pode se anular como se anula uma quantidade matemática. Como queriam os antigos, o homem está continuamente em busca de sua felicidade. Interpreto como disse: está sempre buscando "completar-se" – palavra equívoca – e, *ao mesmo tempo, fugindo.*

Há a velhíssima ideia de que o par se completa como duas metades; a raiz dessa ideia é verdadeira e baseia-se na biologia – a divisão de trabalho da dupla –, raiz da monogamia.

De outra parte, completar-se refere-se ao indivíduo e à sua realização. Nesse sentido o outro continua essencial, mas de outro modo – de MUITO outro modo. Aqui se espera, idealmente, que as pessoas favoreçam o crescimento uma da outra, *crescimento que vai fazendo variar a relação entre ambos*, desde que ambos vão mudando.

Não há fim para o processo: não chega nunca a hora do paraíso: "Daqui para a frente não precisamos fazer mais nada". "Chegamos!" "E foram felizes para sempre."

TODOS OS HOMENS ODEIAM A TODAS AS MULHERES E TODAS AS MULHERES ODEIAM A TODOS OS HOMENS –
Justice est faite.

Alguma vez na vida os homens ouvirão de uma mulher que ele a odeia, ou que odeia as mulheres.

Eu ouvi também, umas poucas vezes. Ouvi tão bem quanto pude, mas a declaração não ressoou em mim.

Fui excessivamente cavalheiresco toda a minha vida, e aí já vai a suspeita: se trato bem demais, pode ser porque, às vezes, tenho vontade de não tratar tão bem assim...

O caso é bem conhecido: agressão reprimida por atitudes de gentileza e delicadeza extremas – manifestação pelo *contrário*.

Assim eu senti raiva. Mas assim não é raiva.

Tem mais. Esse cavalheiro mantinha as damas longe de mim em relação a agrados e sexo. Eu era tão cavalheiro que não ousava declarar meus torpes desejos à minha deusa. É engraçado, mas era bem assim. Eu morrendo de desejar e incapaz de solicitar – ou conseguir. Eu era inábil e reprimido, é claro. Mas hoje só aceito um sentimento quando percebo o que ele tem de certo. Não creio em sentimentos fantasmas. Se odiei ou se odeio as mulheres, é porque elas fizeram coisas feias contra mim. Não acredito que a imaginação invente sem nenhuma base real. Seria louco demais.

Agora começo a entrever que elas bem merecem muita raiva, até ódio, às vezes. E desprezo também. Porque elas sinalizam muito ambiguamente. Porque, mais vezes sim do que não, preferem antes ser tomadas à força a decidir. Não estou falando de estupros. "Tomar à força" quer dizer ser levada pelas emoções, pelas excitações, pelo clima, pela música. E tudo bem, se é assim que preferem. Mesmo então, sinalizam equivocadamente, e de tal forma que sempre podem dizer "não" a qualquer momento – e em qualquer etapa da aproximação!

É seu direito consuetudinário. É sua arma mais terrível – verdadeira faca de castração *ad hoc*.

Como são mais vigiadas e mais duramente punidas, fazem-se de muito ambíguas – a fim de conseguir fazer alguma coisa sem comprometer demais a reputação.
Mais do que isso: seu comportamento TEM de ser tal que ela possa, a QUALQUER momento e diante de QUALQUER pessoa, EXPLICAR o que ela estava fazendo – e que A CULPA não era dela...
São tão frágeis ou mais do que os homens na busca da felicidade. Têm muito medo. Mas é igualmente verdade que abusam da sua posição e de fato usam a hesitação para sentir seu poder sobre os homens. Entre outras coisas.
Porque perseguem tão mal a própria felicidade eu as desprezo – também.
Fazem-se demais de Damas e esperam que o Cavaleiro Andante faça o resto.
E eu entrei no papel...

TRAGÉDIA FEMININA OU
OS MISTÉRIOS DA ALMA FEMININA

O que acaba acontecendo a quatro entre cada cinco mulheres civilizadas:

1º elas NÃO PODEM TER XOXOTA; mulher de respeito, correta, honesta, direita não tem – "não fica bem". A olhos experientes, é relativamente fácil ver, numa festa, na rua, as mulheres que ainda têm e as que não têm mais...

2º mas QUASE TUDO que elas fazem – ou que lhes acontece – tem a xoxota no centro, como promessa, ameaça, tesouro, vergonha, meio de vida, culpa, valor gratuito. Está implícito – convenção entre damas – que ela DEVE USAR a xoxota ao máximo sem jamais falar (pensar) que é assim.

É à custa do que "não existe" que a mulher se move e move o homem.

A desculpa honrosa para essa ambiguidade máxima é a divisão entre mulher e mãe.

MÃE pode – deve – sempre – é divino.

Mulher (relação sexual) NÃO pode, é feio, é sem-vergonhice, falta de respeito, sujo, vergonhoso, indecente.

Muito do que se fala em psicologia feminina pode ser compreendido à luz desse binário de contradição – dessa contradição que move o mundo.

A OBRIGAÇÃO SOCIAL DE TER FAMÍLIA FELIZ (de *fazer de conta* que a roupa do rei é lindíssima!)

Situação típica: entrevistas de TV, quando o apresentador faz perguntas sobre a família do entrevistado.

Um largo sorriso nos dois, ligeiros salamaleques de ambos e a resposta inevitável. "Minha mulher é maravilhosa. Meus filhos, um encanto. Minha família? Só felicidades."

A pose das pessoas ao fazer essas declarações, invariavelmente mentirosas de certa forma, é de uma superioridade que parece dizer: "É claro que sou feliz. Não sou um cidadão perfeito?" E em contracanto: "Em que você está pensando – ou o que está insinuando (de maldoso)?" Enfim, um toque de tranquilo orgulho, o do cidadão que cumpre suas obrigações como se deve...

A obrigação de ter um casamento feliz está presente, implícita mas tenazmente, em todas as declarações públicas.

Não é permitido ter problemas familiares em público, o que se vê bem em época de eleições. Ai do candidato separado ou que tem um problema com filhos. Todo candidato TEM DE TER uma família feliz, ou já está meio desclassificado. Se puder mostrar que ele tem amante, aí ele está perdido...

Não é uma graça – e uma palhaçada?

Outra situação semelhante, também comum e que passa invariavelmente como "natural"! A pessoa está se queixando do pai, da mãe ou de outro membro da família. Após o período de relato/acusação/queixa, ocorre uma pausa, um suspiro e logo a frase imbecil e inevitável: "Pois é, minha família é assim, com problemas. Mas a Família é boa". (A família de que se FALA em PÚBLICO – essa é boa.) De novo a ideia de que MINHA família, por condições especiais, não funcionou certo, mas que as Famílias em geral são ótimas...

Mas as pessoas das famílias "boas" dizem o mesmo! O argumento – que NÃO É um argumento – é um preconceito e uma "defesa" da sociedade.

Freud e toda a psicanálise embarcaram implicitamente no mesmo barco ao tender a nos fazer crer que CERTOS indivíduos (poucos, supõe--se) ficaram neuróticos porque a família *deles* era ruim; implicitamente, que as demais – a maior parte – são ou estão certas – ou são boas.

O preconceito é por excelência uma soma de implícitos. Nos dois casos pode-se subentender: sinto as coisas erradas na MINHA família como um pecado pessoal, uma coisa da qual devo me envergonhar e, se possível, ESCONDER. "Não fica bem" ter problemas familiares.

Por isso nasceu a psicanálise: para mostrar o avesso do discurso oficial (da ideologia).

VANTAGENS E BENEFÍCIOS DA INFIDELIDADE CONJUGAL

A desventura de quem não se aventura...
Há um código secreto entre certo tipo de mulher e certo tipo de homem; eles se entendem e têm relações sexuais de regra meio apressadas, mas, entre todas, das mais emocionantes. Têm todo o cunho da aventura, do risco, da surpresa – o que põe o cérebro aceso. Morro de inveja – desde mocinho – desse tipo de encontro.
Falando em aventura, aí temos um primeiro ponto a favor. Tem outro. De regra, a aventura é tida como passatempo agradável – mas, se alguém levar a sério o que está lendo, perceberá o quanto a aventura é VITAL. Ela E SÓ ELA pode nos pôr despertos – muito atentos mesmo sem fazer força. O risco "acende" o cérebro e torna tudo muito vivo. Aprofundamos a análise do matrimônio e mostramos as carências insanáveis que ele apresenta – estruturalmente! O malefício é inerente à monogamia – tanto que ela é cada vez menos respeitada ou exigida. Logo, a aventura É vivificante em todos os sentidos – inclusive como desafio ao casal legítimo que poderá lutar para aceitar ou esconder. Nos dois casos a aventura continua em casa...
Já vi muito casamento melhorar quando alguém se dispôs – na terrível linguagem existente para isso – a "procurar fora de casa" o que lá não tinha (ou tinha, mas era chato). Acima de tudo, pelo senso de liberdade recém-conquistado, pela melhora do respeito e admiração por si mesmo, coragem avivada, decisão com tesão e tantas coisas mais... Experimente, leitor – se é que você não sabe...

(Cínico é algum parente seu – não eu.)

Esse procurar fora é SEMPRE entendido como marido desinteressado (ou broxa) e mulher quente – ou ao contrário (antigamente ao contrário era mais comum).
Mas o melhor do envolvimento é que a nova ligação é viva, o parceiro se interessa pelo outro, presta atenção a ele, admira-o e gosta dele, vibra. Tudo isso é muito difícil de encontrar cinco anos depois de casado. No entanto, tudo isso é muito bom e muito importante para nos sentirmos bem.

É preciso ser um gênio a fim de não se deixar rotinizar pelo cotidiano; rotinizar quer dizer baixar o nível de percepção e de reação, de interesse e de atenção – é viver em escala baixa.

É preciso o novo e o risco para avivar a vida morna, para avivar a esperança e o medo, a trama policial e o enganar quem quer ser enganado.

Melhor o terceiro do que a briga eterna. Ou não?

Escolha, leitor casado, porque dessa ninguém escapa.

E ponha mais isto na balança: NÃO HÁ MELHOR EDUCAÇÃO NEM MELHOR PSICOTERAPIA DO QUE A COMPANHIA DE GENTE FELIZ. E vice-versa. Não há pior educação do que a companhia de gente infeliz. Mãe vítima é veneno. Mãe infiel pode ser felicidade!

~

O MAIOR BENEFÍCIO DA INFIDELIDADE

"Quando penso nos homens que namorei, me dou conta de que com eles e só com eles fui um pouco eu mesma..." (Rose, minha mulher). Vamos ampliar o contexto da declaração.

Namoro, nessa frase, significa certa dose de interesse pessoal, algum prazer em estar se olhando e conversando, certo encantamento. O outro como descoberta, como surpresa contínua. Está implícito um interesse sexual, presente como clima, animação, promessa, possibilidade.

Momentos assim fazem-se muito permissivos – favorecendo o desabrochar da espontaneidade; e muito estimulantes – na mesma direção. Alguém que olha para a gente com interesse, encantamento e gosto desperta, estimula e solicita espontaneidade – chama para a cena o autor e não o ator.

Por que só entre amantes é que pode acontecer assim? Não é exclusividade; até entre marido e mulher podem ocorrer horas felizes, mas não iguais a essas. É excessiva a carga de expectativas preconceituosas de ambos e difícil a permissividade ampla – com tantos interesses e tantos riscos em comum.

Ademais, é importantíssima a seguinte circunstância: os amantes são cúmplices em uma transgressão social ainda hoje difícil para tantos. Os dois se põem "fora da lei" – excomungam-se dos padrões sociais – e desse modo sentem-se sós – os dois contra o mundo. Esse risco – e essa coragem – pode aproximar demais duas pessoas, como aconteceria entre camaradas de guerra que viveram momentos de grande risco. Essas ocorrências geram alianças profundas com muita confiança recíproca, sendo a confiança o elemento fundamental da permissividade. Estão ambos nas mãos um do outro, podendo ser denunciados, ou traídos, um pelo outro. São – também – dois inimigos, desde que com tanto poder um sobre o outro.

Não é à toa que os executivos que se oferecem nas revistas de trocas amorosas dão ênfase, invariavelmente, ao "SEM envolvimento emocional". São idênticos a todas as escolas de psicologia quando "ensinam" o que não *se deve fazer* em *psicoterapia*: "Não se envolva!"

Temos, pois, entre amantes uma ligação forte – um palco tenso. Depois o cuidado de um com o outro; por se conhecerem pouco, pelo delicado da situação, pela força da expectativa prazenteira, os dois serão cautelosos e cuidadosos ao mesmo tempo – o que também é ótimo. É o que leva ambos a prestar MUITA atenção um ao outro – ao contrário das demais relações pessoais familiares ou profissionais.

Enfim, são dois aventureiros cometendo um crime contra os costumes FALADOS (demais!) pela maioria.

Em todos os demais palcos sociais – os "dentro da lei" – o comportamento de todos já está prescrito e todos sabem o que fica bem e o que fica mal.

Está tudo determinado, é sempre um ritual – uma peça teatral muitas e muitas vezes repetida. Nenhuma surpresa. É o que digo! Tudo cuidadosamente preparado e combinado PARA QUE NENHUMA SURPRESA ACONTEÇA!

Difícil ser autêntico ou sentir-se de todo livre em um enterro – ou num casamento –, mesmo quando não se é o noivo – nem o defunto!

Em revistas femininas e em público, quando falo mal da Família e da dificuldade de se manter o interesse sexual em uma pessoa por muito tempo, sempre ocorre a pergunta: mas não será possível esse reavivamento entre os dois *que já estão casados?*

As revistas femininas frequentemente dizem que sim, e dão vários conselhos bem-intencionados para conseguir essa finalidade. Em qualquer briga de casal, sempre que se procuram conselhos de terceiros, ouve-se a alternativa da reconciliação.

Na minha experiência tanto pessoal como profissional, esse "reencontro" do velho casal é por demais difícil – ou deveras dura pouco.

Mas há uma conjuntura em que isso acontece espontaneamente: é o encontro com a outra (ou com o outro). Se há enamoramento ou uma atração sexual forte, a pessoa fica iluminada e vivificada, o que a torna muito atraente – inclusive para o cônjuge!

Afinal, e contra toda a convenção de que sofremos, o amor nos faz belos e generosos muito além de nós mesmos – em condições usuais. O amor ilumina em volta – mesmo quando sua luz é negada, ou quando as pessoas dizem que ela não existe; ilumina e aquece mesmo quando o cônjuge, desconfiado ou sabendo, se diz ofendido, zangado, raivoso, ciumento ou o que seja.

Falo de qualquer amor, por pessoa do sexo oposto ou não, de qualquer idade, por uma ideia, um autor ou um livro quando de fato nos tocam. Falo, para dar um sinal clínico importante, de tudo aquilo capaz de despertar ciúme numa pessoa que nos ama...

A Felicidade amorosa, como sensação de expansão, traz em si um abraçar o mundo todo, um desejo de cantar e dançar – e o de ver o mundo cantando e dançando. Um dos refinamentos da tortura CONTRA o amor em nosso mundo é essa IMPOSSIBILIDADE de comunicar a Felicidade. Ela tem de implodir ao invés de explodir.

Se é um amor legítimo, então todos o têm na conta de "negócio particular" e ninguém se mete no caso; se o amor é ilegal, CUIDADO com a Felicidade que ele desperta. Ela é chamariz para a inveja de todos os que se resignam a jamais amar outra vez, sempre prontos a matar o amor onde quer que ele apareça – sempre com as mais santas, sábias e sensatas razões.

UMA IMPORTANTE "CAUSA" DE IMPOTÊNCIA

Ninguém é manco de uma perna só. Claro que as mulheres têm sua parte no desenvolvimento sexual.

Pecam por omissão. Têm medo. Falar para o companheiro que ele poderia melhorar seu desempenho sexual se fizesse uma forcinha pode ser fatal para dois terços dos namoros vigentes...

Então elas não se arriscam – continuam "boazinhas" – e, se forem casadas, podem até continuar fingindo (que é ótimo).

Não é costume – nem de longe – falar a sério de sexo, em tom pessoal, descrição do que aconteceu neste e naquele encontro.

Acho o medo das mulheres compreensível. Mas a coragem – já disse alguém – é continuar avançando apesar do medo – ou com o medo –, assim, quase ao lado.

E salve o povo porque, efetivamente, "quem não arrisca não petisca".

É muito importante começar a falar dessas coisas. As coisas de que se pode falar estão, só por isso, "autorizadas", são "coisas normais", "todo mundo sabe do que se trata", "está na TV". A educação sexual na escola teria esse efeito. Qualquer criança, depois disso, falaria em gravidez ou aborto na mesa, sem que mamãe tivesse um ataque. A questão poderia, quando menos, ser pensada, com certa calma, com algum distanciamento.

Pouquíssimas pessoas são capazes de pensar em sexo com tranquilidade. Basta que surja a palavra e com ela se instala um clima muito especial – de delícia ameaçadora –, perturbador, gerador de confusão na mente de quase todos – em uns mais e em outros, menos, claro.

Em todas as nossas apreciações de meditação amorosa, insistimos no caráter de TRANQUILIDADE reinante durante todo o encontro, SEM AFOBAÇÃO, sem desespero, sem frenesi. Isso é difícil de conseguir – mas é essencial. E só se consegue pouco a pouco – em havendo empenho tenaz *e com quem!*

Educação sexual é outra proposta nossa – feita na escola, o mais cedo possível. Finalidade primária: NÃO É a de "ensinar" muita coisa, mas de PERMITIR QUE SE PENSE sobre o tema. Se é ensinado na escola, então tem – ou pode ter – existência social, PÚBLICA.

Aqui há preconceitos – sempre engraçados – se não funcionassem como a própria má-fé. É preconceito de tantos que é preciso e de outros tantos que não é preciso "aprender" sobre sexo. Há naturistas que pensam: "Na hora em que acontecer, ele – ou ela – saberá como fazer. Afinal, é um instinto". Outros, que jamais falaram consigo mesmos a respeito de sexo, farão o mesmo com seus filhos. Há muito a dizer: a educação sexual pode ensinar coisas à criança que é melhor ela ignorar – ou descobrir sozinha. Há, enfim, a ala dos anjos: na adolescência é preciso *explicar* por que o pinto está ali e tem aquela forma – e à menina que a menstruação "é uma doença que todas as mulheres têm..." (palavras de mãe!). Basta ver o jeito dessas pessoas quando falam e logo se percebe que elas estão dizendo: na adolescência pode-se começar a pensar em autorizar a EXISTÊNCIA (pública) do pinto e de sua sem sorte. Algo assim: AGORA eles até que podem sentir algumas coisas esquisitas; é bom tranquilizá-los. O ridículo da proposta é que, implícita até a adolescência, menino e menina NÃO TINHAM pinto nem xoxota, e que NÃO SENTIAM NADA DE SEXUAL.

Não teria sido necessário Freud se as pessoas usassem os olhos que têm – e acreditassem no que estivessem vendo. Basta pouco convívio com a criança e, se o adulto se mostrar permissivo, ela, quase invariavelmente, começa a derivar para lá, no gesto, no olhar, nas palavras. A insinuar, a simbolizar o tempo todo – quase.

Sabemos todos que, por definição e "por natureza", as crianças são quase que totalmente sensoriais – sensuais, prazenteiras em seu modo de viver e sentir o mundo. Se há exemplos de felicidade real neste mundo, ele está com certeza na cara/jeito/luz/alegria de uma criança... feliz.

Estar vivo é prazenteiro – isso é o que as crianças experimentam e mostram. Os adultos, de um lado, gostam; de outro, vampirizam, "chupam" essa felicidade e, enfim, pouco a pouco, vão fazendo – sem nem saber como – que essa luz se apague. As crianças ficaram "bem"-

-educadas. São "cidadãos respeitáveis". Se a essência das crianças é a sensualidade (a essência da inteligência também – diz Piaget – depois de tantos outros), então o problema não é como "despertar", ou ensinar o que a criança *já está sentindo e sempre esteve* coisas que a maioria dos adultos não sente mais.

Quem não for bobo vai descobrir a fonte da alegria – seu modelo perfeito – na criança feliz.

Ou na mulher feliz – retrato do modo como ela é tratada e da felicidade que *eu* sinto.

Mas – voltando à passividade resignada das mulheres: a toda menina se DIZ – mil vezes e de mil modos, a maior parte delas SEM PALAVRAS – que seu MAIOR INIMIGO (Seu maior PERIGO) é O HOMEM (o pinto).

Ai dela se estabelecer com ele uma relação satisfatória. Se for feliz, então, é a própria maldição!

Se uma mulher disser *em público* "Adoro o homem na cama, adoro o pinto", ela será rejeitada por gregos e troianos – pelas mulheres, que a considerarão traidora; e pelos homens, que a considerarão um perigo (infiel!).

É difícil, pois, muito difícil para a mulher fazer-se decidida e exigente na área das relações sexuais. Mas é ela a maior prejudicada – porque para ELA a sensualidade é certamente mais importante do que para os homens.

DE QUANTOS MODOS SE PODE *NÃO ESTAR AÍ* NA HORA DO AMOR?

Filme de aventuras. A heroína começa, acidentalmente, a acompanhar o herói em suas andanças. À noite, após vários dias juntos, encontram-se acidentalmente e no mesmo quarto de hotel. Há tempestade lá fora e um raio mais próximo assusta a todos – e as luzes se apagam. Os dois se agarram e se beijam. A luz retorna logo depois – e ele se desculpa, e ela aceita, é claro.

É espantoso o quanto as pessoas se aproveitam do escuro para fazer aquilo que, às claras, mal seria pensado.
O filme retrata algo excepcional? Nem de longe. Sei de ciência certa que duas pessoas, até então desconhecidas entre si, treparam em um elevador enquanto ele ia do primeiro ao décimo andar...
Foi uma relação sexual ou um concurso de ejaculação precoce? Recorde de rapidinhas: superassustada – só pode –, pois a qualquer andar a porta poderia se abrir...
Será que nesse caso alguém de fato percebeu alguma coisa do que se diz ter acontecido? Será que dois paraquedistas, homem e mulher, conseguem trepar no ar?
Aí fica a ideia para um novo recorde...
Por que existem os *drive-in*? Para fazer agrados no escuro – ou quase – *sem que ninguém veja*. Será que se ninguém vê os dois veem? É amor ou é aventura de alto risco – e, pois, com alto nível de excitação? O problema é acabar antes que chegue a sogra...
O cinema, sempre tão escuro – preciso falar?
Pior são os casados – ainda hoje muito numerosos –, que só conseguem manter relações sexuais no escuro – e com tanta roupa quanto compatível com o ato!
Diz nosso sociólogo Gilberto Freire, em *Casa grande e senzala*, que as pudibundas matronas apenas permitiam o coito fertilizante com os próprios maridos por meio de uma parede feita de cobertor, furado no centro, para a passagem do inevitável... E NADA MAIS!
É preciso levar a sério essa comédia espantosa a fim de perceber a profundidade da repressão erótica de nosso mundo.
Os filmes americanos no apogeu – eu nasci com o cinema – eram tudo que se quisesse, menos eróticos.
Nunca fiquei excitado vendo cenas de amor e de erotismo entre atores de filmes americanos. Sua sensualidade é inteiramente visual (para ser vista/mostrada) e nem um pouco sensual, corporal. Foi o cinema americano, na verdade, que mais inibiu – em profundidade – minha sexualidade. Só encenação – sem sensações, emoções.

Sensualidade exclusivamente para uso *externo* – que bicho é esse?

Mas as pessoas evitam a presença do sexo – mesmo quando vão praticá-lo – das maneiras mais grosseiras às mais sutis. A conquista de rua que termina em motel tem seu ritual e seus modos "certos" e "errados". É preciso que ninguém se pareça com quem se parece – que não seja ele mesmo a estar aí, mas que esteja aí apenas "o conquistador" (papel social). Sempre o palco sociovisual interferindo e perturbando o sentir corporal. Os telerreceptores (olhos, ouvidos, olfato) em guerra com os proprioceptores e os receptores cutâneos – e contra toda a percepção emocional que é a soma dessas sensações.

Os telerreceptores se aguçam nessa hora, mas em quase todos *para intensificar a vigilância e o alerta* – pois a cada passo dado na direção do corpo do outro mais aumenta o perigo... De ser visto. De ser falado. De "envolver-se". De sentir-se ridículo, pois são todos implacáveis quando alguém – por azar – mostra que faz o que todos fazem – mas que socialmente "não existe".

É preciso *olhar* para o que se está fazendo – senão *não sabemos o* que estamos fazendo. Ninguém briga sem olhar o oponente – mesmo que tenha praticado artes marciais. Nestas, quando recomendam NÃO olhar para o adversário, pretendem, na verdade, ver bem o outro; não mais sua forma, mas seus movimentos.

Se ponho os óculos de lado quando estou fazendo outra coisa, depois vou ter de procurá-los muito. Já quando OLHO para o lugar no qual largo os óculos, basta precisar deles e já os encontro.

Mas o olhar pode olhar para fora ou para dentro. Para longe ou para perto.

Posso estar olhando na direção que importa, mas sem acertar a distância da convergência (cruzamento do eixo dos dois olhos no ponto onde está o objeto a ser visto). O caso típico é o "olhar através" do outro, o "olhar sem ver". Mas em relações sexuais é muito fácil encontrar quem desvie o olhar de vez, para cima e para baixo, para um lado ou outro, "dizendo" com essa direção do olhar: "Não

tenho nada que ver com o que está acontecendo 'lá embaixo'; nem é comigo!" Vejam, estou "pensando" em outra coisa, provavelmente mais "elevada"...
Depois as caras duras, cruéis, rígidas, agônicas, desesperadas. Tudo dito e tido como "natural" e "normal". "É assim mesmo. Quando macho se excita, saia da frente"... Ninguém – absolutamente ninguém – parece ser capaz de pôr em paralelo essas expressões, com tudo que "aprendemos" em nossa... educação sexual do silêncio, da malícia, da pornografia, das mistificações que os homens geram e alimentam.
Quase tudo que os homens dizem de sexo – se atentarmos para as atitudes e os modos da pessoa quando falar – tem a ver com *exibição de poderio* (termo técnico em Etologia – o comportamento mais comum dos animais – depois do comportamento alimentar e de sono). "Vejam o herói que eu fui" (e, *sotto voce* foi uma batalha, uma exibição e corri alto risco – viver para ter minha aventura).
É o herói que fala e não Romeu. O herói que transgrediu e não foi apanhado – e ri feliz por ter enganado a todos, aos outros, à dama e até a ele mesmo... Isso é que é esperteza! Repetindo: para quem tenha bem claros os mil modos da repressão sexual – o quanto o sexo é implacavelmente perseguido onde quer que APAREÇA, tão denegrido, desprezado e amesquinhado sempre que em jogo; para quem tenha essa lucidez, o comportamento sexual da maioria não tem segredo nem mistério.
É lógico.
Se dermos a um rato um naco de queijo sempre com um choque elétrico, o rato continuará a comer – não pode fazer outra coisa; mas cada hora de comer será um suplício pelo qual se faz mister passar o mais rapidamente possível, sem sentir nem pensar em nada...
E depois da tortura – já que ela foi vivida – então começa a bravata sobre a própria tragédia.
Tão próprio de ratos...

DISCURSO sobre O MATRIMÔNIO MONOGÂMICO, INSOLÚVEL, PROPRIETÁRIO E EXCLUSIVISTA.

A família ancestral estava fundada na reprodução, com a velhíssima divisão de trabalho entre a mulher, que cria filhos e alimenta a todos (sua colheita é muito mais garantida do que a caça masculina); e o homem, que enfrenta perigos (e cria perigos), que dá proteção (o preço ninguém discute), caça, guerreia, fala e comporta-se solenemente em proporção inversa à sua utilidade...

Só que não era A Esposa – mas as mulheres; não era O Marido, mas os homens.

A maior parte dos povos primitivos tem costumes e leis *familiares* muito minuciosos e estritos; mas, ao mesmo tempo, *os laços sexuais* são frouxos. Desde eles até nós, quase em todos os tempos, os laços sexuais ilegais eram tolerados desde que discretamente mantidos – com muito cuidado para não transparecer PUBLICAMENTE.

Essas ligações afetivas e sexuais são a rede secreta – pessoal e "real" – subjacente à rede convencional e, de regra, discrepando acentuadamente dela.

Na medida em que a monogamia foi se tornando obrigatória e exclusiva – envolvendo-se com o problema da herança e de sucessão –, virou tragédia, drama e opereta ao mesmo tempo.

Tragédia do Tédio, da Resignação (resignar a si mesmo – alienação), da Renúncia, do Desespero Mudo, da Eternidade do Sofrimento – da noção de Inferno (cuja conotação pior não sabemos se é a Tortura ou se é a Eternidade).

Drama dos mil desencontros e dos dez encontros afetivos que nela ocorrem. Das mil promessas impossíveis e das mil esperanças frustradas. A Família TEM DE SER o Palco Único da Vida Afetiva do cidadão honesto e bem-comportado.

Opereta nem se fala: as birras, os emburramentos, as chantagens transparentes, a dança psicótica do "Tudo bem", "Família é bom...", "É para sempre" – que maravilha!

Família é ótima enquanto oferece, garante, protege, aceita, ajuda. Já não é tão boa quando cobra sentimentos (*deve-se* amar pai e mãe, por exemplo) e restringe – muito – comportamentos, iniciativa, espontaneidade.

Pior ainda quando seus membros passam mensagens ditas inconscientes, presentes nas atitudes e nos modos e nas caras das pessoas, em seu tom de voz, na sua gesticulação. A mãe que se sente frágil, insegura e temerosa – que olha para seu filho *com todo um ar de adoração* de "Salve-me!", "Você é tão forte e bonito". As crianças assumem com facilidade e de forma muito profunda um ou mais papéis complementares aos dos pais. A mãe autoritária cultiva submissão – ou a rebeldia – do filho.

Mas pode muito bem dar-se o contrário: a criança que se impõe autoritariamente à mãe insegura, desorganizada e incompetente.

Essas imagens e mensagens VISUAIS – a figura, o jeito de papai e mamãe ordenarem ou pedirem – condicionam a criança mais do que os famosos "traumas", cujos maus efeitos dependem precisamente dessa rede afetiva crônica mal tecida. Quanto mais inconscientes os personagens do drama, mais "garantida" a estampagem automática no comportamento dos filhos. A Família começa a ficar péssima quando pais e filhos começam a reprimir a *agressão recíproca* – muito fácil de despertar quando o convívio é tão frequente e tão mal estruturado, com consagração da relação autoritária e intimidante, ao mesmo tempo.

A repressão da agressão não quer dizer que as pessoas não se agridem. Elas passam a se agredir sem perceber (negam a agressão). Como? *Com caras e modos* de desprezo, indiferença, vitimização, prepotência, azedume, amargura, desencanto... Ruim é o círculo vicioso da família em matéria de sentimentos. Imagine-se a seguinte frase dita de marido para mulher, com tranquilidade, convicção e seriedade:

"Quero sair por aí a ver se encontro outra mulher – outra pessoa. Não sei mais como é gente porque só conheço as poucas gentes cá de casa. Quero me renovar em novas relações pessoais. É estimulante. E é perigoso (TEM de ser perigoso, senão não tem graça. O jogo marcado não desperta emoção). É prazenteiro. Vou me sentir vivo de novo."

Alguém já foi capaz de viver essa frase?
No entanto, há mil razões para crer que pensamentos já passaram pela mente de quase todos, algumas ou muitas vezes.

Mas é igualmente claro que, em muitos, basta um pensamento assim, ameaçador, passar pela cabeça que logo provoca um susto seguido uma fração de segundo depois da repressão desse pensamento/sentimento.

Porque nada renova mais, nada nos faz sentir tão vivos quanto o fato de estarmos interessados em outra pessoa (ou outras pessoas), principalmente se o interesse for recíproco e sem limites predeterminados (aí vai a aventura; nos limites vai a segurança – que mata a vida).

Enquanto o Matrimônio Monogâmico e Insolúvel (a ligação emocional duradoura e... fiel) cobrar a monogamia a sério, será uma iniquidade humana. Em vez de gerar o bem, ela gera o mal – de modo muito semelhante ao que acontece entre Sociedade e Sexo.

A PROIBIÇÃO de transformar-se e renovar-se, de sentir-se vivo e de sentir prazer, gera fatalmente

HOSTILIDADE.

Esse sacrifício de todas as oportunidades de DESENVOLVIMENTO PESSOAL só pode gerar miséria afetiva, limitação de vida e de imaginação e, o que dá na mesma, monotonia e tédio ("segurança").

Nesse clima, filhos e sobrevivência fazem-se os melhores PRETEXTOS para esconder – ou justificar – a miséria afetiva e pessoal.

Leitor, recorde o estudo comparativo entre sociedades permissivas e autoritárias.

Ninguém faz o que quer, o que gosta, aquilo de que precisa: eis a fonte primeira de toda agressão e de toda repressão da agressão. Pois a agressão não foi feita para dar *show* de teatro, mas, precisamente, para que eu consiga o que eu quero, o que eu gosto e, sobretudo, aquilo de que eu preciso: poder crescer – crescer é a ação fundamental e permanente de todos os seres vivos.

Mundo apalhaçado: "crescer" hoje é palavra quase mágica: aceita-se que as pessoas cresçam e – em forma modesta – espera-se até que elas façam alguma coisa a esse respeito.

Crescer pode, é bom. Mas MUDAR não pode – onde já se viu? De onde você tirou essa ideia maluca?

É nesse contexto familiar mal arrumado (mas estatisticamente predominante) que se desenvolvem as duas atitudes mais terríveis e mais frequentes dentro do casamento – entre marido e mulher.

Ele – o Senhor Marido – pensa/sente/reage a ela – sua Exma. Esposa –, e ela, por sua vez, pensa/sente/reage exatamente do mesmo modo.

CONSCIENTEMENTE: "Se não fosse esse aí, eu seria feliz – eu faria tudo que me desse na cabeça; meu descontentamento é CULPA DELE, que me proíbe e impede de fazer tantas coisas que seriam importantes para mim. Se não fosse ele..." Não sei de um casamento – dentro de quatro centenas aproximadamente – no qual uma ou muitas vezes não tenha passado por um destes dois caminhos: *medo* de que algo aconteça a ele (numa viagem de avião, por exemplo...) e/ou *desejo* de que alguma coisa aconteça a ele – "para que eu fique livre" (mas sem culpa e sem responsabilidade). "Não fui eu que quis – Deus me livre! Aconteceu, sabe... Destino."

INCONSCIENTEMENTE: "Graças a Deus que ele está aí, senão nem sei de que eu seria capaz. Faria cada loucura! Iria me arrepender tanto!"

Essa resposta inconsciente – o desejo/necessidade de ter AO LADO, CONCRETAMENTE, uma instância inibidora, um superego encarnado – é mais bem compreendida – eu compreendi melhor – no caso de três mulheres explicitamente autorizadas pelos maridos a fazer o que lhes aprouvesse – sem que isso viesse a comprometer o sagrado casamento. O primeiro movimento das três foi um só: PÂNICO.

Tragédia de cegos-surdos: ele pensa e sente exatamente o mesmo. Impasse. Crônico. Eterno.

As pessoas mais avisadas sabem muito bem todas as desculpas inventadas para NÃO fazer

- o que precisamos;
- o que nos atrai, interessa, fascina.

O outro, meu companheiro de desventuras, "esse cafajeste" ou "essa louca", é o melhor pretexto do mundo para que NEM UM NEM OUTRO FAÇAM O QUE LHES APRAZ.
Nem brigam nem amam quando têm vontade.
Vivem das acusações – e do desprezo – e da perseguição recíprocas por tudo que cada um "devia" fazer e não faz.
A essa altura a família fez-se uma doença bastante grave

DA QUAL SERIA FUNDAMENTAL PROTEGER AS CRIANÇAS.

Mas quem vai dizer/propor essas coisas PUBLICAMENTE?

Mais uma torrente se junta a essa caudal pouco limpa em matéria de sentimentos. O bombardeio sistemático, minucioso e frequentíssimo em todas as conversas é o FALAR BEM da Família – PUBLICAMENTE. O produto dessa fala interminável são os novos casamentos. Não se mantêm vivos nas pessoas, não são aceitos esses sentimentos negativos por tudo que VIRAM e SOFRERAM na própria família.

Se desmascarássemos todas as desculpas do tipo "Mas era meu pai" ou "Era minha mãe" – e, portanto, diz o preconceito que eles ou tinham o direito de errar ou eu a obrigação invariável de aceitar–, é pouco provável que as pessoas voltassem a se casar.

Todo casamento está baseado na negação do casamento dos próprios pais; se não esquecêssemos o que vimos em família, creio que não nos casaríamos tão levianamente.

O argumento especioso que nos "permite" sair do impasse é assim: eu sei que meus pais eram imperfeitos, mas vou provar a mim, à minha mulher, a eles e ao mundo que MEU casamento será fantástico... "Eles", afinal, eram mais simples, mais ignorantes, mais grosseiros, menos perceptivos. O limite dessa loucura coletiva são as mulheres que se casam com alcoólatra crônico, certas de que irão recuperá-lo...

Claro, uma vez em cada século isso acontece e a lenda se reforça, para desgraça vitalícia das 999 infelizes restantes – e seus 3 mil filhos (três para cada uma).

O mais poderoso meio de NEGAR os maus aspectos do casamento de nossos pais (da Família que sofremos) é um dos maiores preconceitos sobre Família: aos pais não se critica, não se briga com eles, não se deve desprezá-los nem humilhá-los – por mais que eles tenham feito algo de ruim, péssimo ou terrível.

É líquido e certo que pelo menos 50% dos pais brasileiros são ALCOÓLATRAS CRÔNICOS.

Vamos amá-los, respeitá-los e obedecer-lhes mesmo assim e apesar de tudo?

Será que alguém *consegue* fazer assim?

Não será uma exigência coletiva e indiscriminada de santidade compulsória?

O preconceito é este: os pais JAMAIS são maldosos, ignorantes, estúpidos, grosseiros, ruins. Eles fazem SEMPRE TUDO QUE PODEM PELA FELICIDADE dos filhos!

Existe o mito sobre CASAMENTO poderoso na medida em que é mentiroso. É a lenda, o Branco da Inocência, o Véu e a Grinalda, O Senhor Marido bem-vestido, o órgão, a igreja, a festa... e as mil e uma expectativas dos cônjuges, um em relação ao outro.

Só ele – meu Príncipe Encantado. Só ele para toda a eternidade. Ele sendo e fazendo tudo por mim. Nós dois vivendo um para o outro – dedicação exclusiva e perene.

É preciso muita inconsciência para embarcar nessa. A prova é que, apesar de toda propaganda a favor, as pessoas casam-se receosas, incertas, preocupadas (tudo "bobagem", claro. Depois passa...).

De início, as pessoas têm quase sempre certa boa vontade recíproca, vontade de acertar, vagas ideias e bons conselhos sobre paciência, tolerância, compreensão... Tudo muito bonito, mas tudo muito pouco operante, ou pior, tudo operando ao contrário: como é para ter boa vontade, ambos começam a deixar passar momentos de incompreensão, de desinteresse, de agressão, de desprezo... Vão deixando passar e esses restos vão se acumulando até a primeira briga – difícil de levar a algo positivo, pois já está por demais carregada de "atrasados". Quem quiser brigar dez brigas ao mesmo tempo, só se for em algum estúdio de Hollywood – o mocinho que mata dez bandidos.

Nosso maior erro em matéria emocional é considerar *emoções* essas explosões vulcânicas de fúria, de medo, tristeza ou desejo; são montanhas e vagas imensas que

JÁ SÃO

um acúmulo e uma mistura de mil emoções mal controladas e mal seguras.

Diferenciação afetiva é a dos que percebem a pequena briga quando ainda dá para fazer alguma coisa a esse respeito. Depois de passar por cima de mim 50 vezes e eu sem dizer nada, na quinquagésima não sinto raiva: eu viro vulcão, explodindo e queimando tudo à minha volta.

Somos deveras bárbaros emocionais: ou nos contemos como múmias e diplomatas, ou agredimos de machado de pedra e dinamite ao mesmo tempo. O casamento, de regra, inicia-se com tal soma de ilusões e expectativas (alimentadas POR TODOS) que é deveras miraculoso que alguns ainda deem sofrivelmente certo.

Mas logo começa um processo infernal, com uma cena no presente e outra no passado – ambas superpostas e inseparáveis. Primeiro o gradual desencanto porque "ela não é uma boa esposa; ela não faz o que uma boa esposa DEVE fazer" (isto é: eu não digo e ela não adivinha do que eu preciso e gosto ou o que desejo). Transformamos nossas necessidades pessoais em OBRIGAÇÕES do outro e logo o acusamos – juridicamente – de nos estar fraudando (ou ter nos fraudado). Ocorrendo o processo – como é de toda a justiça – nos dois personagens envolvidos, o caso fica sério. Dali a pouco estão os dois

SE DESPREZANDO – RECIPROCAMENTE.

"Porque você não é um Bom Marido", "Porque você não é a boa esposa que VOCÊ DEVIA ser."

A única atitude cabível nessa história de loucos seria a ajuda RECÍPROCA, mas quase nada do que nos cerca nos ajuda a tomar esse rumo.

Logo as famílias dos dois interferem e alimentam a divergência, que passa a ser entre "os meus" e "os teus".

Da componente infantil dessa situação nunca se ouve falar – ainda que seja óbvia (ou por isso mesmo): de minha mãe ouvi o que ela queria me dizer – coisas boas e coisas más; mas para ela eu não podia responder, muitas vezes nem explicar, esclarecer, justificar.

Era ouvir e calar, com cara de que ela sempre tinha razão e eu era sempre o culpado!

Com minha mulher é diferente. Juridicamente, somos "iguais" e é claro que posso dizer a ela tudo que não disse à minha Mãe; e ela pode me dizer tudo que sentiu contra seu pai.

Também por esse caminho, da desilusão e do desprezo, chegamos de novo à triste situação. Repetindo: quase tudo que sinto de ruim na vida é "por causa dela"; "Se ela não estivesse aí, se não fosse ela, eu poderia ser feliz".

É muito prático dormir ao lado de todos os males do mundo; assim, todos os demais males – os de verdade – não precisarão ser percebidos.

O casamento é o mais poderoso auxílio da alienação sociopolítica. Não sei de autor que tenha falado sobre o modo como as emoções vividas em família servem ao Sistema.

Marido e Mulher absorvem, de regra, seus piores sentimentos um em relação ao outro, em vez de sentir sua situação de oprimidos, vítimas e explorados pelo Estado – pelo Sistema – ou pela coletividade. Se os dois infelizes conseguissem fraternizar na própria desventura, em vez de se digladiarem cruelmente anos a fio, um destruindo o outro, teríamos uma revolução pacífica – ou talvez até autêntica.

Em vez de fraternizar e reunir-se contra o inimigo comum – que é a noção preconceituosa da Família–, a regra é que os dois se paralisem e de muitos modos se tolham, frustrem, impeçam a realização um do outro – e se cobrem asperamente por isso.

Enfim, a comédia trágica: "Família é maravilhoso" – dizem todos; mas para fazer família não se exige ABSOLUTAMENTE NADA DE NINGUÉM – a não ser essa formalidade imbecil de maioridade. Qualquer um, a qualquer momento, se achar com quem, pode casar, constituir família, ter filhos.

Poucas tarefas são tão difíceis quanto a educação das crianças, poucas são tão delicadas

E NENHUMA MAIS IMPORTANTE.

Depois da educação – ou antes dela – o problema não menos difícil, nem menos importante: o bom entendimento entre duas pessoas a conviver longamente – outra obra de arte difícil e complicada.

E que faremos nós – o que faz a coletividade – para ajudar ou facilitar a aquisição dessas duas artes supremamente importantes e difíceis?

ABSOLUTAMENTE NADA.

Dizendo de outro modo: a profissão de marido, de Pai, de Esposa, de Mãe são os papéis mais importantes e difíceis de aprender – os mais fundamentais.

Nossa legislação CEGA e nosso papo vazio de todo dia fazem-nos crer que essas duas coisas são facílimas.

A sociedade NÃO SE INTERESSA PELA FAMÍLIA NEM PELA EDUCAÇÃO das crianças.

O que se vê é demonstravelmente só demagogia – falação sobre o que devia e o que não devia, do que é certo e do que é errado, do que fica bem ou se deve e do que não fica bem ou não se deve...

Mas FAZER alguma coisa pela família, isso não. As consequências são quanto dissemos.

Temos, aqui como alhures,

A FAMÍLIA QUE MERECEMOS.

Não se pode deixar o tema sem comentar mais um de seus aspectos: a pesada vigilância que todos exercem sobre todos em questões de família. NA CONVERSA, ser pai é importantíssimo. O pai que não cuida e a mãe que não cuida são tidos como pessoas de mau caráter, como coisa feia – objeto de fofoca de todos os que vêm a saber da história.

Toda essa falação – como sempre – só tem um resultado: peso, peso, peso.

As obrigações impossíveis. Peso que complica toda ação real, fazendo da paternidade – e da maternidade – muito, muito, muito mais uma obrigação pesada e difícil do que um prazer, uma aventura, uma realização. Nada maior do que uma criança crescendo, nada mais fascinante do que segui-la, interagir com ela, conviver com ela sem oprimi-la (e sem se deixar oprimir).

Minha vida me ofereceu oportunidade única de comparar sensações de paternidade diferentes. Fui pai de quatro homens e em seu convívio senti demais o peso dos deveres psicológicos, familiares e econômicos.

Trinta anos depois, passo a viver com uma mulher que tem três filhos – que vivem na companhia dos avós. Mas com frequência nos vemos, estamos e vivemos dias juntos. São meus filhos, mas não são meus filhos. A diferença – mais jurídica do que qualquer outra – é enorme. Tenho com eles uma felicidade que nunca conheci com meus filhos de sangue. Não só pela personalidade das crianças, não só pela minha maturidade e lazer, mas principalmente porque não me sinto PUBLICAMENTE obrigado em relação a eles. Como podemos nos separar a qualquer momento, nossa relação é livre e isso a torna viva, interessante, gostosa. Ou nos entendemos ou nos separamos.

De meus filhos não me separei, nem mesmo sendo muito infeliz por causa deles – em certas situações. E não sei se meu "bom" comportamento fez algum bem a eles... Receio muito que não. Eles – como sempre acontece – eram meu melhor pretexto para me sentir Herói Sofredor – e para escamotear meu medo de transgredir ou de desistir.

O DRAMA TÃO TRISTE E TÃO FALSO
DO PAI
DA MÃE
DA ESPOSA
DO IRMÃO
QUE EU DEVIA TER TIDO.

O leitor já sabe de tudo que se segue. É muito grande o número de pessoas a sentir – bem no íntimo – e a falar (ou guardar para si) a queixa dolorida:
– Sabe, meu pai não foi um bom pai. Ele não fez comigo o que um bom pai deve fazer.

O que não se repara – nem se pergunta – é o que significa em *cada* caso um "bom pai". Pergunte-se à pessoa e, de regra, após *surpreendente demora*, vem vindo uma série de expectativas altamente idealizadas. Acho a demora surpreendente porque Pai é uma função social tão primária e tão falada que deveria ser facílimo para todos enumerar seus deveres e qualidades. Mas a lista que se obtém da vítima, de regra, é curta, dizendo cada uma que seu pai deveria ser como ele gostaria que alguém agisse com ele *agora*. Muitos parecem exigir implicitamente que o pai esteja ao seu lado todos os dias da vida...

Quando a conversa evolui sem muita pressão, as pessoas parecem comprazer-se fazendo "listas das qualidades de um bom pai" que tornariam seus pais canonizáveis.

A expectativa, quatro vezes em cinco, é pouco menos que ridícula; mas o sofrimento tem alguma coisa a seu favor.

Nossas mentiras automáticas sobre a família maravilhosa, de tão frequentes e onipresentes, calam fundo – hipnoticamente – na cabeça/coração de todos nós.

Vivem todos sonhando/desejando o Pai e a Mãe perfeitos, MUITO em linha de semelhança com o famoso príncipe encantado. Poder-se-ia – dever-se-ia – falar em

PAI ENCANTADO	*Ora pro nobis*
MÃE ENCANTADA	*Ora pro nobis*
IRMÃ ENCANTADA	*Ora pro nobis*

Evidentemente, trata-se de fantasias modeladas pelas mais profundas carências. Carências irremediáveis porque não existe nada *tão bom* que possa satisfazê-las. Mas, quando faladas, essas queixas intermináveis e socialmente bem-aceitas fazem-se MAIS condicionamentos da ideologia mentirosa – o Sagrado Dever de Santidade de *todos* os pais.

Os incautos – os que ouvem e dizem "compreender" –, os queixosos do passado de que "não foi como devia" saem convictos de que *esta* família foi infeliz por acaso – ou desgraça. Fica sempre implícito, porém, e como sempre, que A família é ótima e quase todos vivem felizes nela.

Os filhos fazem-se não raro cruéis em suas críticas e exigências retrospectivas. A cobrança é amarga.

Não raro os pais, quando chegam a ouvir os reclamos, assumem a culpa – de não terem sido santos nem oniscientes.

O pior mal dessa história, porém, vem agora. Ainda que criticando, os filhos atêm-se à própria Família e ficam ali, reclamando, reclamando, reclamando do passado.

Nunca se diz que Pai é uma pessoa a me apoiar e ajudar sempre que inicio uma nova tarefa, profissão ou estado (sic) social. São meu Pai e Mãe todos quanto me ajudam em momentos nos quais preciso de ajuda.

Estamos, pois, cercados de Pais e Mães – se soubermos identificá-los, aprender com eles e ser gratos a eles...

Assim como é muito bom ter muitos amores na vida, é ótimo dispor de vários pais e muitas mães.

A monogamia é tão prejudicial quanto o fato de acreditarmos existir no mundo apenas UM pai e UMA mãe.

Ai de quem seguir o coro dizendo: "Meu" Pai e "Minha" Mãe *têm* de ser TUDO para mim, somente eles podem ser tudo para mim e serão tudo para mim para sempre. Amém.

Ai deles. Foram órfãos e CONTINUARÃO órfãos pelos séculos dos séculos.

Não sei como se consegue, a sério e em sã consciência, acreditar que exista o Pai como deveria ser. Ou a Mãe. Está muito além da minha imaginação, que é fértil.

Mas talvez esteja muito próxima daquela Mania de Grandeza de que várias vezes se falou neste livro. Por vezes é evidente, nos modos de tantos pais e mães, o gosto de imaginar que são assim.

De novo e sempre, Freud às avessas: NÃO são as crianças que vivem fantasiando a respeito da grandeza dos pais; são os pais que gostam de se imaginar desse tamanho – e tentam impingir a encenação à criança (que aparentemente aceita).

E o espetáculo continua...

16
DESPEDIDA ESPERANÇOSA

Simbiose e prazer.
A vida busca continuamente simbioses, o mais econômico ou o mais rendoso dos modos de conseguir "superorganismos".

Mais econômico: para conseguir desenvolver um ser com as qualidades da simbiose, a Natureza teria de esperar muito tempo, além de contar com um número incontável de possibilidades adversas. Quanto mais "longo" um processo biológico, mais exposto a isso – possibilidades adversas.

Mais rendoso: poucos reajustes, primeiro funcionais e depois estruturais, e temos pronto um ser MUITO mais complexo, amplo e multifuncional do que os dois "independentes" que se juntaram inicialmente.

Uma simbiose: homem e mulher (mais a criança!). A Família – em suma!

Mesmo casais que navegam adernando perigosamente ou, pior, os que afundam lentamente em piche de indiferença ou os que vivem para se opor e brigar são "melhores" do *que se cada um dos dois vivesse sozinho*.

Talvez dizendo assim eu consiga me... conformar com a Família.

Acrescentando, porém: simbiose significa crescimento abrupto para a Natureza. Segundo tudo indica, Mamãe Natureza pensa e sente de modo muito diferente de nós. Ela, segundo Caetano, "não tem culpa nem perdão...". Se você dá certo, você continua vivo; se você errar muito, você morre. A Natureza tem pouco que ver com nossas noções (públicas!) de cavalheirismo, honradez, retidão e mais coisas assim.

Na vida como ela acontece, todos se alimentam de todos usando sempre o máximo de astúcia, de ataque fulminante de surpresa, de "traições", insídias, enganos, ferocidade, implacabilidade, decisão (de comer!). Porque os bichos, como os brasileiros, aliás, são TODOS muito espertos, e então a vida deu no que deu: um "pega pra capar" em todos os níveis – e com os "piores" métodos possíveis...

E sempre, sempre, sempre com as mais santas, honestas e piedosas intenções do mundo. Palhaço cósmico. Por que você não se assume por inteiro e se faz Deus?

Agimos todos daquele jeito (que ninguém deve agir) e vivemos papagaiando interminavelmente.

EXATAMENTE O CONTRÁRIO (e esperando que nossos filhos façam... o que dizemos).

A esse modo de existir dá-se o nome de convívio social, ao qual – espera-se fervorosamente! – todos devem se moldar, aceitar e defender até a morte!

O casamento, pois, desenvolve ambos. A relação de convívio vai produzindo mudanças incessantes nos dois, para o bem e para o mal. Não há alternativa maniqueísta aí.

Há mistura, e o produto final (que só é final na hora da morte) é por demais difícil de julgar – e de sentir. Por vezes é horrível, como dissemos tantas vezes neste livro. Por vezes é divino, e na maior parte das vezes é mais ou menos.

Jamais saberemos, com esse critério, se o processo foi bom ou ruim. Se quiséssemos saber disso, teríamos de comparar o resultado final da simbiose conjugal com os resultados da vida dos dois SE ELES NÃO TIVESSEM SE CASADO...

Salve a simbiose que nos mistura deveras, repartindo um pouco de tudo para todos.

Mas nosso título fala de esperanças.

Fala da Meditação Amorosa – que pode se transformar em terapia – com bases mais do que amplas em quase todos os "gurus" da área (eu inclusive, é claro).

"Frustração sistemática do desejo" ou "condenação consciente dos desejos infantis": essa é uma das formas de dizer o problema em termos psicanalíticos ortodoxos. Reich foi dois imensos passos além. Primeiro falou em "interpretação sistemática da resistência" – consciente e, durante muito tempo, exclusiva. Falar e atentar apenas para o negativo da pessoa, isto é, sempre com muito cuidado com tudo que pareça medo ou agressão, direta ou indireta. Principalmente a agressão implícita no MODO DE SER da pessoa – nas suas "expressões não verbais". Devem-se analisar, em suma, todos os esforços que a pessoa faz e todos os recursos que ela usa PARA NÃO FAZER O QUE DESEJA, QUER E PRECISA.

Muscularmente, essa contenção ("com tensão!") aparece como um conjunto de músculos cronicamente contraídos, ou como comportamentos estereotipados ou más posturas.

"Como é que eu me seguro?" ou, alternativamente, "Como é que os outros me seguram – e como é que continuam a me segurar?": eis a questão!

É difícil e sofrido buscar e tentar desfazer mil frustrações presentes e passadas. Tão incerto, também, tão sem fim.

Que diz a Dança Sagrada? Diz assim: "Primeiro, caminha invariavelmente na direção do mais prazenteiro – por mais leve que seja o prazer. Aprenda a cada instante como se dar a ele, isto é, fazer de tal modo que ele continue, aumente ou mude de qualidade – sem deixar de ser CLARAMENTE um prazer. Mas – segunda e última regra – JAMAIS SE ENTREGUE TOTALMENTE A ELE, mantendo o tempo todo uma *freada suave*, freada que PODE ser sentida e localizada o tempo todo em ALGUMA PARTE DO CORPO, exatamente como alguém que segura com leveza e precisão as rédeas de um animal, ande ele a passo, esteja ele a galope.

O cavaleiro da onda prazenteira fazendo surfe a fim de não cair...
É lindo!

Mas é também, ouso dizê-lo, uma arte suprema que muito excede a noção comum e mediocremente vivida de sexualidade.

A verdade é que a dança amorosa nos põe FRONTALMENTE contra toda a torrente vital que OBRIGA a todos os seres vivos a se reproduzir ao máximo.

Non serviam, disse Lúcifer a Deus – "Não servirei!" (Quero ser como VOCÊ!)

Nenhuma prova mais alta é exigida para declarar existente a

INDIVIDUALIDADE,

meu modo de NÃO SERVIR nem aos costumes de meu mundo nem aos ditames da Natureza.

Sou um transgressor – confesso e assumido.

Voemos um pouco mais baixo. Voltemos à argumentação lógica e científica.

Durante a Dança Sagrada fico me controlando o tempo todo, NÃO PARA IMPEDIR O ATO, e sim para aprofundá-lo e ampliá-lo nas sensações e emoções.

Vou contra a Natureza porque estou a favor dela – ou de Deus. Quero assumir e auxiliar a vida.

Mas com esse exercício tenaz, forte e delicado o tempo todo VOU ME APROPRIANDO DE TODAS AS MINHAS INIBIÇÕES – QUE NÃO SÃO EU, MAS ELES, E TUDO QUE ELES ME OBRIGARAM A FAZER. Vou, na verdade, "descascando" aos poucos tudo que a sociedade e a Natureza me obrigaram a fazer porque... as circunstâncias assim o exigiam – e eu não consegui fazer melhor.

Crescendo minha habilidade, meu cuidado e minha presença, posso ousar e arriscar-me cada vez mais, fazendo, assim, que a vida se expanda, se aprofunde e se organize cada vez mais rica e finamente

- como DEUS quer
- como ELA quer
- como EU quero

Como se *faz* essa apropriação?
Pelo segurar-se de leve. Minhas inibições obviamente *me seguram*.
Quando EU me seguro, tomo conta delas – as assumo, as faço minhas.
·Aí eu percebo ter vivido a vida toda com medo de cair – por isso me segurava.
O que me dava "estrutura" eram minhas inibições – precisamente. Sem elas perco minha... identidade – e encontro minha individualidade, da qual a identidade social (o personagem) sou eu, mas não inteiro, nem de longe.
Quem aprende a se segurar de LEVE aprende a se soltar de LEVE.

Então, pode voar.
Voar é perigoso. É sempre MUITO veloz. Qualquer erro se amplia e pode desligar os contatos numa fração de segundo.
Mesmo.
Um som estranho, por exemplo!
Como NÃO PERDER o contato entre os dois copilotos da astronave. Amor nascido nas estrelas e que a elas retorna...

17
ÚLTIMA PÁGINA

Este livro – dissemos na primeira página – é sobre uma família que não existe mais. Que não precisa mais existir.

Vimos bem a relação entre monogamia e sobrevivência dos... filhotes. Hoje podemos imaginar e, na certa, fazer bem melhor do que a Natureza – se nos empenharmos. Acho até que fomos feitos para isso mesmo – para fazer melhor do que ela. Cuidar de crianças, por exemplo. Temos condições de sobrevivência garantida e a possibilidade de cuidar de crianças em condições deveras maravilhosas se soubermos usar tudo que sabemos.

Não creio em missão maior para o planeta Terra.

Não vejo melhor culminação para o Impulso Criador da Vida:

> A FINALIDADE PRINCIPAL DE QUALQUER CIVILIZAÇÃO AMANTE DA VIDA É EMPENHAR-SE POR INTEIRO PARA QUE A GERAÇÃO SEGUINTE SEJA DEFINIDAMENTE MELHOR, OFERECENDO A TODO SER HUMANO RECÉM-NASCIDO TUDO DE QUE ELE PRECISA E TODOS DE QUEM ELE PRECISA.

A monogamia não é mais necessária – se é que não vem se fazendo cada vez mais maléfica. A compulsória, quando menos.

A educação, com as revistas e a TV, é MUITO mais bem informada do que qualquer pai enciclopédico (pouquíssimos).

O Lar, ao se fechar em torno da TV, abriu-se para o mundo.

Surgem escolas para crianças cada vez mais jovens. Porque os pais trabalham, porque a criança é difícil, exige muito, porque o mundo infantil é peculiar, mas familiar (todos passamos por ele), e tanto mais. Gosto de pensar em um mundo no qual as crianças fossem a maior preocupação de todos.

E na esperança de que muito amor entre muitos seja o melhor dos mundos possíveis para nós – e para elas –, os
NOVOS
SERES sobre-humanos.
Nossos filhos. NOSSOS – de todos.

Até hoje, TODAS as sociedades foram MUITO conservadoras, a "educação" (no lar, na escola) consistiu DEMAIS em repressão de movimentos e emoções. Os Velhos lutando CONTRA os jovens e ganhando sempre – de longe. É preciso reverter o sistema ou ele será sempre Velho.

É preciso reverter o sistema, porque os velhos, já próximos da morte, contaminam toda vida nascente com seus maus costumes – costumes de morte, precisamente –, vida sem prazer, sem alegria, sem desenvolvimento.

Na linguagem crua dos símbolos, é preciso matar o Pai para que o Filho possa não só sobreviver, como também expandir-se, desenvolvendo as infinitas potencialidades com as quais chegamos todos a este mundo.

No dogma cristão, Deus Pai "sacrifica" seu filho para aplacar sua indignação. Ninguém estranha – Pai matando o Filho.

Seria deveras maravilhoso se conseguíssemos alcançar as estrelas não só com foguetes, mas com nossos sentimentos e nossas ideias.

Até hoje o Pai teve todos os direitos e abusou descaradamente de todos eles – e continua abusando.

Até hoje os poderes militares, industriais, políticos e religiosos nada mais fizeram além de aprofundar, expandir e adensar o poder de muito poucos sobre muitos, deveras muitos; e esses muitos mal têm – quando têm – o direito de sobreviver.

Uma eterna injustiça de clamar aos céus!

Enfim, este livro mostra que a Família, de mil maneiras diferentes, tem sido o instrumento principal "construído" para garantir o poder dos já poderosos e a servidão dos já escravos (desde que nascem!). Quando compreenderemos de vez a frase a seguir, tão batida, tão banal e tão verdadeira?

A FAMÍLIA É DE FATO A *CELULA MATER* DA SOCIEDADE.

Isto é, toda desgraça de nosso mundo começa na Família.

www.gruposummus.com.br

IMPRESSO NA
sumago gráfica editorial ltda
rua itauna, 789   vila maria
02111-031   são paulo   sp
tel e fax 11 **2955 5636**
sumago@sumago.com.br